DICHT BIJ LATER

Voor Anton, mijn levenspartner en beste vriend

Hanny van den Horst

DICHT BIJ LATER

Een meer dan informatief boek
voor vijftigplussers

Met medewerking van:
Tineke Beishuizen, Ruud Bom, Heleen Crul,
Prof. Jos H. Dijkhuis, Henk J. Meier,
Gemma Naninck, Jeanne Roos en Gerda Zwartjes

Met tekeningen van Jaap Vegter

J. H. Gottmer – Haarlem

Tweede druk, 1994

© 1994 Uitgeverij J.H. Gottmer / H.J.W. Becht BV, Postbus 160, 2060 AD Bloemendaal
Omslagontwerp: Marjo Starink
Illustraties: Jaap Vegter
Zetwerk: Velotekst, Den Haag
Druk en afwerking: Ten Brink, Meppel

ISBN 90 257 2699 2
NUGI 661

Alle rechten voorbehouden. Niets uit deze uitgave mag worden verveelvoudigd, opgeslagen in een geautomatiseerd gegevensbestand, of openbaar gemaakt in enige vorm of op enige wijze, hetzij elektronisch, mechanisch, door fotokopieën, opnamen, of enige andere manier, zonder voorafgaande schriftelijke toestemming van de uitgever.

Voor zover het maken van kopieën uit deze uitgave is toegestaan op grond van artikel 16b j° het Besluit van 20 juni 1974, St.b. 351, gewijzigd bij Besluit van 23 augustus 1985, St.b. 471 en artikel 17 Auteurswet 1912, dienen de daarvoor wettelijk verschuldigde vergoedingen te worden voldaan aan de Stichting Reprorecht (Postbus 882, 1180 AW Amstelveen).
Voor het overnemen van gedeelten uit deze uitgave in bloemlezingen, readers en andere compilatiewerken (artikel 16 Auteurswet 1912) dient men zich tot de uitgever te wenden.

CIP-GEGEVENS KONINKLIJKE BIBLIOTHEEK, DEN HAAG

Inhoud

Ik ben vijftig, is dat oud? *9*
   G.J. Wolffensperger

Inleiding *11*

De sandwichgeneratie *17*
   Tussen oudere rebellen en vrijgestelde jongeren *19*
   Een driedelige spiegel *20*
   Voor eeuwig klein *21*
   Moeders en dochters *23*
   De relatie met je ouders *25*
   Onomkeerbare rollen *25*
   Sterfelijkheid van ouders *26*
   De brede schouders van vrouwen *27*
   De levenskunst afkijken *28*

De schaapjes op het droge *31*
   Op zoek naar hoge rente *31*
   Zorgen voor een goed pensioen *34*
   De koopsompolis *39*
   Brede Herwaardering *40*
   Vrijstellingen *42*
   Uw eigen huis: een prima spaarpot *43*

De moderne grootouders *47*
   Het kleinkind en de verrijking van uw leven *50*
   De andere kant van de medaille *55*
   De gevarenzone *56*
   Als kinderen gaan scheiden *59*
   De band met de kleinkinderen *62*

Het contact met de notaris *67*
De erfenis: vonkjes hebzucht in betraande ogen *68*
Het testament *68*
Successierecht *71*
Het samenlevingscontract *74*
Het codicil *76*
Schenkingen aan kinderen *78*
De eigen woning *81*
Hoe regel je de nalatenschap als je alleen bent? *84*
De notaris als raadsman *87*

Na de scheiding *89*
  Jeanne Roos

De nieuwe relatie *95*
Alleen is maar alleen *95*
Pampers en pubers *99*
Op zoek naar nieuw geluk *101*
Boven de vijftig een ander verwachtingspatroon? *106*
Seks, libido, erotiek *107*
En zij leefden nog lang en... *109*
Spiegel je zacht *111*

Je kennis verrijken *115*
Leren en studeren als je vijftigplusser bent *115*
Afstandsonderwijs *119*
De Studiekring *120*
Volksuniversiteit *121*
Dag- en avondonderwijs *121*
Hoger Onderwijs voor Ouderen (HOVO) *122*
Open colleges: het aanschuifonderwijs *125*
Open Universiteit *125*
Reguliere studie aan universiteit of hogeschool *126*

Niet zeuren, niet uitstellen, maar doen! *129*
  Tineke Beishuizen
  De aanstekelijke dynamiek van een vijftiger   *129*

Gezond zijn, gezond blijven   *133*
  We willen allemaal graag gezond oud worden   *133*
  In conditie blijven kost moeite   *134*
  Bewust eten   *136*
  De weegschaal liegt niet   *138*
  Slaapproblemen   *140*
  Staar: een onnodig schrikbeeld   *140*
  Slechthorendheid: 'Wat praat je toch onduidelijk!'   *142*
  Ons geheugen en de angst voor Alzheimer   *144*
  De overgang en osteoporose   *145*
  En nu de prostaat!   *148*
  Zin om te vrijen? Seksualiteit en potentie   *153*
  Tot slot   *154*

Vrijwilligerswerk – vrijwillig maar niet vrijblijvend   *155*
  Het imago van vrijwilligerswerk   *155*
  Verdringen vrijwilligers betaalde arbeidskrachten?   *157*
  Nederlands Centrum voor Vrijwilligers   *158*
  Van doordouwers moeten we het hebben   *159*
  Gilde: ouderwetse naam, moderne activiteiten   *161*
  Vrolijk op vakantie   *162*
  Amnesty: waar een grote organisatie kracht aan ontleent   *163*
  Oud-managers: er is werk aan de winkel!   *164*
  Vrijwilligersnetwerk   *168*
  Besturen   *168*
  Zo houdt u plezier in het vrijwilligerswerk   *169*

Euthanasie – de feiten op een rijtje   *173*
  Herinnering aan een ondraaglijk einde   *173*
  'Zekerheid'   *174*
  Rouwadvertenties   *175*
  Is er koffie na de dood?   *175*

Euthanasie is een verzoek *177*
'Nooit over nagedacht' *179*
De vele definities van euthanasie *180*
Strafbaar, tenzij... *182*

**Ontslag, outplacement, voor jezelf beginnen,
  VUT en vrije tijd** *185*
Ontslag, de grote kater *185*
Outplacement: de moderne weg naar een nieuwe baan *186*
Voor jezelf beginnen, hoe pak je dat aan? *189*
VUT: de haken en ogen *193*
Vrije tijd, wat doe je ermee? *195*
Hoe het mijzelf verging *198*

Vervroegd uittreden – toch anders dan je denkt *201*
  Jos H. Dijkhuis

Ontslag op latere leeftijd *209*
  Ruud Bom

Praktische informatie *213*
Literatuurlijst *213*
Nuttige adressen *222*

Ik ben vijftig, is dat oud?

Wanneer ben je eigenlijk 'oud' in Nederland? Is dat bij het passeren van een magisch kroonjaar? Is het wanneer de kinderen uit huis zijn of wanneer je aan de laatste fase van je carrière begint? Is het wanneer je in het laatste stukje van je leven niet meer zonder zorg van anderen kunt? Kun je een vitale zeventigjarige die enthousiast maatschappelijke functies vervult oud noemen?
Duidelijk is dat het begrip 'oud' niet bruikbaar is om daarmee een homogene groep van de bevolking te omschrijven. Je komt niet veel verder dan de volkswijsheid dat iemand zo oud is als hij zich voelt.
En toch wordt er over ouderen veel in generaliserende zin geschreven en gediscussieerd, en dat gebeurt dan ook nog vaak op een manier die de indruk wekt dat we bezig zijn mensen van boven een bepaalde leeftijd een collectief schuldgevoel op te dringen. We praten zorgelijk over vergrijzing, we kunnen de lasten van de VUT en de AOW niet meer opbrengen, en we vragen ons angstig af hoeveel woon-zorgcomplexen er wel niet moeten worden gerealiseerd.
Aan het beantwoorden van de vraag hoe een groeiende groep vitale en ervaren mensen in de tweede helft van hun leven een maximale bijdrage aan de samenleving kan geven zijn we nog nauwelijks begonnen.
Het interessante van het boek dat Hanny van den Horst heeft geschreven en geproduceerd, is dat ze deze valkuilen vermijdt door het kiezen van een heel andere uitgangspunt.
Ze vraagt zich niet af wie 'oud' is, ze beziet die groep niet zorgelijk van buiten af, nee, ze geeft de centrale plaats aan wie zelf de vijftig is gepasssseerd.

En dan zie je opeens een grote groep actief participerende mensen, met eigen wensen en problemen, en vooral een behoefte aan informatie over de eigen situatie.
Met name aan die informatiebehoefte poogt dit boek te voldoen. En omdat kennis, ook na je vijftigste, nog altijd macht is, levert het boek op die manier een bijdrage aan de zelfbewuste, eigen plaats die mensen in de tweede helft van hun leven in de Nederlandse samenleving behoren in te nemen.

Gerrit Jan Wolffensperger

Inleiding

Als er over ouderen werd gepraat, dacht ik nooit aan mijzelf. Ik dacht altijd aan anderen.
Ik merkte dat ik niet de enige was. Mijn leeftijdgenoten, vrienden, familie en collega's deden ook alsof ze nog een heel leven voor zich hadden. 'Ouderen? Bejaarden zul je bedoelen. O, dat zijn mensen van tachtig en negentig.'
Zo staken wij, de vijftigers, onze toch al wel grijzende, maar goed geknipte en geverfde koppen in het zand.
Ik herinner me de jaarvergadering in 1987 van de Maatschappij voor Nijverheid en Handel, waar de toenmalige vice-voorzitter van de Gezondheidsraad, thans minister van Volksgezondheid, Welzijn en Sport (VWS), mevrouw dr. E. Borst-Eijlers een lezing hield. Het ging over de demografische ontwikkeling in Nederland en de voornaamste aspecten daarvan – ontgroening en vergrijzing – in het jaar 2005. De zaal was grotendeels gevuld met mannen in uniforme grijze of donkerblauwe pakken. Mevrouw Borst is een uitstekend spreekster. Nadat ze het beeld van de vergrijzende maatschappij en de terugloop van de beroepsbevolking, vooral door het groeiende aantal Vutters, had geschetst, vroeg ze opeens: 'Weet u wel, dames en heren, over *wie* ik het heb?' Ze laste een kleine stilte in. Iedereen spitste zijn oren. Toen zei ze: '*Over u*!'
Op dat moment ging er letterlijk een schokgolf door de zaal. Niemand, maar dan ook niemand van de toehoorders had zich klaarblijkelijk gerealiseerd dat hij/zij in het jaar 2005 tot de afgedankte zestig-plus-categorie zou behoren.
Vijftig is een prachtige leeftijd. 'Niets mis mee,' zei mijn vriendin energiek en vrolijk toen zij deze mijlpaal, deze 'middle age', had bereikt. 'Let op, wij gaan het maken!' Nog geen jaar later had ze de daad bij het woord gevoegd en werd lid van de Tweede Kamer voor D'66.

Edoch, ook al bruis je van vitaliteit, je moet je in deze levensfase wel van een aantal zaken bewust zijn. Je moet uitkijken en vooruitzien, want je komt hoe dan ook steeds 'dichter bij later' en als je zelf de belangrijke beslissingen niet neemt, doet een ander het wel voor je. En daarom schreef ik dit boek.
'De toekomst is, helaas, ook niet helemaal meer wat zij was,' zei de Belgische wetenschapper P.H. de Woot in 1992. Een keiharde waarheid, verpakt in mooi Frans: 'L'avenir, hélas, n'est plus tout à fait, ce qu'il était.'

Prof. dr. P.G.W. Jansen, hoogleraar bedrijfspsychologie aan de Vrije Universiteit te Amsterdam, schreef in *Stand van zaken en perspectief* dat onze maatschappij mannen en vrouwen op steeds jongere leeftijd oud verklaart. Was het eerst vijfenzestig, later werd het tweeënzestig, toen achtenvijftig, zevenenvijftig en vervolgens vijftig-plus. Nu blijkt het in de praktijk reeds zover te zijn gekomen dat vijfenveertig jaar de cruciale leeftijd is. Sterker nog: vanuit de management- en organisatiediscipline vernam ik dat in zeer veel bedrijven veertigers niet meer in aanmerking komen voor bedrijfscursussen of studiedagen. 'Daar investeren we niet meer in,' wordt dan zonder veel omhaal van woorden gezegd.
Op dit moment (1994/1995) neemt van onze potentiële beroepsbevolking slechts vijfenvijftig procent deel aan het arbeidsproces. De oudere werknemers – en nu bedoel ik zij die zestig tot vierenzestig jaar zijn – zijn nagenoeg geheel afgevoerd. Er wordt bovendien hard aan gewerkt om de categorie vijfenvijftig- tot negenenvijftigjarigen alsnog in de VUT te krijgen. Het geknabbel aan de vijftigers begint verontrustende vormen aan te nemen. Bij fusies, sanering en inkrimping verdwijnen zij het eerst. In het gunstigste geval worden zij professioneel begeleid bij het zoeken naar een andere functie (zie 'Outplacement', blz. 186).
Prof. dr. P.G.W. Jansen zegt ronduit dat de toenemende uitstoot van ouderen uit het arbeidsproces een onverantwoorde vernietiging betekent van menselijk kapitaal. Er is weinig verbeeldingskracht voor nodig om dat te begrijpen. Je bent weliswaar vijftig en in de loop van de jaren ben je veranderd (gelukkig maar, zou ik

zeggen), maar je bent bij lange na nog niet het flakkerende kaarsje dat langzaam uitdooft. Je bent juist veranderd in positieve zin. Je hebt heel wat te bieden aan kennis en ervaring. Je bent als het ware klaar voor je laatste en ook je beste carrière-sprong.
De staatssecretaris voor Volksgezondheid, Welzijn en Sport (VWS), Erica Terpstra, is van mening dat we over een paar jaar met nieuwe ouderen te maken hebben: beter opgeleid en zéér mondig. Het zijn de kinderen van de inspraak-democratie, de jonge mensen die in de jaren zestig op de barricaden stonden en het Maagdenhuis bezetten, de Dolle Mina's en de kampioenen van de anti-autoriteitsgolf. Zij introduceerden begrippen als 'Baas in eigen buik' en 'Alles moet kunnen'. *Die* generatie is zo gewend mee te beslissen dat het beleid ten aanzien van senioren een andere inhoud en prioriteit zal krijgen. Zij laten zich niet als een Jan Doedel-generatie de sociale geschiedenis inschrijven.
De eerste signalen kondigen zich trouwens nu al aan. Ouderen zijn opeens 'in', vooral toen zij bij de verkiezingen op 3 mei 1994 tot verbazing van velen de handen ineensloegen en in één klap zeven zetels in de Tweede Kamer veroverden. Zelfs bij hoogbejaarden veroorzaakte het voortdurend geknaag aan hun zelf verdiende AOW en de bezuinigingen op zorgverlenende instanties collectieve verontwaardiging.
Een moeilijkheid in de discussies is dat het begrip 'oud' of 'ouder' te pas en te onpas wordt gebruikt. Men bedoelt er doorgaans de van hulp en bijstand afhankelijken mee, van wie een zeer groot percentage de tachtig jaar al is gepasseerd. Het is logisch dat een vijftiger zich daarmee niet kan vereenzelvigen. Die denkt, als hij dit soort heen en weer gepraat hoort, eerder aan zijn bejaarde *ouders* dan aan zijn eigen *toekomst*. Hij maakt deel uit van de 'sandwichgeneratie', zoals Heleen Crul dat zo treffend schrijft (zie blz. 17): de kinderen zijn de deur uit, maar nu vragen vader en moeder aandacht en zorg.

Er zijn overigens veel senioren die woedend aan de bel trekken en hevig protesteren, omdat ze uitsluitend en alleen vanwege hun leeftijd hun vak niet meer mogen en kunnen uitoefenen. Prof. dr.

B. Smalhout, bijvoorbeeld, gepensioneerd hoogleraar anesthesiologie te Utrecht met meer dan dertig jaar ervaring, is een man die niet is 'ver-smald', maar zijn vak uitermate goed heeft bijgehouden. Hij uitte zijn verontwaardiging voor de televisie en in een zeer lezenswaardig boek, *Rebel tegen wil en dank*, geschreven door René Steenhorst.
Zijn collega van de Erasmus Universiteit, Prof. mr. dr. H.T.J.F. van Maarseveen, was hem al protesterend voorgegaan. Hij vond dat hij als hoogleraar Staatsrecht en Bestuursrecht nog zoveel te zeggen had dat hij in 1992 zelfs een proces voerde tegen zijn eigen universiteit, een proces dat hij overigens verloor.
Desalniettemin hebben hij en zijn collega de aandacht gevestigd op de absurditeit dat kennis en ervaring verdwijnen *moeten*, als je vijfenzestig bent ('worden vernietigd', zoals professor Jansen zegt).
Ook het boek dat de Amerikaanse feministe Betty Friedan in 1993 heeft geschreven, *The Fountain of Age*, is nogal opzienbarend en sluit geheel aan bij de boosheid van de reeds genoemde hoogleraren. In de jaren zestig was zij de generator van het wereldfeminisme. Op vijfendertigjarige leeftijd schreef zij de bestseller *Feminine Mystique*, een ongehoord felle aanklacht tegen alles wat vrouwen klein en afhankelijk hield. Nu is mrs. Friedan vijfenzestig en geeft nog steeds blijk van een ontembare strijdlust. Zij verzet zich heftig tegen het karikaturale beeld van hulpbehoevende oudjes. Naar haar gefundeerde, vaste overtuiging is de *third age*, de derde levensfase, een bron van vitale en nieuwe inspiratie, die onze samenleving juist hard nodig heeft.
Maar laat ik terugkeren naar de vijftigplussers. Voor haar, voor hem is immers dit praktische en informatieve boek bedoeld. Waarom is juist deze levensfase de invalshoek en het uitgangspunt geworden? Omdat er tussen nu en morgen cruciale beslissingen voor of door deze generatie moeten worden genomen. Als men zich daarvan niet bewust is en nooit eens stilstaat bij de verschillende mogelijkheden, zullen de dingen die gaan gebeuren hard aankomen. Wat doe je bijvoorbeeld als je op deze leeftijd ontslag krijgt, je huwelijk op de klippen ziet lopen of je partner door

ongeluk of ziekte verliest? Hoe kun je – ook nú nog – de gaten in je pensioen dichten of voor jezelf beginnen? Hoe zit het met vervroegd uittreden? Ook notariële zaken vragen nu de aandacht.
En last but not least: hoe staat het met je gezondheid?
Je bent als vijftigplusser 'dicht bij later'. Dat betekent niet dat je met één been in het graf staat, maar wel dat je de tijd niet terug kunt draaien. Het is dan ook raadzaam om je zaken te regelen en je 'schaapjes op het droge' te krijgen (zie blz. 31).
Ik heb vier gast-auteurs uitgenodigd een bijdrage aan dit boek te leveren. Zij schrijven elk over een onderwerp waarmee vijftigplussers vroeg of laat te maken krijgen.
Heleen Crul start met een hoofdstuk over de 'sandwichgeneratie', Gerda Zwartjes behandelt 'de nieuwe relatie', Gemma Naninck schrijft over 'gezond-zijn' en Henk Meier levert een objectieve bijdrage over euthanasie, waarin hij 'de feiten op een rijtje zet'.
Tevens komt een aantal mannen en vrouwen aan het woord die openhartig vertellen over hun persoonlijke beleving rond dat ouder-worden en die beschrijven hoe zij crisissituaties in hun leven, zoals ontslag, echtscheiding en VUT, weer te boven zijn gekomen.
Het boek is daardoor geen droge opsomming van feiten en mogelijkheden geworden, maar evenmin verdoezelende mooipraterij.
Het heeft veel met mijzelf te maken en met het proces waar ook ik doorheen moest, alvorens ik het ouder-zijn en de eindigheid van mijn bestaan kon accepteren.

Ik herinner me nog goed hoe een oom bij binnenkomst ooit verschrikt tegen mijn vader zei: 'Theo, ik ben oud! Er ging in de tram een leuke jonge meid voor mij opstaan!'
Als ik nu in de sneltram of stadsbus heen en weer geslingerd word, denk ik vaak: 'Ging er maar iemand staan, want zó jong ben ik nou ook weer niet.' Kennelijk is er tegenwoordig op zijn minst een stok nodig om als oude dame te worden behandeld. En dat is maar goed ook!

Hanny van den Horst,
juni 1994

De sandwichgeneratie

'*De middelste jaren. Gevangen tussen kinderen en ouders. Onvrij: het leven is te dicht bevolkt. De toekomst is nog niet uitgedund. Het is dan ook niet verwonderlijk dat er slechts langzaam een patroon te voorschijn komt, uit zo'n opeen gepakte warboel van verwijzingen, uit zulke serieuze maar verborgen verbanden.*'

Margaret Drabble, '*Het middenstuk*'

Tegen de eeuwwisseling bevindt Nederland zich in de overgang. De veertig- tot zestigjarigen vormen dan de grootste bevolkingsgroep. Ze hebben nog een derde levensfase van twintig tot dertig jaar te goed. Juist tijdens die overgangsfase, waarin veertigplussers zich moeten gaan verzoenen met een toekomst die al verleden tijd aan het worden is en opbotsen tegen hun eigen grenzen, raken zij bekneld tussen de zorg voor twee generaties: hun eigen kinderen, jong-volwassenen tussen de achttien en achtentwintig jaar, en hun ouder-wordende ouders. Deze twee generaties claimen ieder op hun eigen manier de aandacht en inzet van de tussengeneratie. Zo liggen wij tegenwoordig niet alleen wakker van onze ondernemende kinderen, maar ook van onze reislustige ouders. Neem Else, vijfenveertig is ze. Haar dochter, net achttien, besloot samen met een vriendin een trektocht van zes weken door Indonesië te gaan maken. Elses ouders, begin zeventig, wilden naar Canada voor een rondreis per camper. Het was een lang gekoesterde wens van haar vader. Niemand kon hem van het idee: 't is nu of nooit, afbrengen. 'Ze hadden onze voortdurende hulp nodig bij het plannen van die reis, omdat ze geen idee hadden hoe ze het moesten aanpakken. En sinds ze zijn vertrokken maak ik me voortdurend zorgen. Mijn moeder heeft geen rijbewijs en mijn vader geen enkele ervaring met het rijden van een camper,' aldus Else.

Twee generaties op drift, de een nog iets te jong, de ander net te oud. Waar hangen ze uit, zou het wel goed gaan met ze, vraag je je als sandwichgeneratie, 's nachts slapeloos woelend in je bed, af.

Tussen oudere rebellen en vrijgestelde jongeren

De huidige vijftigers hebben de jongerenrevolutie in de jaren zestig aan den lijve meegemaakt. Ze veroorzaakten het generatieconflict: ze zetten de wereld, de normen en waarden van hun ouders op hun kop. Alles moest anders. Nu beginnen zestig- en zeventigplussers op hun beurt te rebelleren. Als groep zijn ze ongrijpbaar en ongezeglijk. Ze hebben altijd tot de gehoorzame generatie behoord, zich gestoord aan God en gebod, en de oorlog en de schaarste meegemaakt.
Achter hun nog weinig doorgelichte gedrag zit de turbo-drive van het inhalen. Ze zijn *rebels without a cause* en hebben nergens meer een boodschap aan. Vanuit het gevoel altijd geleefd te zijn, gaan ze nu zelf leven.
Een woordvoerder van Cook vertelde in een BBC-programma dat zestigplussers steeds vaker op avontuurlijke reizen gaan: een week ononderbroken in de trein van Moskou naar Wladiwostok, kloosters bezoeken in Tibet, compleet met bergwandelingen op grote hoogte, op safari in Midden-Afrika.
De dringende en vet gedrukte adviezen aan senioren om van tevoren contact op te nemen met de huisarts, worden genegeerd. Het generatieconflict lijkt zich nu af te spelen tussen volwassen kinderen en hun wispelturige ouders.
De sandwichgeneratie is noodgedwongen honkvast en verdient het geld voor twee generaties, die lustig spelevaren in een levensfase die door onze cultuur aanzienlijk is verlengd. Een relatief grote welvaart maakte het mogelijk dat de fase van de jong-volwassenheid zich tot zo'n jaar of dertig uitbreidde. Een goede gezondheid en lange levensverwachting hebben er inmiddels voor gezorgd dat de zogeheten 'derde leeftijd' zich uitstrekt van vijfenvijftig tot vijfentachtig jaar en ouder.

Zelf tot je nek in de verantwoordelijkheden, thuis en op je werk, voel je je als tussengeneratie soms verteerd door een onredelijke afgunst over die vrijgestelde positie van jongeren en ouderen. Je krijgt steeds meer de indruk dat je zelf nooit eens vrijgesteld zult raken.

Terwijl je kinderen net hun rijbewijzen hebben gehaald en triomfantelijk je auto lenen – en jij met een wee gevoel van angst in je maag achterblijft – heb je ook nog eens zorgen over je moeder, begin tachtig, die onlangs als spookrijdster is gesignaleerd en niet uit haar auto te branden is. Moet je het haar gaan verbieden?

Terwijl je je als vrouw met een mengeling van opluchting en weemoed voorbereidt op het lege nest omdat de kinderen het huis uit gaan, ontdek je dat het lege nest niet echt meer bestaat. Totdat ze – eindelijk – hun vaste partner, een vaste verblijfplaats en een min of meer definitieve baan hebben, blijven ze maar thuiskomen, die kinderen. Zomaar een weekje om eens rustig te studeren, om uit te huilen als hun relatie verbroken is, omdat ze de ziekte van Pfeiffer hebben en daarvan langdurig moeten herstellen, omdat het vakantie is en iemand anders op hun kamer moet, of omdat ze een paar maanden moeten overbruggen voordat ze aan een stage kunnen beginnen.

Eindelijk eens tijd voor jezelf? Vergeet het maar! Vader heeft zijn heup gebroken of moeder wordt vergeetachtig en jij, de dochter, het dichtst in de buurt, bent opeens een op afroep beschikbare uitzendkracht in dienst van twee generaties.

Een driedelige spiegel

Wij behoorden tot de generatie die in de jaren zestig de wereld wilde veranderen. We stonden op de barricaden voor sociale hervormingen, ontwapening, het recht op eigen keuzen en ruimte voor het individu. Als jonge vrouw streed je voor kinderopvang, en nu die klus is geklaard blijkt ouder-dagopvang minstens zo hard nodig.

Jarenlang heb je als leesmoeder meegedraaid op de school van je kinderen en ze gehaald en gebracht naar clubjes. Nu moet je je moeder in het verpleegtehuis de krant gaan voorlezen of wacht je vader 's zondags totdat je hem ophaalt voor een autoritje en wat vermaak.

Alsof je op dit moment – de middenleeftijd – niet genoeg hebt aan jezelf. Je kijkt in de spiegel en voelt paniek: kraaiepoten, treurlijnen. De zee van tijd die je altijd hebt gehad droogt op. Het niet vervulde – dat wat je hebt laten liggen in je leven – dringt zich meedogenloos aan je op. Hoe de balans ook uitvalt: je bent in deze fase meestal meer geobsedeerd door datgene wat je niet hebt gedaan dan door datgene wat je wel hebt gedaan.

De middenleeftijd kan zowel een knooppunt als een kruispunt zijn. Je kunt uitzichtloos verward raken in kwellende vragen als: Wie ben ik eigenlijk? Wat wil ik nog met mijn leven? Wat is de zin ervan? Maar het moeizaam bevochten antwoord erop kan ook zicht geven op nieuwe wegen naar de toekomst.

Je bevindt je als tussengeneratie in het midden van een spiegel die uit drie delen bestaat. Je eigen spiegelbeeld wordt beïnvloed door het spiegelbeeld links van je – volwassen kinderen die je confronteren met de eindigheid van je eigen jeugd, je verwachtingen en teleurstellingen uit die dagen, je eigen verleden. Rechts in de spiegel zie je je toekomst – de ouderdom, die gestalte krijgt door je ouders.

Huiverig en besluiteloos kijk je naar verleden en toekomst. Er is moed voor nodig om onder ogen te zien dat het beeld dat je van jezelf hebt voor een groot deel is bepaald door de relatie met je ouders. In die relatie zit meestal veel 'oud zeer'. Juist in deze fase dringt dit aan op verwerking en afhandeling. De intensievere contacten die oudere ouders vergen en je eigen rijpe volwassenheid stellen je daartoe bij uitstek in staat.

Voor eeuwig klein

Je blijft kind van je ouders en je bent ouders van je kinderen. Dat is een merkwaardige positie die aanleiding geeft tot dwingende

vragen als: waar liggen mijn verantwoordelijkheden? Hoe bescherm ik mijn vrijheid? Hoe dwing ik het recht op een eigen leven af?
Deze vragen lijken heel concreet, maar de beantwoording ervan is vaak uiterst gecompliceerd door de wirwar van gevoelens – liefde en vrees, liefde en gehoorzaamheid – die kenmerkend is voor de relatie die wij, de tussengeneratie, als kind met onze ouders hebben gehad.
Onze generatie is opgevoed met het eerste gebod, een gebod van God: Eert uw vader en uw moeder. We waren onze ouders liefde, gehoorzaamheid en respect verschuldigd. Dat werd ons afgedwongen. Tegelijkertijd waren wij het bezit van onze ouders, die ook wettelijk de macht hadden over ons. Het was een relatie met eenrichtingsverkeer. Ouders hadden altijd voorrang.
We hebben onze woede over het falen van onze ouders, hun gebrek aan belangstelling voor wie wij werkelijk waren, als streng verboden gevoelens moeten verdringen. En we voelen ons nog steeds automatisch schuldig als we niet altijd van hen kunnen houden.
Barbara Dobrick beschrijft dit dilemma in haar lezenswaardige boek: *Als onze oude ouders sterven*. 'Over eerbied van onze ouders voor ons, over hun respect voor onze behoeften, onze trots, hebben wij nooit iets vernomen en meestal hebben we er ook maar weinig van gemerkt,' meent zij. Ook zij stelt vast dat het veel mensen van haar generatie niet gegeven is een onafhankelijke en vriendelijke relatie met hun ouders te hebben.
Uiterlijk is daar niets van te zien. We doen ons werk, we hebben zelf een gezin, we hebben vrienden en we gaan op reis. Maar in de verhouding met onze ouders klopt er iets niet. 'In die relatie zijn wij – voor eeuwig – klein,' aldus Dobrick.

> Petra (negenenveertig): 'Onlangs had ik een nieuwe rode jurk aan en mijn moeder zei onmiddellijk: Je weet toch dat rood je niet staat. Als kind kon je het al niet hebben. Mijn moeder staat nog steeds niet toe dat ik mijn eigen stijl van kleden heb. Uitbundiger, minder damesachtig dan zij. Alles wat ik anders doe dan zij, ervaart ze als een afwijzing. Ze straalt een

voortdurende teleurstelling over mij uit. Ik heb een goede baan, moet als alleenstaand ouder voor drie kinderen zorgen, maar zij begint altijd over mijn echtscheiding of de rommel in huis. Ze heeft mij nooit willen accepteren zoals ik ben. Als ik maar naar haar geluisterd had, van haar had willen leren, dan was het niet zo fout met mij gegaan, is de kern van haar eeuwige betoog. Ik zou haar het liefst de deur uitzetten.'

Hans (tweeënvijftig): 'Als ik op bezoek ben bij mijn ouders en mijn vader vraagt hoe het met mij gaat, krijg ik niet eens de kans om dat te vertellen. Na twee of drie zinnen pakt hij het verhaal over en begint te vertellen hoe hij het maakt. Hij leeft helemaal in het verleden, toen hij – thuis en op zijn werk – de grote autoriteit was die iedereen de mond snoerde. Hij heeft mijn volwassenheid nooit geaccepteerd. Waar het gesprek ook over gaat: vader weet het altijd beter. Ik voel daar een kille woede over.'

Moeders en dochters

Het middenstuk van je leven kan een herkansing betekenen, ofwel door je nieuwe rol van grootouder ofwel doordat je niet langer meer de rol van kind hoeft te vervullen maar volwassen bent.

Marianne (achtenveertig): 'Ik heb altijd een hele moeilijke relatie met mijn moeder gehad. Enerzijds die enorme drang om het haar naar de zin te maken. Aan de andere kant was er toch altijd het besef: zo'n leven als mijn moeder wil ik absoluut niet. Zij heeft mij nooit willen zien als een zelfstandig individu; ik was een verlengstuk van haarzelf. Nu besef ik dat ik haar ook niet gezien heb als een zelfstandig mens. Toen ik zelf kinderen kreeg, heb ik haar heel bewust een herkansing aangeboden. Die heeft ze met beide handen aangenomen. Ze is een fantastische grootmoeder. Door haar die rol te gunnen heb ik een heel andere kant van mijn moeder ontdekt. Mijn dochter van eenentwintig heeft sinds kort een echt vriendje en mijn moeder heeft hem eerder gezien dan ik. Ze hebben met elkaar geluncht op zijn studentenkamer. Ik heb haar die ervaring gegund, omdat mijn vriendjes voor haar altijd zo problematisch waren. Ze heeft van die lunch enorm genoten. Door de leuke relatie die zij met haar kleindochter heeft, is ons contact ook veel prettiger geworden. We praten nu zonder ruzie en boosheid over vroeger. Voor haar is dat net zo'n opluchting als voor mij. Ik ontdek nu eindelijk de mens achter mijn moeder. Ik ben altijd bang geweest dat, als zij dood zou gaan, ik geen idee zou hebben wie zij werkelijk was. Ik stel haar nu de vragen die ik al veel eerder had willen stellen, over haar, over mij, over mijn vader, kortom: over ons.

Door als veertigers en vijftigers een positieve relatie met je ouders op te bouwen, en ervan te maken wat ervan te maken valt, verandert je beeldvorming over hen en over de ouderdom. Vaders waren vroeger mannen die nooit tijd hadden voor hun kinderen, die onbenaderbaar en ongenaakbaar waren. Maar als senioren ondergaan ze een metamorfose en wekken ze je vertedering omdat ze nu altijd voor je klaarstaan, je tuin onder handen nemen, hun kleinzoon komen halen voor een wandeling en je kinderen unieke verhalen vertellen over 'vroeger', die in geen enkel geschiedenisboekje te vinden zijn.

Via je vader kun je ontdekken dat mannelijke senioren misschien wel hun haren verliezen, maar niet hun streken. Fier dragen zij een manbeeld uit van ouderwetse hoffelijkheid, moed en wegcijfering, dat weliswaar niet jouw favoriete beeld is, maar dat in zijn uitstervende soort toch een bepaalde charme heeft.

Via je moeder krijg je respect voor het suddergeduld dat vrouwen van die generatie nog hebben. Ze stammen uit de tijd waarin een vrouwenhand – net zoals een paardetand – nooit stil mocht staan. Ze hebben met een minimum aan welvaart, comfort en apparaten hun kinderrijke gezinnen grootgebracht. Ze zijn symbolen van overleven en bakens van continuïteit.

De relatie met je ouders

Het is dikwijls al moeilijk genoeg om de relatie met je oudere ouders leuk en constructief te houden wanneer ze geestelijk nog goed en lichamelijk gezond zijn. Maar als ze dan serieus gaan kwakkelen, kan die relatie echt kritiek worden. Het moment waarop dit gebeurt, kan vaak niet slechter gekozen worden.

De zonen van de sandwichgeneratie hebben er hun handen vol aan zich te handhaven op het werk. Zelf zijn ze inmiddels tot de oudere garde gaan behoren en ze zien de jongeren gretig opschuiven in de richting van hun stoel.

Een aantal dochters van de sandwichgeneratie heeft voor het eerst in de geschiedenis gezin en carrière gecombineerd en begint te bezwijken onder het dubbele-dagsyndroom. Zij die al die jaren 'alleen maar huisvrouw en moeder' zijn geweest, dromen van een eigen leven, van tijd voor zichzelf nu de kinderen de deur uit zijn. Hoe bouw je een weerbare positie ten opzichte van je oudere ouders op, juist nu deze mensen hulpbehoevend, zielig en lastig worden en een appel beginnen te doen op je hulp? Hoe ver gaan je verantwoordelijkheden als dochter of zoon? Bij oudere ouders krijgen kinderen hoe dan ook de neiging die ouders te gaan opvoeden. Maar mag je wel over hen moederen of vaderen in de trant van: 'Moeder, autorijden wordt nu echt te gevaarlijk voor je, je moet de auto maar wegdoen', of: 'Jullie kunnen eigenlijk niet meer in dit grote huis blijven wonen. Wordt het niet eens tijd om naar een serviceflat te gaan uitkijken?'

Onomkeerbare rollen

De sociaal-gerontoloog Prof. dr. C.M.P. Knipscheer deed onderzoek naar ouder-worden, familierelaties en intergenerationele betrokkenheid. 'Het feit dat ouders hun kinderen opvoeden, advies geven en nauwlettend in de gaten houden, geeft diezelfde kinderen, eenmaal volwassen, niet het betuttelende recht dit ook bij hun ouders op leeftijd te doen,' is zijn overtuiging.

Zijn onderzoek – verwoord in een openbare les – ontmaskert de zorgzame samenleving waarin de familie en de intergenerationele betrokkenheid een centrale rol dienen te spelen, als een onwerkzame constructie. Want in de ouder-kindrelatie zijn de rollen van beiden levenslang gedefinieerd en onomkeerbaar.

'Ouders dragen de verantwoordelijkheid voor een kind dat zij het leven hebben geschonken. Kinderen kunnen hun ouders niet het leven schenken, daarom is de ouder-kindrelatie onontkoombaar asymmetrisch. Die ongelijkwaardigheid in de relatie tussen ouders en hun kinderen verdwijnt nooit helemaal. Ouders en kinderen komen meer als gelijken tegenover elkaar te staan, zonder evenwel gelijk te zijn,' aldus professor Knipscheer.

Het betekent dat ouders wel de luiers van hun kind verschonen, maar dat het allerminst vanzelfsprekend is dat een oude incontinente vader, die zich nooit bloot aan zijn kinderen heeft vertoond, door zijn volwassen zoon of dochter wordt verschoond. De kans is groot dat hij dit als een gênant statusverlies ervaart.

Sterfelijkheid van ouders

Wanneer ouders tekenen van aftakeling beginnen te vertonen, worden de liefde en het respect die kinderen voor hun ouders voelen, vaak aangevreten. Er zijn de onverwachte schrik en paniek over de sterfelijkheid van ouders die eeuwige monumenten van kracht en wijsheid leken.

> Sander (drieënveertig): 'Ik ben een halfjaar in het Midden-Oosten geweest voor mijn werk. Al die tijd heb ik mijn ouders niet gezien. Mijn vader had een flinke griep gehad, mijn moeder last gekregen van hartritme-stoornissen. Toen ik ze terugzag was het alsof ze allebei waren gekrompen. Er was een broosheid en een kwetsbaarheid in hun wezen gekomen die mij als een klap in mijn gezicht trof. Opeens drong het tot mij door: mijn ouders zijn bejaard. Ik voel me schuldig omdat ik in de kracht van mijn leven ben. Ik vraag me af: hoelang

kunnen ze het samen redden in hun huis? Stel je voor dat een van hen overlijdt... Ik maak me zorgen over hun toekomst.'

De crisisgevoelens van bejaarde ouders over het afnemen van hun vitaliteit en gezondheid brengen hun zonen en dochters vaak in grote verwarring. Ze hebben hun ouders altijd gekend als toonbeelden van evenwicht, als mensen die hen voortdurend adviseerden in woord en daad. Nu dreigen de rollen omgedraaid te worden, wat bij de kinderen 'geschoktheid en wrevel veroorzaakt', aldus professor Knipscheer.

> Liesbeth (achtenveertig): 'Mijn vader is vorig jaar overleden. Zijn dood bracht mij, totaal onverwachts, in een diepe crisis. Ik was er niet op bedacht dat ik hem nog zoveel had willen vragen. Ik heb hem bemind en ik heb hem gehaat. Als kind heb ik hem weleens dood gewenst. Hij was een despoot. Ik ben er pas laat en schoorvoetend achtergekomen dat we heel veel eigenschappen met elkaar gemeen hadden. Zijn dood maakte allerlei schuldgevoelens in mij wakker. Omdat ik zo met mijzelf bezig was, heb ik weinig oog gehad voor mijn moeder. Die heeft psychisch een enorme dreun gehad. Ze is altijd al een verstrooid type geweest, maar nu denkt ze dat haar vergeetachtigheid met dementie te maken heeft. Iedere keer als ze haar sleutels, bril of een naam kwijt is, begint ze te huilen en gaat hulpeloos op een stoel zitten. Ze is heel angstig, belt me steeds op en wil voortdurend aandacht. Onlangs verweet ze me: Je vader hield altijd meer van jou dan van mij. Ik weet me geen raad met haar.'

De brede schouders van vrouwen

Behalve met schuldgevoelens kun je als sandwichgeneratie ook met loyaliteitsgevoelens worstelen. Hoe vereffen je als zoon de rekening met je vader, die je moeder voor een jongere vriendin heeft laten zitten? Is het fair om te zeggen: 'Je was er niet toen ik

je nodig had als kind, en toen mijn moeder je nodig had. Zoek het nu – nu je zelf hulp nodig hebt – ook maar zelf uit?'
Doe je je vader, en ook jezelf als zoon, met zo'n houding te kort? Hoe ver moet je gaan in je zorg en toewijding? Is het reëel om zeven dagen per week twee uur per dag voor je ouders te zorgen, zoals die ene vrouw die wanhopig naar *De Telegraaf* schreef: 'Misschien moet ik mijn ouders maar te vondeling leggen.' Ze was enige dochter en haar vader hield niet op te herhalen dat het zijn dood zou zijn als hij naar het bejaardenhuis moest.
Zorg in het algemeen en voor bejaarde ouders in het bijzonder komt grotendeels op de schouders van vrouwen – de dochters – neer. Zonen geven geen zorg, zij organiseren dat doorgaans.
Nelleke Nicolai, psychiater, meent: 'Vrouwen worden gedwongen zorgend in het leven te staan en naarmate zij ouder worden, reageren zij opstandiger op deze plicht. Veel vrouwen die ik ken zeggen: Ik zou er nu weleens mee op willen houden. Ik wil nu tijd voor mezelf. Ze hebben er schoon genoeg van. Ze blijven maar bezig met ouders die verzorgd moeten worden.'
'Ze klagen over hun zorgbelasting, maar vinden het tegelijk fantastisch om onmisbaar te zijn,' is de ervaring van Corrie Stokman, vormingswerker en gespecialiseerd in het begeleiden van vijftig-plus-vrouwen.
Ria de Kort-Gijsen, hoofd vrijwilligerswerk in een Nijmeegs verzorgingstehuis, bekent: 'Ik zie dat ook jongere vrouwen nog steeds gechanteerd worden met hun onevenredig grote verantwoordelijkheid voor gezin en familie. Je daartegen kunnen verzetten zonder je schuldig te voelen, heeft ook te maken met rijpheid. Kun je relativeren en verlies onder ogen zien?'
Vrouwen hebben het daar moeilijker mee dan mannen.

De levenskunst afkijken

Het contact tussen de generaties vertegenwoordigt een grote immateriële waarde, namelijk de lessen in leven en de kennismaking met de totale menselijke levenscyclus. Grootouders, ouders en

kleinkinderen – als alles goed en gewoon gaat in het leven, is er een grote kans dat wij deze rollen allemaal enige tijd, zij het in omgekeerde volgorde, vervullen. Zo kijken wij dan als het ware de kunst af. Het beeld dat kinderen opdoen van hun ouders als tussengeneratie, kan bepalend zijn voor hun eigen invulling van die fase. De tussengeneratie kan zich door middel van de eigen ouders oefenen in het ouder-worden, ideeën ontwikkelen – 'zo wil ik het per se niet' – en nadenken over de toekomst.
Door zich te spiegelen aan het verleden via hun kinderen en te kijken in de toekomst via hun ouders, kan de tussengeneratie het beeld over zichzelf helder krijgen. Het is een periode van afronding, vereffening en vrede sluiten met het onvermijdelijke menselijk tekort en onvermogen.
Mildheid en begrip voor de rol van je ouders en voor je eigen rol kunnen je helpen de overtollige ballast uit je bagage te gooien. Die hoef je dan niet mee te nemen naar je toekomst.
Zelf zie ik mijn ouders nu als mensen in hun tijd, gedicteerd door normen en waarden die toen golden. Ze wisten niet beter, ze moesten roeien met de riemen die ze hadden, ze hebben hun best gedaan. Ik ben wie ik ben dank zij hun toedoen, en door mijn verleden te accepteren, accepteer ik mijzelf met al mijn mogelijkheden en beperkingen.
Ik geniet ervan dat mijn ouders er nog in goede gezondheid zijn. Kijkend naar mijn kinderen, mijzelf en mijn ouders, voel ik mij deelgenoot van dat bonte en soms bizarre menselijke avontuur dat verwantschap heet. In dat avontuur heb je de keuze: te slijten of te scherpen aan elkaar, te bezitten of te bezielen.
In de middenfase kunnen zowel je bejaarde ouders als je volwassen kinderen de instrumenten zijn om tot meer zelfinzicht en zelfkennis te komen. De verzoening met jezelf geeft je de maximale energie om je eigen derde levensfase optimaal vorm en inhoud te geven.

Heleen Crul

De schaapjes op het droge

Op zoek naar hoge rente

We weten allemaal dat geld niet het enige is waar het in het leven om draait. Het is echter wel buitengewoon aangenaam om er voldoende van te hebben, ook als je met VUT of pensioen gaat. Pensioenbreuken in een lang en arbeidzaam leven kunnen bijvoorbeeld voor pijnlijke verrassingen zorgen wanneer het moment nadert waarop u het van dat pensioen moet hebben.
Misschien dat u daar de komende jaren toch nog iets aan kunt doen, hoewel we elke dag via krant en televisie met 'inleveren' worden geconfronteerd. De Nederlander houdt echter niet van inleveren. Hij heeft best iets voor zijn medemens over, maar het idee een geplukte kip te worden staat hem niet aan. Dus gaat hij voor zichzelf zorgen en dat betekent sparen.
Nu zijn wij altijd al een spaarzaam volkje geweest. Zelf ben ik opgevoed met een glimmend metalen busje met grote gleuf, waarin de guldens en rijksdaalders van opa en oma rinkelend verdwenen. Eens per jaar gingen we naar de Nutsspaarbank. Daar werd de bus geopend, het geld geteld en de rente in een boekje bijgeschreven. Ik geloof dat die rente ruim vijftig jaar geleden niet meer was dan anderhalf procent.
De tijd van de rinkelende busjes, spaarbankboekjes en de ouwe sok is voorbij. Het geld dat we sparen wordt veilig ondergebracht. Op het platteland ging men naar de Boerenleenbank (nu Rabobank). In elk dorp kon je ervoor terecht. Het was vanouds de plek waar boeren, burgers en buitenlui hun geld brachten. Thuis kon je immers bestolen worden, het geldtrommeltje kon bij brand verloren gaan en bovendien was een beetje rente ook nooit weg.
De bank is dus *veilig*. Het enige risico is dat een bank failliet kan gaan, maar dát risico is in ons land miniem. De grote Nederlandse

banken, zoals ING (Postbank), ABN-AMRO en de Rabobank behoren tot de betrouwbaarste spaarbanken ter wereld, en die zekerheid is tevens de reden van hun succes.

Als banken toch failliet gaan, is er een regeling die schadeloosstelling biedt van het spaarbedrag met een maximum van f 25.000,- per spaarder.

Het klinkt vreemd, maar Nederland heeft meer spaardepositorekeningen dan inwoners: '24 miljoen rekeningen met een gemiddelde inleg van f 5.000,-,' schrijft Wabe van Enk in het NRC-Handelsblad van 16 januari 1994.

Hoewel sparen bij de bank dus veilig is, levert het niet veel op: 2,5 tot 4 procent rente.

Maar de luie, slapende spaarder (zoals die in het bankjargon wordt genoemd) is wakker geworden. Dat niet alleen, hij gaat actief op jacht naar meer rente en vindt een groot aanbod bij de meeste banken en verzekeringsmaatschappijen. Een van die grotere spaarinstellingen is Roparco, een bank van het beleggingsconsortium Robeco. Roparco bestaat uit slechts advertenties, telefoonnummers, rekeningnummers en (dag)afschriften. Deze bank kreeg in 1993 niet minder dan 3 miljard gulden van de nieuwe, op rente jagende spaarders binnen. Dat spaarders niet slapen blijkt wel uit het feit dat bijvoorbeeld de Rabobank voor niet minder dan 5 miljard gulden richting beleggingsfondsen zag verdwijnen.

Het nadeel van een spaardepositorekening is dat algauw de rentevrijstelling (f 1.000,- per persoon, f 2.000,- per echtpaar) wordt overschreden en dat de fiscus dan vaak de helft van de rente opeist. De meeste spaarders ervaren dat als onrechtvaardig. 'Zuinigheid wordt bestraft,' heet dat in de volksmond.

Degenen onder u die een beetje meer vertrouwd zijn met geldzaken, komen dan al spoedig terecht bij de aandelen van de hierna genoemde beleggingsfondsen. Robeco is namelijk niet de enige. Elke bank en elke verzekeringsmaatschappij heeft tegenwoordig zo'n fonds en het elitaire karakter daarvan is totaal verdwenen. 'Jong en oud willen in de fondsen,' zegt de Postbank-directie.

Wat doen beleggingsfondsen?
De populaire beleggingsfondsen, zoals Florente Fund (Robeco), het ABN-AMRO Obligatie-Groeifonds en het Vermogensgroeifonds van de Postbank, beleggen het geld in obligaties, waarbij de spaarder niet door de fiscus wordt belast. Wie deelneemt aan zo'n fonds koopt daar aandelen in.
Zo'n vermogensgroeifonds betaalt over de jaarlijkse formidabele winst 35 procent belasting. De rest van de winst komt in het fonds terug, waardoor de waarde van de aandelen van het beleggingsfonds stijgt. Als u dergelijke aandelen verkoopt omdat u op een bepaald moment toch contant geld nodig hebt, moeten die aandelen in prijs zijn gestegen. Over het koersverschil tussen aan- en verkoopbedrag wordt dan geen belasting betaald.
Het is dus duidelijk dat een beleggingsfonds voordelen heeft. De nadelen zijn dat er kosten in rekening worden gebracht als u contant geld nodig hebt, waardoor ze niet geschikt zijn voor korte-termijnbelegging.

Opletten en uitkijken
Als u voor deze vorm van beleggen kiest, moet u oppassen voor folders en advertenties waarin grote winsten worden beloofd. Vergelijk die aanbiedingen met datgene wat de bekende, bonafide beleggingsfondsen doen. Er zit kaf onder het koren. De gouden bergen die worden beloofd zijn vaak afkomstig van fondsen die in het buitenland worden beheerd, maar hier zijn verboden. Mocht u twijfelen dan kunt u altijd uw licht opsteken bij de Stichting Toezicht Effectenverkeer en de Vereniging voor de Effectenhandel, een tweetal instanties waarvan u achter in dit boek de adressen vindt.

Ten slotte
Behalve sparen op bankrekeningen en in beleggingsfondsen kunt u sparen in *aandelen*, bijvoorbeeld Unilever, Philips, ABN-AMRO, Ahold, VNU. Voor deze vorm van beleggen moet u echter geduld hebben. Gaat het slecht met de aandelen dan moet u ze laten staan, want over één jaar of drie jaar is het moment om ze (met winst) te

verkopen misschien veel gunstiger. Persoonlijk vind ik het zenuwslopend om je geld op deze manier te beleggen, maar zeer veel mensen zijn daar juist dol op. Ze volgen de beursberichten nauwlettend op tv en in de grote landelijke dagbladen.
Voor de gewone spaarders – als ik het zo mag zeggen – vormen de hier genoemde beleggingsfondsen een heel wat rustiger vorm van sparen.
Voor inkomsten uit aandelen geldt een aparte belastingvrijstelling, de *dividendvrijstelling*, die net als de rentevrijstelling ƒ 1.000,- per jaar bedraagt (echtparen ƒ 2.000,-).

Zorgen voor een goed pensioen

Wanneer u in meerdere bedrijven werkzaam was en op die manier uw kennis en uw ervaring hebt verrijkt, is dat waarschijnlijk heel goed geweest voor uw carrière. Zelfs een vijftigplusser maakt tegenwoordig nog kans op een goede baan, indien hij kan aantonen een brede, gevarieerde werkervaring te hebben.
Velen denken dat het ook wel goed zit met hun pensioen, maar dat is lang niet altijd het geval. De nieuwe banen kunnen evenzovele pensioenbreuken veroorzaken en op het moment van uitbetaling geeft dat maar al te vaak diepe teleurstelling.

Wat wordt bedoeld met: 'Dat is een goed pensioen'?
Men heeft het dan over 70 procent van het laatst verdiende salaris, inclusief de AOW. Men moet daarvoor wel veertig jaar hebben gewerkt en géén pensioenbreuk hebben opgelopen. Die 70 procent valt dan ook nog mee omdat de premies voor de WAO, WW en Ziektewetpremies (even als AOW en AWW) niet meer betaald hoeven te worden. Een bijkomend voordeel is dat na het vijfenzestigste jaar, de eerste schijf van de loon- en inkomstenbelasting circa de helft is van die vóór het vijfenzestigste jaar.

Er zijn ook tegenvallers. Bij bepaalde bedrijfspensioenfondsen neemt men bij de maximumuitkering bijvoorbeeld het salaris dat een werknemer op vijfenvijftigjarige leeftijd verdient. Ook passen sommige pensioenfondsen de 'middelloonregeling' toe, waarbij het gemiddelde van alle genoten jaarsalarissen de maatstaf is. De pensioenbreuken die u later de das om doen – en die ook nadelig doorwerken in het weduwenpensioen – worden veroorzaakt doordat de opbouw van de pensioendelen werd stopgezet op het moment dat men van baan veranderde. Indien werkgevers echter een samenwerkingsverband met pensioenlichamen hebben, kunnen de opgebouwde pensioenrechten worden meegenomen.

Plannen om het voor iedere werknemer wettelijk mogelijk te maken om opgebouwde pensioenrechten mee te nemen naar het nieuwe pensioenfonds, behorende bij de nieuwe baan, zijn inmiddels gerealiseerd. Dit is trouwens in meer dan één opzicht belangrijk, omdat het ook de mobiliteit van de werknemer bevordert.

Jonge werknemers zijn zich heden ten dage redelijk goed bewust van al die pensioencomplicaties. De vijftigplussers hebben veelal, in goed vertrouwen, nagelaten daar in hun arbeidsverleden op te letten. Daarom is het nu tijd om maatregelen te nemen: om gaten te dichten!

Hiertoe bestaan verschillende mogelijkheden. Een *spaarrekening met levensverzekering* komt bijvoorbeeld in aanmerking, en als het financieel mogelijk is kan men een storting van een bedrag ineens of verdeeld over een paar jaar overwegen: een *koopsom* dus.

Maar voor wie ouder is dan vijftig jaar kan verzekeren toch een dure oplossing zijn. Naarmate de leeftijd stijgt, gaat namelijk ook het risicodeel dat in de verzekeringspremie zit omhoog. In dat geval kan een combinatie van sparen én verzekeren tot betere resultaten leiden.

Mannen en vrouwen zijn gelijk
Volgens de wetgeving van de Europese Unie moeten mannen en vrouwen gelijk worden behandeld, ook in ouderdoms- en nabestaandenpensioenen. Met terugwerkende kracht is deze wet vanaf 17 mei 1990 geldig. Lange tijd werd voor vrouwen een lagere

pensioenpremie gestort. Ongelijke behandeling vóór genoemde datum hoeft niet te worden gecompenseerd, waardoor ongelijkheid in uitgekeerde pensioenen nog lang zal blijven bestaan. Pensioenrecht voor weduwnaars bestaat ook sinds enige tijd.

Voor Jan en Thea de Waal kwam het pensioenrecht voor weduwnaars als een geschenk uit de hemel. Thea had meer dan dertig jaar als lerares Engels op een gymnasium gewerkt en kreeg een zeer goed pensioen uitgekeerd vanaf haar vijfenzestigste jaar. Haar man daarentegen was jarenlang freelance psycholoog en kreeg pas later bij overheidsinstellingen vaste banen. Hij bleek een minimaal pensioen te hebben. Weliswaar had hij een kapitaalverzekering met lijfrente-uitkering, maar wat ooit een gigantisch bedrag leek was dertig jaar later 'slechts' ƒ 10.000,-. Toen kwam in 1990 de wet waarbij bepaald werd dat ook weduwnaars pensioenrecht hadden.

Toen het eerste zwart-op-wit bewijs van deze nieuwe regeling bij de familie binnenkwam, trok Jan zijn beste fles wijn open. Gelijk had hij.

Na een scheiding
Na een scheiding houden de ex-echtgenoten recht op een weduwen- of weduwnaarspensioen (bedrijfspensioen), dat naar redelijkheid wordt vastgesteld. Dat geldt meestal ook als men op huwelijkse voorwaarden getrouwd was. De pensioenaanspraak van degene die ooit geen of een lager pensioen zal krijgen, wordt verrekend met het ouderdomspensioen van de beter bedeelde echtgenoot.

Het bepalen van de waarde van het pensioen op de datum van echtscheiding is een lastig karwei, meer iets voor experts. Vaak wordt een ouderdomspensioen bij scheiding afgekocht.

Voor alle duidelijkheid: het bovenstaande heeft geen betrekking op de AOW- en AWW-pensioenen.

Ouderdomspensioen uit het buitenland
Er zijn in Nederland heel wat mensen die kortere of langere tijd in het buitenland hebben gewerkt.
Als ze in die jaren niet vrijwillig AOW-premie hebben doorbetaald, kan er op hun AOW-pensioen gekort worden. In veel gevallen bestaat er dan wel recht op een buitenlands ouderdomspensioen. Doordat Nederland met een groot aantal landen in de Europese Unie en daarbuiten afspraken heeft gemaakt, blijven deze rechten in principe bestaan.
In onderstaande tabel kunt u lezen welke de pensioengerechtigde leeftijd is in de landen waarmee Nederland een afspraak heeft.

EG-landen	mannen	vrouwen
België	tussen 60 en 65 jaar	tussen 60 en 65 jaar
Duitsland		
- in principe	65 jaar	65 jaar
- na 35 verzekeringsjaren	63 jaar	63 jaar
Denemarken	67 jaar	67 jaar
Frankrijk	60 jaar	60 jaar
Griekenland	65 jaar	60 jaar
Groot-Brittannië	65 jaar	60 jaar
Ierland	66 jaar	66 jaar
Italië	60 jaar	55 jaar
Luxemburg	65 jaar	65 jaar
Portugal	65 jaar	62 jaar
Spanje	65 jaar	65 jaar

Verdragslanden	mannen	vrouwen
Australië	65 jaar	60 jaar
Canada	65 jaar	65 jaar
Israël	65 jaar	60 jaar
voormalig Joegoslavië	65 jaar	60 jaar
Kaap-Verdië	65 jaar	60 jaar
Marokko	60 jaar	60 jaar
Nieuw-Zeeland	65 jaar	65 jaar
Noorwegen	67 jaar	67 jaar
Oostenrijk	65 jaar	60 jaar
Turkije	60 jaar	55 jaar
Tunesië	60 jaar	60 jaar
Verenigde Staten	65 jaar	65 jaar
Zweden	65 jaar	65 jaar
Zwitserland	65 jaar	62 jaar

Bron: *Sociale Verzekeringsbank en Social Security Programs Throughout the World, uitgave U.S. Department of Health and Human Services, Washington, 1992.*

De hoogte van een buitenlands ouderdomspensioen is meestal afhankelijk van het aantal jaren dat u in het betreffende land verzekerd was. Soms geldt als voorwaarde voor het verkrijgen van een pensioen dat u een minimum aantal jaren verzekerd bent.

Een aantal landen kent de mogelijkheid van flexibele pensionering, dat wil zeggen dat iemand vanaf een bepaalde leeftijd zelf kan bepalen wanneer hij of zij met pensioen gaat.

Hebt u in een van de hierboven genoemde landen gewerkt en denkt u aanspraak te kunnen maken op een buitenlands ouderdomspensioen, dan kunt u contact opnemen met uw districtskantoor van de Sociale Verzekeringsbank. Dit kantoor vraagt dan het pensioen aan bij de buitenlandse pensioeninstelling.

De koopsompolis

Ook koopsompolissen voor aantrekkelijke lijfrentes zijn de moeite waard als het om een aanvulling van pensioen en AOW gaat. Toch moet men ook hier weer oppassen niet met onbekende, veelbelovende verzekeringsmaatschappijen in zee te gaan.
Drs. D. Laman Trip, directeur van de Levensverzekering Maatschappij Nationale Nederlanden, waarschuwde daarvoor reeds in 1992 in een interview in het blad *Lucratief*. Hij zei: 'Wij adviseren met klem niet zozeer te letten op wat beloofd wordt – tenzij men een gokje wil wagen – maar vooral op wat *gegarandeerd* wordt.'
Van groot belang is tevens op welk bedrag die garantie betrekking heeft, want dat kan zijn op het gehele ingelegde geld of op dat bedrag onder aftrek van kosten, en juist die kosten kunnen aardig oplopen.
Nu beleggen niet langer een elitaire beslissing is, en ook de 'gewone man' via bank en/of giro tot deze vorm van sparen wordt overgehaald, is duidelijkheid een eerste vereiste. Met al die aanbiedingen ziet men echter door de bomen het bos niet meer en de opschudding die de verzekeringsmaatschappij 'Vie d'Or' in 1993 veroorzaakte, waarbij duizenden spaarders waren betrokken, is nog niet vergeten.

Wat is nodig voor een koopsompolis en wat levert het op?
Voor een koopsompolis moet een bedrag ineens of gespreid over een aantal jaren worden gestort. Het is in feite een levensverzekering. Een koopsompolis is ten minste tot een bedrag van ƒ 5.496,- (alleenstaande) of ƒ 10.992,- (voor echtpaar of samenwonenden) fiscaal aftrekbaar, indien er in de polis een lijfrenteclausule is opgenomen. (Deze bedragen gelden voor 1994. Ze worden jaarlijks aangepast met de inflatiecorrectie. De juiste bedragen kunt u bij de belastingkantoren opvragen.)
Dit houdt in dat het geld alleen in lijfrenten, dat wil zeggen in periodieke uitkeringen, wordt uitbetaald op een datum die u met de verzekeraar bent overeengekomen, bijvoorbeeld als aanvulling op uw toekomstige VUT-salaris (deze worden wél fiscaal belast!).

Ook aan deze regeling zitten allerlei haken en ogen, maar er staat een leger belastingdeskundigen klaar om u daarbij objectief te adviseren. Het is trouwens verstandig om een *second opinion* te vragen. U bent namelijk niet verplicht om, op het moment van uitkering, de lijfrente die u wordt aangeboden door de maatschappij waarbij de koopsom is gestort, te accepteren. Het kan u voordeel opleveren elders een offerte aan te vragen.

> Bas Scheepstra (zesendertig jaar) werkt bij een managementorganisatie. Hij verdient veel, maar moet zelf voor zijn pensioen zorgen. Zijn tantièmes belegt hij jaarlijks in de koopsompolis met een lijfrenteclausule.
> Bas en zijn vrouw hebben met de gedachte gespeeld om in te gaan op de zeer aantrekkelijke voorwaarden van de beruchte 'Vie d'Or'. Gelukkig kregen ze van de vader van een van hun vrienden – een ouwe rot in het verzekeringsvak – de raad ook eens ergens anders te informeren, omdat geen enkele solide maatschappij zo'n hoge lijfrente-uitkering als die van 'Vie d'Or' kan garanderen.
> Bas zei later: 'Je bent jong, je wilt wat en je weet weinig van verzekeringszaken. Bovendien zeggen de namen je niets meer. Iedereen fuseert met iedereen. Mijn eigen vader had het altijd over de RVS, dat zwarte mannetje en vrouwtje samen onder de paraplu, maar waar die RVS gebleven is weet ik niet eens.'

Brede Herwaardering

De mogelijkheden kort samengevat
Onze wetgeving is voortdurend in beweging. Er verandert veel en een enkele keer zelfs iets in het voordeel van de serieuze spaarder. De nieuwe regels, officieel Brede Herwaardering genaamd, gelden sedert januari 1992 onder andere voor lijfrente-, kapitaal- en gemengde verzekeringen.
Wat deze spaarvormen inhouden en welke verschillen er zijn als

we kijken naar fiscale consequenties, zetten we maar eens op een rij. Het zijn immers spaarvormen die voor velen belangrijke en aantrekkelijke mogelijkheden opleveren.

De **koopsompolis** of de **lijfrenteverzekering** is een contract tussen de verzekerde en de verzekeringsmaatschappij, waarbij de verzekerde het recht krijgt op een periodieke uitkering voor hemzelf als oudedagsvoorziening of – na zijn dood – voor zijn nabestaanden.
De betaalde premies zijn aftrekbaar binnen de door de wet gestelde grenzen. Iedere belastingplichtige heeft in ieder geval recht op een aftrek van een jaarlijks geïndexeerd bedrag. In 1994 was dat ƒ 5.496,- per jaar.
De te zijner tijd te ontvangen lijfrente-uitkeringen worden, als het zover is, volledig belast. Hier maakt men geen onderscheid tussen stortingen en rentebestanddelen; de belastingheffing verschuift dus volledig naar de toekomst. De overheid stimuleert hiermee de eigen zorg voor oudedag en nabestaanden.

De **kapitaalverzekering** bij leven geeft geen recht op een periodiek inkomen, maar op een gegarandeerd bedrag ineens. Het gaat dan om een bedrag dat op een bepaalde datum wordt uitgekeerd indien iemand dan (nog) in leven is.
De premies van kapitaalverzekeringen zijn niet aftrekbaar; in beginsel is het rentebestanddeel van de uitkering belast, behoudens de vrijstellingen.

De **gemengde verzekering** is een kapitaalverzekering die de uitkering bij leven en die bij dood combineert. Bij in-leven-zijn op een bepaalde datum, volgt uitkering van een vooraf overeengekomen bedrag; als de verzekerde vóór die datum overlijdt, wordt eerder uitgekeerd. De eindbedragen worden vaak hoger dan het verzekeringsbedrag doordat dergelijke polissen meestal delen in de winst van de verzekeringsmaatschappij.
Ook van deze verzekering zijn de premies niet aftrekbaar en is het rentebestanddeel in de uitkering in beginsel belast.

De **risicoverzekering** is ook een kapitaalverzekering, die echter alleen tot uitkering komt indien de verzekerde vóór een in de polis vastgestelde datum komt te overlijden. Is men op die genoemde datum nog in leven dan vervalt de verzekering, zonder enige uitkering. (Deze verzekeringsvorm komt vaak voor als dekking voor een hypotheek.)

Vrijstellingen

Als er geen speciale maatregelen waren genomen, zou het sparen via een kapitaalverzekering of een daarmee overeenkomende spaarvorm zelfs minder gunstig zijn dan sparen bij een bank, omdat er namelijk geen rentevrijstelling zou gelden.
Het rentebestanddeel van de uitkering is immers volledig belast.
Een bank zou jaarlijks rente uitkeren en ieder jaar zou daarover de rentevrijstelling gelden. Daarom kent de strenge hoofdregel uitzonderingen die kunnen leiden tot onbelast sparen.
Als u een beslissing in die zin moet nemen, is het nuttig alle mogelijkheden en hun consequenties de revue te laten passeren.
Als u namelijk een bepaalde keuze doet, kan dat betekenen dat een andere weg wordt afgesloten.
Voorzichtigheid is geboden, de materie is ingewikkeld, daarom is advies van een belastingdeskundige hierbij onmisbaar.

Uitkeringen bij overlijden vóór het tweeënzeventigste levensjaar zijn vrijgesteld, ongeacht het aantal jaren dat premie is betaald. Bij overlijden na het tweeënzeventigste jaar geldt als eis dat ten minste vijftien jaar premie is betaald.
Voor zover geen vrijstelling geldt, wordt het rentebestanddeel van de uitkering belast volgens het normale schijventarief.
Verder heeft iedere belastingplichtige sedert 1992 tijdens zijn leven recht op twee eenmalige vrijstellingen. De vrijstelling is afhankelijk van de uitkering en niet van de kapitaalgroei.
Een vrijstelling tot f 50.000,- geldt voor de uitkering uit een levensverzekering waarvoor ten minste vijftien jaar premie is

betaald. De vrijstelling geldt tot het tweeënzeventigste levensjaar. De hoogst betaalde premie mag in beide gevallen niet hoger zijn dan tienmaal de laagste. Een voorbeeld: Indien er met de verzekeringsmaatschappij is afgesproken ƒ 15.000,- per jaar aan premie te betalen, moet men in een 'slecht' jaar ten minste ƒ 1.500,- betalen. Iedere belastingplichtige krijgt dus eenmaal in zijn leven een vrijstelling van ƒ 50.000,- + ƒ 170.000,-, dus: ƒ 220.000,-. Echtparen hebben gezamenlijk recht op een vrijstelling van ƒ 440.000,-. Het is verstandig – omdat de vrijstelling per individu is geregeld – daarmee bij het afsluiten van verzekeringsovereenkomsten rekening te houden. Als de kapitaaluitkering de maximale vrijstelling overtreft, zal het rentebestanddeel naar evenredigheid worden vastgesteld. Voor het belaste gedeelte geldt dan het bijzondere tarief van (nu) 45 procent, mits het een kapitaaluitkering ineens betreft.

Woningfinanciering
Veel spaarvormen met vrijstelling treffen we aan bij de financiering van de eigen woning. De laatste jaren wordt vaak de **spaarhypotheek** gekozen, die in het bijzonder voor jonge mensen zeer aantrekkelijk is. Met zo'n spaarvorm gebruikt men dan een groot deel van de vrijstelling, soms overschrijdt men die zelfs.
Bij het afsluiten van een overeenkomst voor een dergelijke spaarvorm moet dan ook altijd rekening worden gehouden met reeds lopende levensverzekeringspolissen, waarvoor mogelijk al (een deel van) de vrijstelling nodig is.
De vrijgestelde bedragen zullen in de toekomst hoger worden door indexering.

Uw eigen huis: een prima spaarpot

Misschien hebt u, toen u uw huis kocht, niet voor een spaarhypotheek gekozen. Tegen de tijd dat u erover denkt met werken op te houden en uw hypotheek zo goed als afgelost is, kunt u echter uw huis als welkome oudedagsvoorziening gebruiken.

Zo'n afgeloste hypotheek scheelt in de woonlasten. Het huis kan bovendien opnieuw met hypotheek worden belast, als er extra geld nodig is of als u dit vrijkomende bedrag anders wilt beleggen.
Een **aflossingsvrije hypotheek** is mogelijk tot 70 procent van de executiewaarde van het huis. Als eigenaar betaalt u dan alleen rente over deze lening en die rente is weer aftrekbaar voor de inkomstenbelasting.
Ook een zogenaamde **krediethypotheek** behoort tot de mogelijkheden, vooral als men na de pensionering nog geld uit andere bronnen binnenkrijgt. In feite is zo'n hypotheek een doorlopend krediet met het huis als onderpand. U kunt met uw bank afspreken tot welk bedrag u rood mag staan. De rente op zo'n krediethypotheek wisselt in het algemeen met de rentestand (variabele rente). Het tussentijds kunnen opnemen en storten is gemakkelijk en levert soms toch nog rentevoordeel op.
Weer een andere mogelijkheid is dat de hypotheek nog loopt wanneer u als huiseigenaar al 65 jaar bent, maar dat de lasten worden gedekt door een lijfrente waarvoor in de hypotheek een verzekering zat ingebouwd.

Indien u overweegt uw eigen huis – met afgeloste hypotheek – te verkopen om kleiner te gaan wonen, is het verstandig goed rekening te houden met de daarmee gepaard gaande kosten zoals notaris, overdrachtsbelasting, inrichting van de nieuwe woning, enzovoort. Die bedragen pakken meteen weer een flink stuk weg van uw belastingvrije verkoopwinst.
Helaas is van deze kosten fiscaal niets aftrekbaar.
U kunt vanzelfsprekend ook besluiten om uw huis te verkopen en een gemakkelijker te onderhouden huis, bijvoorbeeld een flat, te huren. Dat geeft minder zorg en last en u zit aanzienlijk ruimer in de contanten. Iedereen kiest tenslotte een oplossing die het beste bij zijn of haar wensen en de mogelijkheden van de portemonnee past.
Maar één ding staat vast: eigen haard is goud waard. Een eigen huis is altijd een gegarandeerd goede spaarpot.

De mogelijkheden van het eigen huis zijn, behalve door het nemen van een hypotheek, ook op vele andere manieren uit te buiten.

Anneke Hoefslag, een van die mensen die het goed hebben bekeken, zegt: 'Wij waren twintig jaar getrouwd toen er een kink in de kabel kwam. Joep, mijn man, kondigde aan dat hij wilde scheiden. Na anderhalf jaar praten, en later bekvechten, kwam er ten slotte een einde aan ons huwelijk.

Ik was drieënvijftig jaar en stond er financieel niet zo best voor. Van alimentatie was geen sprake, omdat ik het huis kreeg en daarin kon blijven wonen. Ik had een baan in het Confectiecentrum, maar het ging met de verkoop niet zo goed en een jaar na mijn scheiding was ik de baan kwijt en kwam dus in de WW. Ik maakte me grote zorgen, hoe moest het verder als ik alleen de AOW-uitkering als inkomen had? Gelukkig was goede raad in mijn geval niet duur.

Een bevriende architect gaf me het beste advies dat ik ooit van iemand heb gehad. Hij zei: 'Je huis in de binnenstad van Amsterdam ligt heel gunstig, neem ƒ 75.000,- op als hypotheek, knap het huis op en maak van de bovenste verdieping twee appartementen.'

Het huis zelf was getaxeerd op ƒ 350.000,-. De hypotheek hoefde ik niet af te lossen, de rente was op dat moment laag, 7,5 procent, en die kon ik weer van mijn inkomstenbelasting aftrekken.

De beide appartementen zijn zeer gewild. Tegen de tijd dat ik het van de AOW moet hebben, krijg ik zeker ƒ 2.500,- per maand van mijn huurders. Daarvan wordt 15 procent als afschrijving beschouwd en is daarom belastingvrij. Zo zorgt dit oude huis toch nog aardig voor mijn oudedag. Vanzelfsprekend heb ik dan nog de vaste lasten en de onderhoudskosten, maar die zijn nu eenmaal inherent aan het bezitten van onroerend goed, en een evenredig deel daarvan is weer aftrekbaar voor de belasting.'

Dinie en Kees van den Heuvel (respectievelijk vierenvijftig en achtenvijftig jaar) deden het weer anders. Kees werkte tot voor kort bij een vervoersbedrijf en reed met grote tankauto's door het Brabantse land. Dat werd hem lichamelijk te veel. Toen hij met zevenenvijftig jaar met de VUT kon, greep hij die mogelijkheid met beide handen aan. Zijn vrouw piekerde over de financiële consequenties, want het inkomen ging, zonder overwerk en andere extra's, flink achteruit.
Het echtpaar woont in Noord-Brabant in een middelgrote boerderij. Die boerderij heeft een dubbel woonhuis en in 1971 kochten zij het huis en de opstal voor een schappelijke prijs van de ouders van Kees. De ouwelui bleven er tot hun dood ook in wonen. Daarna hebben zij – in overleg met de notaris – een gedeelte gedurende een paar jaar aan een pasgetrouwd stel verhuurd. Toen dat huurcontract afliep, had de eigen zoon trouwplannen.
Dinie stelde toe voor: 'Waarom verkopen wij de helft van de boerderij niet aan onze Willem? Dan kan hij hier ook wonen en zijn wij voor een groot deel uit de kosten.'
Weer werd de notaris geraadpleegd, want voor welk bedrag mag je je huis aan je kinderen verkopen? Zijn antwoord was: 'Voor de taxatiewaarde, maar niet minder, anders krijgt u het gegarandeerd met de fiscus aan de stok.'
De twee woongedeelten zijn nu strikt gescheiden en gemoderniseerd. Dinie en Kees kozen het kleinste gedeelte, dat van alle gemakken is voorzien. Ze wonen nu nagenoeg vrij en kunnen van hun pensioentje en de AOW goed rondkomen. Ze konden bovendien hun drie kinderen een schenking doen en geld naar de bank brengen.
'We zijn nu van een heleboel zorg af,' zegt Dinie. 'We wonen naast onze zoon en onze kleinkinderen, fietsen veel, doen van alles en nog wat voor de kerk en genieten volop van deze heerlijke periode!'

Met dank aan de heer P. J. Schopenhauer, belastingadviseur, Laren N. H., en de Nederlandse Federatie van Belastingadviseurs.

De moderne grootouders

Op een koude ochtend in maart trouwde een joodse medewerkster van mijn man in de Portugese synagoge in Amsterdam.
Het was een indrukwekkende gebeurtenis. In de grote koperen kroonluchters brandden alle waskaarsen. De prachtige, volle stem van de gazan, de voorzanger, vulde de hoge historische ruimte, waarin het witte bruidje een frêle poppetje leek. Wij hadden er niet op gerekend dat deze grote synagoge niet te verwarmen is. Het was er ijzig koud. Mijn man en ik zaten dicht tegen elkaar, kragen op, handen diep in de zakken. Opeens schoof er een lachende jongeman naast ons in de bank en zei zachtjes: 'Leuk dat jullie er ook zijn.' Het was een vriend van onze zoon, die we een tijd niet hadden gezien. Net toen ik dacht: wat is die knul dik geworden, maakte hij de bovenste knoop van zijn jas los. Tot mijn opperste verbazing zag ik een baby in een kangoeroezak, liefdevol door de vader toegedekt met zijn winterjas. Twee blauwe oogjes keken mij van onder een kaboutermutsje strak aan. 'Mijn dochter,' zei de vader vol trots. 'Het is mijn oppasdag, dus gaan we samen naar de sjoel.'
Een tijdje later wilden we na afloop van een concert nog iets drinken in een bekend café. Het regende pijpestelen. Op een holletje bereikten we de kroeg en hingen onze natte jassen in de slecht verlichte garderobe. Ze vielen half over een kinderwagen waarin een baby lag te slapen. Vader en moeder zaten aan de bar. Ik weet nog dat ik een beetje kwaad werd, toen ik dit zag. Dat doe je toch niet met zo'n wurm, dacht ik. Het is kiezen of delen. Als je een baby hebt, blijf je thuis, en als je dan toch weg moet 's avonds, zorg je voor een oppas. Dat dacht ik tóen. Nu weet ik wel beter.
Baby's en peuters gaan tegenwoordig overal mee naar toe. Naar musea, naar Ikea, naar etentjes en recepties. Ze gaan mee kampe-

ren en als het zo uitkomt zelfs mee naar Indonesië of Amerika. Ze liggen in schattige draagmandjes, hangen op moeders buik of zitten op vaders rug en verkennen al heel snel op deze manier de wereld. Ze slapen, drinken en eten op tijden die hun het beste uitkomt en bevinden zich daar uiterst wel bij.

Op een receptie zag ik onlangs een jonge moeder met op schoot een ventje van zeker twee jaar. Hij trok met een ruk z'n moeders t-shirt op, pakte met beide handjes haar borst en begon met een verzaligd snoetje aan zijn 'toetje'.

Daar moet je als oudere generatie, midden vijftig zullen we maar zeggen, wel aan wennen, maar jonge ouders gaan nu eenmaal anders om met hun kroost dan wij. 'Het is alsof ze van een andere planeet komen,' schreef een lezer van *Vrij Nederland* over zijn kinderen, in een publicatie waarin jong over oud en oud over jong zijn hart luchtte.

Als vanzelfsprekend wordt de kleine ook naar de crèche gebracht. Is dat goed voor een kind, of is dat niet goed? De meningen blijven verdeeld. Zelf ben ik ervan overtuigd dat een goede crèche leuk is voor de kleintjes. Ze leren met elkaar te spelen en te delen. Hun eenkennigheid verdwijnt. Als er een stabiele leiding is, hebben de kindertjes er alleen maar voordeel van.

Als er al bezwaren zijn, liggen die op een ander vlak. Vaak zijn de beide werkende ouders moe, als ze hun kind – of kinderen – ophalen. Thuis moet er dan nog van alles gebeuren en de ouders willen geen gezeur of gehuil. Ze willen dus niet verbieden en worden te toegeeflijk. Het 'thuis-mag-alles'-gevoel wordt dan algauw een gewoonte, die moeilijk meer terug te draaien is.

Wanneer je dit als grootouders constateert, moet je je vaak beheersen om je niet in zo'n opvoedingssituatie te mengen.

'Kinderen worden niet meer opgevoed,' hoorde ik een boze meneer in de tram zeggen, toen een jongetje eerst vlak bij zijn gezicht heel hard 'boeh!' riep, zich toen bliksemsnel omdraaide en een knalharde wind liet. De moeder deed of ze niets zag of hoorde en keek uit het raampje!

Het kleinkind en de verrijking van uw leven

Mijn man en ik hebben geen kleinkinderen. Als ik dus over het grootouder-zijn schrijf, put ik niet uit eigen ervaring. Wel heb ik de laatste jaren de nieuwbakken grootouders in mijn vrienden- en kennissenkring goed geobserveerd. In negen van de tien gevallen waren ze intens gelukkig met het kind van hún kind: het nageslacht. Je hoefde het onderwerp kleinkind maar aan te roeren of de leukste, grappigste verhalen kwamen los en in hun toon klonk oprechte verwondering door over hun eigen ongekende emoties.
Dat valt vooral op bij grootvaders, die toegeven dat ze bezig zijn in te halen wat ze vroeger bij de eigen kleine zoon of dochter hebben gemist, omdat ze te veel door het werk in beslag genomen werden.
Soms ontmoet je iemand die het grootvader-zijn helemaal niet zo leuk vindt en eerlijk genoeg is om dat ook te zeggen. De psychotherapeute Klaartje Rienks zegt dat dit geregeld voorkomt, vooral bij mannen. Het hebben van een kleinkind confronteert hen keihard met het feit dat ze de derde generatie zijn geworden, en het grootvader-zijn is in de beleving van die mannen synoniem met oud-zijn.
Als de baby eenmaal begint te brabbelen en te lopen, komt toch vaak het moment dat zelfs de meest weerbarstige opa bezwijkt voor de ontwapenende onschuld van het kind en het grenzeloze vertrouwen dat uit die kinderogen straalt. Als bovendien de hersentjes zo beginnen te werken dat gebrabbel 'taal' wordt, kan er tussen opa en kleinkind een goed contact ontstaan.
Er woonde in mijn buurt een jonge opa die geen opa wilde zijn. De kleinzoon moest hem daarom bij de voornaam noemen. Het was komisch om mee te maken hoe deze moderne grootvader toch bakzeil moest halen. De tienjarige kleinzoon zei tegen 'ouwe Piet': 'Ik ga je opa noemen, iedereen op school heeft een opa, jij bent toch mijn opa?' Piet moest wel even slikken, maar zag er toch ook de humor van in. De 'ouwe Piet' werd 'opa Piet' en na een tijdje gewoon 'opa'.
Dat vrouwen er minder moeite mee hebben komt waarschijnlijk

doordat het gehele proces van de zwangerschap en de bevalling – de spanning, de angst, de pijn en de vreugde – herkend wordt en als het ware wordt meebeleefd. De vaak wat conflictueuze moeder-dochterverhouding kan door deze ingrijpende gebeurtenis veranderen in een nieuwe verbondenheid.

Over dat vrouwencontact bij de geboorte van een kleinkind schrijft Cri Stellweg in het boekje *Grootmoederen*. Ze vult haar impressionistische, emotionele verhaal over de bevalling van haar dochter aan met allerlei aardige belevenissen met haar kleindochter Sara.

Trouwens, veel schrijvers en kunstenaars krijgen vleugels als zij willen overbrengen wat hen zo vertedert in hun kleinkinderen.

Ik laat hier graag de bekende auteur Toon Kortooms aan het woord. Een paar jaar geleden vroeg ik hem een stukje te schrijven over zijn kleinkinderen voor het tijdschrift *Groot en Klein*, dat nu niet meer bestaat. Ik vond het onlangs terug en het is té aardig om in de vergetelheid te raken.

> 'Niets is heilzamer voor de oudere mens dan kleinkinderen. Daar kan geen medicijn of fitness-training tegenop. Ik spreek uit eigen ervaring,' aldus Toon Kortooms.
> 'Wij hebben er vier: Hilleke, Jasper, Iris en Floortje. Ze zijn de vreugde van onze oude dag. Aan hen danken wij het dat onze botten nog niet verkalkt zijn en onze gewrichten niet kraken. Hilleke is bijna twaalf, haar broertje Jasper, met zijn trouwhartige ogen als een jonge ree, is tien. Het zijn de kinderen van onze dochter Rosemarie en haar man Hans. We zien Hilleke en Jasper niet elke dag, want ze wonen in Limburg, toch zo'n honderdtachtig kilometer van ons af. Iris en Floortje wonen gelukkig dichterbij, op de kop af tien kilometer van onze stek in Bloemendaal vandaan.
> Iris, een donkere schoonheid met de allure van een prinses, kwam als baby van drie maanden uit het verre India naar onze dochter Ingrid en haar man Willem, die na een huwelijk van acht jaar nog steeds tevergeefs naar een kind verlangden. De kleine arriveerde op de eerste lentedag van 1982.

Volgens een oeroude overtuiging zouden kinderen uit India geluk brengen. Daar geloven wij intussen rotsvast in. Kort na Iris' komst raakte dochter Ingrid in verwachting. Haar bloedeigen kindje, Floortje, is vijf.
Wonderbaarlijk genoeg bestaat er geen enkel onderscheid of voorkeur als het om die twee gaat – noch bij de ouders, noch bij ons. Iris hoort er volledig bij en wordt door ons allemaal even grondig verwend en bemind. Een plezierige bijkomstigheid: Floortje is dol op haar grotere zus. En omgekeerd.
Onze vier kleinkinderen zijn gezond, recht van lijf en leden en stuk voor stuk pienter tot en met. Een viervoudige weelde! Ik weet het, verhalen van ouders over hun spruiten zijn niet zelden "saai van afwisseling". Dat geldt misschien nog sterker voor de heldendaden die door grootouders over hun kleinkinderen worden rondgebazuind. Maar toch... Iris, bijvoorbeeld, leest met haar prille zeven jaren alles wat ze onder ogen krijgt. Ze gaat graag voor mijn boekenkast staan en beveelt mij dan "moeilijke titels" te noemen, zonder ze aan te wijzen. In een oogwenk heeft ze die boeken opgespoord, zelfs die van buitenlandse auteurs. Ik verdenk haar ervan schrijfster te willen worden, want ze stelt gerichte vragen over mijn werk. "Opa, hoe bedenkt u uw boeken? Is het allemaal echt gebeurd wat u schrijft? Wordt u niet moe van het schrijven?" Dat soort vragen.
Iris schijnt zelfs trots op haar opa te zijn. Toen zij eens met haar moeder bij de groenteman was, zag ze daar een dame met eenzelfde donkere huidskleur. Iris bekeek haar aandachtig. Dochter Ingrid hield haar hart vast, want de dreiging van een wellicht pijnlijke kindervraag hing voelbaar in de lucht.
"Mevrouw," vroeg Iris, "uit welk land komt u?"
"Uit Suriname, schatje," zei de lieverd. "En jij?"
"Uit India, maar mijn opa is Toon Kortooms!"
De dame deed verbaasd en zei: "Dat kan ik niet geloven!"
"Opa heeft geschreven *Help, de dokter verzuipt* en *Laat de dokter maar zuipen!*" riep Iris triomfantelijk door de zaak. Iedereen barstte in lachen uit. Ze werd er verlegen van.

Buiten zei dochter Ingrid tegen haar: "Je hebt een foutje gemaakt. Opa's boeken heten *Help, de dokter verzuipt!* en *Laat de dokter maar schuiven!*"
Iris bedacht zich geen seconde en zei: "Wacht even, mamma, dan ga ik dat gauw zeggen!" Kordaat stapte ze de winkel binnen en zei glashelder: "Ik heb me vergist. Opa's dokter verzuipt en schuift!"
En dan haar kleine zus Floortje. Echt een kind om Floortje te heten. Half lang, sluik haar, blauwe ogen, Hummelsnoetje. Ze heeft als kleuter nooit krom gepraat en gebruikte altijd de eerste persoon! Ze is een kei in het stellen van filosofisch getinte vragen.
"Opa, is er maar één God?"
"Ja, liefje, er is maar één God," antwoordde ik, terwijl ik over een hele verzameling goden beschik. Maar daar zadel je zo'n argeloos kind niet mee op. Eén dus!
"Hoe kan dat dan, opa? Met Kerstmis wordt er altijd een nieuw Godje geboren!"
Tijdens onze wintervakantie in Spanje werd ik ernstig ziek. Men vreesde het ergste. De gedachte aan mijn vier kleinkinderen hielp mij er weer bovenop, dat staat vast.
Ingrid en Willem kwamen met twee auto's naar Schiphol. Terwijl mijn vrouw en Ingrid bleven wachten op onze bagage, bracht Willem mij spoorslags huiswaarts. Het was al tegen middernacht, maar wie zaten bij hem in de wagen, klaarwakker en intens blij? Iris en Floortje! De hele weg hield Floortje mijn hand vast, terwijl Iris aldoor mijn gezicht aaide. Ik jankte inwendig van ontroering. Ik wist dat ik weer snel de vitale oude heer zou zijn, die op handen en voeten door de huiskamer zou kruipen met twee juichende ruiters op de rug.
En dat duo uit Limburg dan? Even juwelig. Hilleke wil volstrekt niet dat ik doodga. Van haar moet ik minstens tweehonderd worden. Ze vindt het ongelijk verdeeld dat Iris en Floortje zo vaak bij ons kunnen zijn en zij alleen in de vakanties. Maar dan haalt zij de schade in en wijkt geen seconde van mijn zijde!

Ten slotte Jasper, de enige jongen in het kwartet. Hij trekt duidelijk naar oma, zoals dat kleinzonen betaamt. Gelukkig maar! Oma is voor hem alles. Dat heeft hij mij heel duidelijk laten weten. Amper vier was hij toen ik eens een wandeling met hem maakte. Het had de voorbije nacht gevroren. De wereld was wit berijpt. Op het kleine ven lag ijs. En midden op het ijs stond een kopmeeuw roerloos te dromen. Jaspers fantasie laaide hoog op.
"Kijk, opa," wees hij, "die vogel kan gaan schaatsen."
"Welnee," zei ik kurkdroog, "want hij heeft geen schaatsen."
"Kunt u schaatsen, opa?"
Ik zei dat ik aardig schaatsen kon en dat ik heel vroeger zelfs een goeie was geweest in kunstrijden.
"Kom opa," zei Jasper resoluut, "dan gaan wij schaatsen!"
"Nee, Jaspertje," zei ik, "als opa op het ijs stapt, zakt hij erdoor en dan verdrinkt opa."
"En dan?"
"Dan is opa dood en heb jij geen opa meer."
Hij schrok zichtbaar. In stilte verwerkte hij het gruwzame idee.
"En oma?" vroeg hij iel.
"Die heeft dan ook geen opa meer. Ze zal wel veel schreien als ze helemaal alleen in ons huis zit. Opa denkt dat ze na een poosje wel bij jullie zal komen wonen..."
Hij fleurde terstond op. Zijn grote bruine ogen keken mij gelukzalig aan, toen hij met aandrang zei: "Ga maar gerust schaatsen, opa!"

Ook de violist Herman Krebbers liet in een interview met mij overduidelijk blijken wat zijn kleinzoon en kleindochter voor hem betekenden:

'Ik heb steeds het schuldgevoel gehad dat ik te weinig tijd aan de kinderen gaf. Ze moesten altijd stil zijn, pappa moest spelen, pappa moest rusten. Je hebt toch het gevoel dat je ze tekort hebt gedaan. Maar ja, dat kon ik niet meer inhalen.

Een volwassen kind kun je niet meer op schoot nemen, maar daar komt dan die extra dimensie: de kleinkinderen.
Daar heb ik me zo op geconcentreerd en daar ben ik zo mee bezig, dat het een beetje uit de hand loopt. Ik heb er echt last van. Mijn zoon heeft een dochter en mijn dochter heeft een zoon. Als ik ze een week of wat niet zie, dan voel ik me onrustig en schuldig. Ik moet ze zien, terwijl ze nu al twaalf en dertien jaar zijn. Op een bepaald moment hebben ze natuurlijk geen behoefte meer aan opa. Dan denken ze, daar heb je hem weer. Mijn vrouw is daar veel verstandiger in dan ik.
Ik moet oppassen dat ik niet schizofreen word. Als mijn vrouw en ik naar onze kleinzoon gaan en ik weet, hij is vanmiddag alleen want mijn dochter werkt, dan ben ik al een dagindeling aan het maken. Dan ben ik daar net en dan zegt hij: "Dag, opa, ik zie je straks wel weer." Ik zit daar voor aap. Ik moet dat een beetje relativeren. Ik kan enorm orde houden op mezelf en op mijn werk, maar dit heb ik niet in de hand. We gaan altijd een week of twee met de kleinkinderen weg. Dan spelen we monopoly en ik weet niet wat allemaal, spelletjes waar ik vroeger een vreselijke hekel aan had. Ik doe alles voor ze.'

De andere kant van de medaille

Het is leuk om te lezen hoe Kortooms en Krebbers hun gevoelens ten aanzien van hun kleinkinderen hebben verwoord, en zo zijn er uiteraard tal van grootouders die positieve ervaringen hebben. Toch zit er ook een andere kant aan de medaille.
In hoeverre laat je als moderne grootouders je leven bepalen door het feit dat je kleinkinderen hebt gekregen? Je kunt bekaf zijn, als een kleuter de hele dag bij je over de vloer is geweest, of als je hem of haar een weekend te logeren hebt gehad.
Ik denk dat als de eerste euforie rondom het kleinkind een beetje voorbij is, je duidelijk voor jezelf moet vaststellen hoe ver je wilt

gaan met het oppassen – overdag of 's avonds – en het invallen als bijvoorbeeld de crèche gesloten is of de juf van de peuterzaal naar een bruiloft moet.

Het klinkt wat hard, maar in principe dienen jonge ouders zoiets zelf te regelen. Dat ze in geval van nood een beroep op je doen is vanzelfsprekend. Even vanzelfsprekend is het dat niet alle oma's tegenwoordig als een kloek op de kuikentjes zitten. Ze hebben hun eigen bezigheden, hun vriendinnen of hun bridgeclub, en willen de vrijheid behouden om hieraan tijd te besteden. Er zijn eveneens grootvaders die, nu ze eindelijk kunnen doen en laten wat ze willen, graag de caravan pakken en bijvoorbeeld een paar maanden met andere caravanbezitters door Italië trekken.

De getrouwde kinderen dienen deze vrijheid van hun ouders te respecteren. Het vanzelfsprekende 'We stallen Fritsje wel even bij de ouwelui', wordt voor je het weet een gewoonte. Het is raadzaam dit soort situaties in alle openheid met elkaar te bespreken. Als oma niet uitkijkt, voelt ze zich wéér schuldig en dat terwijl ze nu net van dat eeuwige vrouwelijke schuldgevoel verlost is.

Het komt er kortweg op neer dat u zich door uw nieuwe status van grootouders niet te veel moet laten inkapselen. Tenslotte gaan ook moderne grootouders met hun tijd mee!

De gevarenzone

Uw kinderen, hun kinderen, de kleinkinderen
Het is een vast gegeven dat elke generatie ouders haar kinderen op een andere manier opvoedt dan zijzelf opgevoed zijn.

Als mijn vader als kind iets had uitgespookt, werd hij in het kolenhok gestopt of kreeg er met een rietje van langs. Ik moest als kind voor straf zonder eten naar bed of kreeg een ouderwets pak voor de broek. Onze generatie schafte het 'hulpmiddel' slaan vrijwel geheel af. Als een vader nu zijn handen te veel laat wapperen, valt hij algauw in de categorie kindermishandelaars.

Het gaat, zoals gezegd, dus allemaal anders, en dat houdt tevens een sluimerend gevaar in. Hoe houd je als grootouders je bemoeizucht in toom? Immers, de zucht om je met het reilen en zeilen van je volwassen kinderen te bemoeien is bij de meeste ouders latent of duidelijk aanwezig.

Een vriendin van mij, zelf al op jonge leeftijd grootmoeder, gaat elke week naar haar moeder – negenentachtig jaar en nog steeds zelfstandig wonend. Maar iedere keer als zij bij haar krasse mamma binnenkomt, deugt er iets niet aan de dochter: of haar rok is te kort, of haar kapsel is niet zoals het hoort. Als ze gebak meeneemt, heeft ma er geen zin in, maar neemt ze een bloemetje mee, dan zit moeder juist op een taartje te wachten. Om gek van te worden. Ik bewonder mijn vriendin om haar geduld en trouw.

Dat is maar één voorbeeld van de tirannie van een moeder. Maar ook vaders kunnen er wat van.

Een homofiele zoon die zijn vader tot aan zijn laatste uren verzorgd en verwend heeft, kon nooit met hem praten over zijn geaardheid. De vader wist het wel, maar wou het niet weten. Hij bleef maar zeggen: 'Jij zorgt toch wel voor een stamhouder?' of: 'Wordt het niet eens tijd dat je trouwt?' Toen de zoon dit verhaal vertelde, barstte hij in tranen uit. Zijn verdriet is me altijd bijgebleven.

Als ouders zult u ook moeten accepteren dat bepaalde familietradities die voor u belangrijk zijn, zoals bijvoorbeeld het vieren van Sinterklaas, Kerstmis of verjaardagen, niet als vanzelfsprekend overgenomen worden door de tweede generatie. Een ouder echtpaar hakte zelf de knoop door en kondigde aan met de kerst met z'n tweetjes naar Parijs te gaan. De kinderen waren verbluft, want ze waren er nog niet uit wie pa en ma de eerste of de tweede kerstdag zou vragen.

Wat die familietradities betreft, moet u zich bovendien realiseren dat bijvoorbeeld een schoondochter een heel andere achtergrond kan hebben dan uw eigen zoon. Het is mogelijk dat haar ideeën over feestjes en over de opvoeding van de kleintjes dwars tegen uw opvattingen indruisen. Dat kan heel vervelend en soms ook moeilijk zijn; uw 'ouder-en-wijzer-zijn' wordt op de proef gesteld. Ouders en grootouders met begrip en tact krijgen daar veel harmonie voor terug.

Harriet Freezer, de in 1978 overleden schrijfster, publiceerde in het begin van de jaren zeventig als een van de eersten een boek voor ouderen. Haar *Leven met de jaren* heeft sedertdien vele herdrukken gekend. De vijfenzestigplussers van toen zijn echter, bij wijze van spreken, tien jaar jonger geworden.

Opvallend is dat zij in het hoofdstuk dat over kinderen gaat, wetenswaardige zaken behandelt, die bijna twintig jaar na dato nog niets aan actualiteit hebben ingeboet.

Zij geeft ouders ondermeer de welgemeende raad nóóit op hun eigen kinderen te bouwen. Het loopt immers toch allemaal anders dan je denkt en je bespaart jezelf aldus menige teleurstelling. Er zijn ouders, aldus Harriet Freezer, die omgeven blijven door kinderen en kleinkinderen en als het ware gevat zijn in de steun en de hartelijkheid van de familie. Die hebben dan het geluk van gelijkgestemde kinderen, die vaak ook nog in hun nabijheid wonen. Maar er zijn misschien nog wel meer ouders die zorgen hebben om hun kinderen en hun gezinnen en die lijden onder ruzies tussen de broers en zusters.

Voor bijna alle vaders en moeders is het heel moeilijk als de volwassen kinderen, met wie zij zich zo verbonden voelen, wegtrekken en nauwelijks meer iets van zich laten horen. Harriet Freezer zette de meest gehoorde uitspraken, die vaak de oorzaak zijn van een nog grotere verwijdering, op een rijtje. Je schrikt als je ze leest, maar ze zijn helaas nog steeds actueel.

> 'Zo, ben je daar eindelijk weer eens?'
> 'Waarom heb je me niet gebeld? Je wist toch dat ik naar de dokter moest.'
> 'En... konden jullie de weg nog vinden?'
> 'Zijn wij, je ouders, niet goed genoeg meer?'

Sommige moeders passen een geraffineerd soort chantage toe. Zij slagen erin hun kinderen schuldgevoelens bij te brengen en maken op die manier de bezoeken waar zij zo naar verlangen tot een dure plicht. Juist deze 'stille' verwijten kunnen de verhoudingen grondig bederven.

Bemoeizucht blijkt uit opmerkingen als:

'Alweer een nieuwe auto? Zouden jullie niet eerst...'
'Wat hoor ik, gaan jullie naar Spanje? Jullie zijn dit jaar toch al met vakantie geweest?'
'Jullie geven je kinderen te veel zakgeld, dat eet maar patates!'

Overigens denk ik dat *alle* ouders van volwassen kinderen – kinderen die hun eigen leven leiden of hun eigen gezinnen hebben – af en toe de hand in eigen boezem moeten steken. Wij maken, ondanks al onze goede bedoelingen, toch fouten. Dat is op zich niet zo erg, als je er maar van leert. Je moet je kinderen loslaten en toch je liefde laten blijken, maar van je kritiek en goede raad moet je negenennegentig procent inslikken.

Als kinderen gaan scheiden

Een moeilijke tijd, ook voor grootouders
Wanneer een man en een vrouw na een jarenlange verbintenis uit elkaar gaan en ze krijgen beiden een nieuwe relatie, kunnen er voor grootouders ingewikkelde, soms pijnlijke situaties ontstaan. De nieuwe partners brengen hun eigen kinderen en hun eigen ouders mee. Het komt zelfs voor dat, als je de ouders/grootouders bij elkaar optelt, je er acht hebt die zich opa en oma van het verzamelde kroost kunnen noemen.
Wanneer je het van de positieve kant bekijkt, kun je zeggen dat het prachtig aansluit bij het moderne idee van de 'extended family'. Je nodigt ze allemaal tegelijk uit om met elkaar en de nieuwe kinderaanhang kennis te maken, en klaar ben je!
Helaas verloopt zo'n scheidings- en hertrouwproces in de praktijk vaak minder eenvoudig, zeker voor de kinderen die erbij betrokken zijn.
Een ander probleem waarmee u geconfronteerd kunt worden ontstaat wanneer bijvoorbeeld de schoondochter of schoonzoon nog

vol rancune zit ten aanzien van de partner die de relatie zo grondig heeft verprutst. Zoiets kaatst terug op de ouders van hem of haar. In de beleving van de gekwetste man of vrouw zijn die ouders 'partij', ook al doen ze nog zo hun best om objectief te blijven. Het gevaar van verwijdering, ja zelfs van een radicale breuk tussen de grootouders en kleinkinderen kan daar het gevolg van zijn. Verhuist de ex-schoondochter met een eventuele partner en de haar toegewezen kinderen ook nog naar een andere stad, dan komt er nog een moeilijkheid bij.
Bij grotere kinderen ligt de situatie vaak iets anders. Die weten zelf heel goed wie en hoe die echte grootouders zijn en of ze het leuk vinden bij hen te logeren. Maken de omstandigheden dit onmogelijk, dan moeten de grootouders hun fantasie inschakelen en bijvoorbeeld vaak een kaartje of een kleine verrassing sturen. Wacht niet af of de ander iets doet, maar neem zelf het initiatief! Ik ken een opa die elke week via de fax zijn kleinzoon en kleindochtertje blij maakt met een zelf verzonnen, gek verhaaltje. Hij krijgt prompt faxbriefjes en -tekeningen terug.
Weer andere grootouders, die in de buurt van hun kleinkinderen woonden toen in het gezin van hun zoon de huwelijkscrisis in volle hevigheid losbarstte, hebben zich op een bewonderenswaardige manier door die moeilijke periode heengeslagen. Ze uitten nimmer kritiek op de zoon of schoondochter in aanwezigheid van de kleinkinderen. Ze zeiden dat pappa en mamma het moeilijk hadden, maar dat ze ook erg veel van hen hielden. 'Geef pappa maar een dikke pakkerd, als je hem ziet,' of: 'Zeg tegen mammie dat je haar héél lief vindt.'

Intuïtief hebben deze grootouders begrepen wat de Hongaars-Amerikaanse gezinstherapeut prof. dr. Ivan Nagy wereldberoemd heeft gemaakt. Het herstel van de geschonden relaties tussen verschillende generaties (grootouders, kinderen en kleinkinderen) werd het kernpunt van zijn theorie.
'Juist als er in de familie schijnbaar onoplosbare conflicten zijn en dezelfde verwijten en dezelfde ruzies zich voortdurend herhalen, is het van groot belang,' aldus Ivan Nagy, 'om je te realiseren dat

kinderen niet alleen liefde en vertrouwen moeten ontvangen, maar die ook kunnen geven.'
In een IKON-interview, enige tijd geleden, zei hij enorm onder de indruk te zijn geraakt van het vermogen van kinderen, zelfs zeer jonge kinderen, om hun in zorg verkerende ouders op een zeer fijn aangevoelde manier te helpen.
'Er bestaat in het gunstigste geval,' aldus Nagy, 'een band van eerlijke wederkerigheid. Eerlijk geven en ontvangen, dat kan tussen ouders en kinderen, grootouders en kleinkinderen.'

Hij wijst er vervolgens op dat kinderen naar beide ouders loyaliteit hebben. Er komen zeer veel situaties voor waarin het kind gevangen zit tussen de strijdende partijen. Soms gaat het zo ver dat het kind van de ene ouder niet van de andere mag houden, hem niet mag vertrouwen, ja, zelfs niet meer mag zien!
Het kan funest zijn voor de ontwikkeling van een kind, als het zich zo tussen twee vuren bevindt. Het moet zich dan maar zien te redden met die gespleten loyaliteit, vooral als achterdochtige partners hun kinderen bij het conflict betrekken om hen aan de eigen kant te krijgen.
Juist van grootouders verwachten de kinderen in zo'n uiterst moeilijke situatie begrip en steun en geen veroordeling van hun bekvechtende vader en moeders.

De therapeut die in Nederland de theorie van prof. dr. Ivan Nagy in de praktijk brengt, is Else-Marie van den Eerenbeemt. Samen met Ammy van Heusden schreef zij een boek over de man die haar zienswijze en daardoor haar werk sterk beïnvloedde.
Dat boek heet: *Balans in beweging, Ivan Boszormenyl-Nagy en zijn visie op de individuele gezinstherapie.*
Ook voor de geïnteresseerde leek is het heel boeiend om van de inhoud kennis te nemen, zeker als je steeds weer in dezelfde soort – schijnbaar onoplosbare – conflicten met je kinderen terechtkomt. Else-Marie van den Eerenbeemt zegt: 'Het onderzoek dat het weekblad *Libelle* begin 1993 instelde naar de gevolgen van een echtscheiding, maakte óók een stroom van reacties los van bezorg-

de, verdrietige of heel boze grootouders. Vaak wisten ze niet meer wat te doen.'

De oprichting van de *Stichting Grootouders & Kleinkinderen*, die ondermeer het omgangsrecht tussen grootouders en kleinkinderen juridisch wil regelen, is het zoveelste bewijs van de zeer moeilijke situaties waarin grootouders zich kunnen bevinden. Het zijn trouwens niet uitsluitend de moeilijkheden die ontstaan naar aanleiding van de echtscheiding. Ook bij drugsverslaving, psychiatrische opname of gevangenneming kan het contact tussen grootouders en kleinkinderen abrupt worden verbroken. Tot hun verbijstering moeten sommigen dan ervaren dat ze ook door de werkers in de kinderbescherming om onverklaarbare redenen buitenspel worden gezet, terwijl ze juist zo'n vitale schakel in de familierelatie zijn.

Het doel van de Stichting Grootouders & Kleinkinderen (voor adressen zie blz. 222) is het behartigen van de belangen van grootouders en kleinkinderen in hun onderlinge relaties, alsmede in relatie met rechterlijke instanties, raden voor de kinderbescherming, (gezins)voogdij-instellingen en andere hulpverleningsorganisaties. Dat wil zeggen dat de Stichting betrokken wenst te worden bij kinderbeschermingsmaatregelen, omgangsrecht, juridisch-pedagogische advisering en verder bij al wat hiermee rechtstreeks of zijdelings verband houdt.

De band met de kleinkinderen

Gelukkig is niet alles negatief en uitzichtloos voor grootouders. De band tussen opa, oma en kleinkind kan zeer hecht zijn, ook als dat kleinkind allang volwassen is.
Dat blijkt bijvoorbeeld uit de brief die ik ontving van de vijfendertigjarige Job Arts uit Eindhoven. Hij schreef het volgende:

> 'Mijn oma stierf toen ze vijfentachtig was. Een hersenbloeding maakte plotseling een einde aan haar leven en ik, de

kleinzoon, toen vijfentwintig jaar, was intens verdrietig.
Mijn oma betekende niet alles, maar wel heel veel voor me. Ze hoorde echt bij ons gezin, niet alleen bij mijn jeugd, maar ook later. Ze ging, zoals dat in een hervormd gezin betaamt, 's zondags ter kerke en kwam dan na de dienst bij ons koffie drinken. Mijn vader bracht haar weer thuis.
Hoewel ik later in Utrecht studeerde, ging ik toch in het weekend graag naar haar toe. Je kon haar alles vertellen. Ze vond sommige moderne uitwassen wel vreemd, maar probeerde toch te begrijpen waarom een jonge vent op zondag naar de disco ging of met een meisje naar bed was gegaan. Ze maakte mij nooit een verwijt. Ze hield onvoorwaardelijk van me, op een andere manier dan mijn moeder.
Omdat ik geschiedenis studeerde, interesseerden mij haar oorlogsherinneringen. Ze had het bombardement van Rotterdam overleefd en tijdens al die jaren van kou en op een houtje bijten die daarop volgden, voor haar gezin gezorgd. Ze had een ijzersterke gezondheid.
Wat kon ze goed luisteren, die oma van me! Hoewel ze zelf van eenvoudige komaf was en niet meer onderwijs had gehad dan de lagere school, begreep ze erg veel.
Ik bewaar een zeer dierbare herinnering aan mijn oma. Ik ben er vast van overtuigd dat als grootouders een goede band met hun kleinkinderen willen houden, dat erg veel te maken heeft met hun eigen gedrag, ook als het lieve jochie van toen een dwarsliggende puber wordt die een brutaal antwoord geeft en z'n benen met de vuile Nikes rustig op oma's stoel legt!'

In het weekblad *Vrij Nederland* van 8 augustus 1992 trof ik tussen een litanie van klachten van jong over oud en oud over jong, toch ook enkele positieve reacties aan, waaronder dit juweeltje, ingezonden door grootvader J. Zantinge:

Kameraad
Als ik die middag in de kamer zit te lezen, hoor ik ineens:

'Hoi, opa.'
Opkijkend zeg ik verrast: 'Hé, Erik, ben jij het!'
Erik gaat op de bank zitten, de armen gestrekt op de leuning, de benen over elkaar geslagen, de brede schouders, die innemende oogopslag. Zestien.
'Is oma er niet?' vraagt hij.
'Nee, oma is naar een vergadering van de ouderenbond,' antwoord ik. Ondertussen leg ik mijn boek op het tafeltje voor me.
'Wat leest u, opa?'
'Och, een boek over Indië, 't gaat over een peloton op Java.'
'U leest veel over Indië, hè?'
'Komt natuurlijk doordat ik er geweest ben,' zeg ik glimlachend.
'Maar u praat bijna nooit over uw tijd als soldaat in Indië, hè?'
'Och, met oma wel es,' reageer ik schokschouderend.
'Toch wordt u er vaak aan herinnerd, is 't niet? Pap vertelde wel es, dat u altijd zo'n hekel aan 't geknal van vuurwerk hebt en dat u zo schrikt als er onverwacht iemand achter u staat.'
Getroffen kijk ik hem aan. Dat aandoenlijke in z'n stem.
'Ik weet het niet, joh, je raakt het nooit meer kwijt,' verzucht ik. Even blijft het stil.
Dan die vraag: 'Opa, er zijn ook kameraden van u gesneuveld, hè?'
'Ja,' zeg ik traag knikkend. 'Ja, twee. Mijn beste kameraden. Frank en Friso. Op een patrouille. We kwamen onder vuur. Ze werden geraakt. Buikschoten. Dumdum-kogels. Die nacht aan hun sterfbed. We kenden elkaar door en door. In tijden van gevaar groei je naar elkaar toe.'
Ik schud mijn hoofd, staar naar de muur tegenover me.
'Zulke kameraden heb ik nooit meer gehad. In mijn hele verdere leven niet. Als het om kameraden... vrienden ging, heb ik me geloof ik nooit meer zo helemaal durven geven,' hoor ik mezelf zeggen.
In de stilte die volgt bedenk ik dat ik het van lotgenoten vaker heb gehoord: met hun kinderen konden ze er moeilijk of niet

over praten, wel met hun kleinkinderen.
'Rot, hè, opa?' hoor ik.
'Ja, joh, rot, heel rot,' reageer ik met een vreemde stem.
Geforceerd opgewekt informeer ik dan hoe het op school gaat.
Na enige tijd zegt hij dat hij naar huis moet.
Ik loop met hem mee naar buiten. Bij zijn racefiets staan we naast elkaar. Van opzij neem ik hem op. Zijn op elkaar geklemde lippen. De manier waarop hij in gedachten voor zich uit staat te staren. Ik weet... ik voel dat er nog wat komen gaat. De korte hoofdbeweging, waarmee hij het over z'n voorhoofd gezakte haar naar achteren gooit.
'Opa, u zei net dat u niet meer zo'n kameraad hebt, maar u hebt nog wel zo'n kameraad,' klinkt het vlot en oprecht.
Met prikkende ogen kijk ik hem aan. Ontroering die mijn keel dichtknijpt. Plotseling sla ik een arm om zijn schouder en druk hem even tegen mij aan.
'Dat weet ik, joh... dat weet ik nu,' stamel ik schor.
Erik, die dan gehaast zijn fiets grijpt en erop springt.
'Opa, tot morgen, ajuus,' roept hij jongensachtig joviaal.
Gebogen over het stuur rijdt hij de straat uit. Eén keer kijkt hij om, steekt een hand op. Ik zwaai terug.
'Een fijne knul, een kameraad,' mompel ik zacht en ik veeg met de rug van een hand door mijn ogen.

Het contact met de notaris

Als je de vijftig gepasseerd bent, kom je steeds dichter bij later. Dat betekent ook dat je de zorg voor de toekomst en dus de zorg voor wat er later met jou of de mensen van wie je houdt gebeurt, niet langer voor je uit kunt schuiven. Je moet plannen maken, zaken op papier vastleggen. Dat voorkomt onnodige moeilijkheden.
Een goed testament en, als het om niet-gehuwden gaat, een zorgvuldig uitgewerkt samenlevingscontract maken daarvan onderdeel uit. Je wilt in dit stadium waarschijnlijk meer weten over schenkingen en wat daar de consequenties van zijn. Bovendien wil je op de hoogte zijn van de manieren waarop je de fiscus te vriend kunt houden, met andere woorden: je laat de fiscus niet meer incasseren dan verplicht is.
Als je je eenmaal in die zorg voor later verdiept, rijzen er steeds meer vragen die antwoord behoeven. Enkele van die regelmatig voorkomende, moeilijke kwesties worden hier beknopt behandeld. De notaris is in dit stadium een onmisbare gesprekspartner.

Om te beginnen: het is een groot misverstand om te denken dat de notaris duur is. Een oriënterend gesprek van een halfuur is gratis, wat drempelverlagend werkt. Bovendien is er de notaristelefoon: (070-3469393, op werkdagen tussen 9.00 uur en 14.00 uur bereikbaar). U kunt daar gratis advies krijgen over de meest uiteenlopende zaken. De hier genoemde prijzen en bedragen gelden op het moment van verschijnen van dit boek (medio 1994).
Het maken van een enkel testament kost momenteel ƒ 285,53, inclusief BTW, om maar eens een voorbeeld te noemen. Hierin is ƒ 18,- begrepen voor inschrijving in het centrale testamentenregister. De overheid is van plan dit bedrag te verhogen naar ƒ 100,-, maar daarover is het laatste woord nog niet gezegd.

De erfenis: vonkjes hebzucht in betraande ogen

Tijdens een geanimeerde verjaardagsborrel maakte ik mee dat er druk gesproken werd over vriendschappen-voor-het-leven en over familierelaties.

'Nou,' zei de een, 'als het erop aankomt moet je het toch van je familie hebben, échte vrienden zijn zeldzaam.' 'Neem me niet kwalijk,' wierp een ander tegen. 'Bij ons in Amsterdam zouden ze zeggen: heb je weleens met je familie een erfenis verdeeld? Dan praat je wel anders.' Iedereen lachte, maar toch nam het gesprek door deze interruptie een andere wending. Als bij toverslag domineerden in de discussie kleurrijke verslagen van familievetes, ontstaan door de te verdelen erfenis.

Het vreemde was dat het in die verhalen nooit zozeer over veel geld ging, alswel over de meest futiele zaken: het ladenkastje van moeder dat door Kees al uit het huis gehaald was toen moeder nog boven de grond stond; de oudste dochter die de sleutel van pa's woning had en snel de postzegelverzameling voor haar oudste zoon weggriste. En waar was tantes gouden hanger? En had oma de zilveren theelepeltjes niet aan de vrouw van Willem beloofd?

Het is een vervelende maar niet te ontkennen waarheid dat het verdelen van een erfenis het slechtste en het beste van mensen naar boven kan halen. Naast rouw en droefenis verschijnen al heel gauw vonkjes hebzucht in betraande ogen. Alle notarissen kunnen daarvan meepraten.

Het kan gelukkig ook anders, maar daarvoor moet je dan wel – zoals reeds gezegd – tijdig maatregelen nemen. Tot die maatregelen behoren het maken van een testament en het schrijven van een codicil.

Het testament

De definitie luidt als volgt: een testament is een notariële akte waarin de erflater (man of vrouw) voor zijn of haar nalatenschap een regeling treft, die afwijkt van de wet.

Vroeger meende men dat het maken van een testament uitsluitend bij rijke mensen thuishoorde, mensen die 'bezit' hadden, zoals huizen, land, een bedrijf, een auto, mooie meubels, een verzameling. Dat is allang niet meer het geval. Tegenwoordig heeft bijna iedereen bezit. Zelfs al krijg je een bijstandsuitkering, dan kun je nog audio- en video-apparatuur hebben of iets anders dat waardevol is.

Hoe is de wet?
Als iemand overlijdt zonder een testament te hebben gemaakt, treedt het wettelijk erfrecht in werking. Volgens dit erfrecht erven alleen echtgenoot of echtgenote en bloedverwanten*. Aanverwanten** en stiefkinderen of pleegkinderen kunnen dus voor de wet nooit erven.
De wet verdeelt de erfgenamen in drie groepen:
- de eerste groep bestaat uit echtgenoot en kinderen;
- de tweede groep bestaat uit ouders, broers en zusters;
- de derde groep bestaat uit de overige bloedverwanten tot en met de zesde graad in de zijlijn.

In elke groep is er de mogelijkheid van plaatsvervulling; bij vroegtijdig overlijden van bijvoorbeeld een kind of een broer treden diens kinderen in de plaats. Zolang er personen in de ene groep zijn, komt de volgende groep niet in aanmerking. Ontbreken alle personen in voornoemde drie groepen, dan vervalt de nalatenschap aan de staat.

De mogelijkheden van een testament
Kinderen hebben wel recht op een erfdeel, maar om het 'opeisen' van dat erfdeel te voorkomen als een van de ouders overlijdt, kan

---

* Bloedverwanten: personen die een gemeenschappelijke stamvader of stammoeder hebben.

** Aanverwanten: de bloedverwanten van de echtgenoot en de echtgenoten van de bloedverwanten.

men in het testament bepalingen opnemen die de 'langstlevende' het bezit van de gehele nalatenschap geven.
Ook is het mogelijk in het testament een deel van het vermogen over te maken aan een liefdadige instelling, zoals 'Artsen zonder Grenzen', 'Mensen in Nood', 'Amnesty International' of het 'Wereld Natuur Fonds'.
Kinderen kun je trouwens nooit onterven. Daarover wordt wel veel gepraat en geschreven, maar of dat óóit bij de wet geregeld wordt is nog maar de vraag.

In een uitstekende brochure van de Koninklijke Notariële Broederschap, die bij elk notariskantoor gratis verkrijgbaar is, staat dat als je je vrouw of man (of partner) zo goed mogelijk wilt achterlaten, je een testament op het langstleven moet maken. Wat betekent dat?

In gemeenschap van goederen getrouwd
Bij een echtpaar dat in gemeenschap van goederen is getrouwd behoort na het overlijden van een van de echtgenoten de helft van het gezamenlijk bezit toe aan de langstlevende echtgenoot. De andere helft wordt gelijkelijk tussen de achterblijvende vrouw (of man) en kinderen verdeeld. Dat betekent dat de achterblijvende man of vrouw in grote financiële moeilijkheden kan komen wanneer de kinderen het erfdeel meteen opeisen. Dan moet misschien het huis of een deel van de inboedel verkocht worden om geld vrij te maken.
Om dit soort dramatische toestanden te voorkomen, dienen echtgenoten allebei een testament op 'langstleven' te maken. Het komt erop neer dat de kinderen pas na het overlijden van de langstlevende daadwerkelijk iets ontvangen. De langstlevende kan zelf beslissen of hij of zij de kinderen hun erfdeel wil uitkeren; hij of zij zou het geld namelijk nodig kunnen hebben voor de eigen oudedagsverzorging. In dat geval hebben de kinderen pech gehad. Uit de dagelijkse praktijk van de notarissen blijkt dat veel ouders zo'n regeling wensen en mede daarom een testament maken. Dat heet dan 'ouderlijke boedelverdeling' of 'langstlevende-testament'.

Huwelijkse voorwaarden
Als u op huwelijkse voorwaarden getrouwd bent, kunt u uw geld en overige bezit gescheiden houden van dat van uw partner. Dat heeft zijn voordeel in geval van faillissement of bij een echtscheiding.
In die huwelijksvoorwaarden kan een verrekenbeding zijn opgenomen. Dit houdt in dat partijen bij het einde van het huwelijk door overlijden met elkaar afrekenen alsof zij in gemeenschap van goederen waren gehuwd. Er ontstaat dan geen medeëigendom, maar er wordt zodanig financieel afgerekend dat ieder in waarde de helft krijgt van de totale vermogens.
Als de een bijvoorbeeld een bedrag van ƒ 50.000,- heeft en de ander ƒ 150.000,-, dan wordt dat bij elkaar opgeteld en vervolgens gedeeld, zodat beide partners ƒ 100.000,- hebben. Dat wat de echtgenoot van het kleinste vermogen er dan bij krijgt is vrij van successierecht.
Een andere methode om ongeveer hetzelfde te bereiken is het opheffen van de huwelijkse voorwaarden via notaris en advocaat, indien de persoonlijke vermogens van het echtpaar sterk uiteenlopen. Dan ontstaat er weer gemeenschap van goederen. Vooral voor oudere echtparen kan dat gunstig zijn.
Worden de huwelijkse voorwaarden niet opgeheven, dan kan dat namelijk nadelig uitpakken voor degene die achterblijft. Vaak is dat de vrouw. Is er sprake van 'gemeenschap van goederen', dan is de helft van het gemeenschappelijke bezit van haar en valt dus buiten de nalatenschap. Van de andere helft erft zij een kindsdeel.

Successierecht

Voor het successierecht geniet de echtgenoot of echtgenote een vrijstelling van ƒ 522.791,- (1994). Ook het pensioen dat hij of zij ontvangt is vrij, al moet de halve waarde daarvan wel worden gekort op bovengenoemde vrijstelling van successierechten.
De hoogte van die halve waarde wordt ondermeer bepaald door de leeftijd van de langstlevende partner. Als het een nog jonge vrouw

betreft, kan de halve waarde van dat pensioen zelfs groter zijn dan het van successierechten vrijgestelde bedrag. Maar in zo'n geval blijft er toch nog altijd ƒ 149.368,- (1994) van het basisbedrag buiten de successierechten.
De bedragen die hier worden genoemd, lijken enorm. Dat zijn ze ook, maar u moet er wel rekening mee houden dat de waarde van een bescheiden huis algauw in de buurt van zo'n ƒ 200.000,- komt. Dat tikt aan!

Als u samenwoont
Sinds 1985 worden mensen die ouder zijn dan tweeëntwintig jaar en vijf jaar hebben samengewoond, voor de successiewet op dezelfde manier behandeld als mensen die getrouwd zijn. Dat betekent dat degene die vijf jaar aantoonbaar heeft samengewoond met de 'erflater' (de overleden partner), zich kan beroepen op dezelfde vrijstelling van successierechten als een echtgenoot of echtgenote. Erft die persoon meer dan de vrijstelling, dus meer dan ƒ 522.791,-, dan is alleen dat meerdere belast. Die vrijstelling begint te groeien nadat partijen twee jaar officieel samenwonen. Na vijf jaar wordt het volle bedrag genoten. De vrijstelling bedraagt:
– na 2 jaar samenleving: ƒ 104.559,-
– na 3 jaar samenleving: ƒ 156.838,-
– na 4 jaar samenleving: ƒ 209.117,-
– na 5 jaar samenleving: ƒ 261.396,-

Successierechten en kinderen
Bijna alle ouders willen hun kinderen iets nalaten. Tot nog toe zijn er voor kinderen belangrijke fiscale vrijstellingen als zij van hun ouders erven.
Voor uw eigen kinderen en uw adoptiefkinderen tot de leeftijd van drieëntwintig jaar, geldt een vrijstelling van successierechten van ƒ 7.468,- voor ieder jaar dat het kind jonger is dan drieëntwintig jaar. Dus: voor een kind van vijftien jaar is de vrijstelling 8 x ƒ 7.468,- = ƒ 59.744,-.
Voor een kind dat ouder is dan drieëntwintig jaar geldt een vrijstelling van ƒ 14.937,-, tenzij de verkrijging groter is dan ƒ 44.811,-

in welk geval alles belast is, aanvangend met 5 procent. Ook hier is de notaris wederom uw aangewezen adviseur.

> Wilma de Graaf: 'Wij waren thuis met vier kinderen. Mijn ouders kon je tamelijk welgesteld noemen. Ze hadden een eigen huis en verzamelden in de loop van vele jaren wat schilderijen, porselein en zilver en mijn moeder had mooie sieraden.
> Na de dood van moeder had vader het vruchtgebruik van huis en kapitaal. Maar al spoedig besloot hij naar een serviceflat te gaan. Hij wilde voor die tijd de kostbaarheden verdelen onder de kinderen en liet zijn bezittingen schatten door een beëdigd taxateur. Toen bleek dat twee achttiende-eeuwse schilderijen zó in waarde gestegen waren, dat je ze niet onder vier kinderen kon verdelen. Je zou er altijd twee te kort doen. Ze werden dus geveild en het geld zette pappa op zijn bankrekening. Om de rest van de mooie spulletjes werd geloot: nummers 1 tot en met 4; wie het hoogste nummer had mocht het eerste kiezen, wie het laagste nummer had werd bij de tweede ronde eerste. Het was eigenlijk heel leuk en spannend en iedereen was tevreden. Ik weet nog dat er in de laatste ronde een oude gebarsten klok overbleef die ik koos. Hij paste aanvankelijk niet in ons kleine flatje, maar nu, zoveel jaren later, is het de trots van ons interieur.
> Wij hebben door deze manier van verdelen nooit onenigheid met elkaar gehad en toen bleek dat een van ons – in totaal – minder aan waarde had gekregen (de taxatielijst was als het ware de meetlat) vulde vader dat aan met geld.
> Toen pappa op hoge leeftijd stierf, had hij praktisch zijn gehele kapitaal opgesoupeerd, want hij betaalde de pensionprijs uit eigen middelen. Over ons 'erfdeel' is nooit met een woord gerept. Het was voor ons gevoel ook zijn geld, hij kon ermee doen wat hij wilde.
> Of dit nu, twintig jaar later, de juiste methode zou zijn geweest kan ik niet zeggen, maar de familiebanden zijn uitstekend en dat is ons meer waard dan geld.'

Het advies van de notaris
Maak voordat u oud bent een testament, zodat – mocht dat nodig zijn – ook de erfenis van uw partner gebruikt kan worden voor uw levensonderhoud. Het staat immers meestal niet vast dat je dit uit eigen middelen kunt betalen. Vertrouw ook niet altijd op de welwillendheid van de kinderen. Die kunnen immers in geldnood geraken of door hun partners worden aangespoord het erfdeel op te vorderen. Met een testament kan dat worden verhinderd.

Het samenlevingscontract

Ook op latere leeftijd wordt er tegenwoordig niet zo snel meer aan trouwen gedacht, temeer omdat samenwonen sociaal geaccepteerd is en men dit feit op zich al een voldoende bevestiging van de nieuwe verbintenis vindt.
Men dient dan echter wel te beseffen dat hierbij een samenlevingscontract noodzakelijk is. Samenwonen vereist dat veel zaken goed geregeld worden voor het geval dat een van beiden komt te overlijden. Je wilt daar liever niet aan denken, maar het is beter om je kop niet in het zand te steken en daarover in alle eerlijkheid met elkaar te praten.
Om te beginnen: in wiens huis gaat men wonen? Hoe zit het met de meubels en waardevolle stukken, de stereotoren, video, tv? En als beide partijen kinderen hebben, waar mogen die aanspraak op maken? Hoe zit het met de spaargelden, de aandelen en de pensioenen? Gaat men juist samenwonen in plaats van trouwen uit angst dat de vrouw haar weduwenpensioen verliest of maakt dat tegenwoordig niets meer uit? Bij de notaris kunnen al deze vragen of problemen veroorzakende factoren aan de orde komen.
Zo'n samenlevingscontract kan de kleinste details regelen en dient, als het helemaal goed is, gepaard te gaan met een testament.

Het komt vaak voor dat mensen wel bij elkaar intrekken, maar het toch allemaal te officieel vinden om meteen zo'n samenlevingscontract te laten maken. Je zou dan wel een huurovereenkomst met de partner, tevens eigenaar van het huis, dienen te sluiten, zodat je niet de dag na de begrafenis op straat komt te staan, wat meer dan eens voorkomt.

Als een van beiden een huurhuis heeft en de ander trekt daarbij in, is het mogelijk medehuurder te worden. Ook de huiseigenaar moet dan van dit medehuurderschap op de hoogte gesteld worden en u moet kunnen aantonen dat u een duurzame en gemeenschappelijke huishouding voert.

Opgepast: de eigenaar/verhuurder kan wél de huur opzeggen als hij er achterkomt dat u samenwoont vóór hem dit officieel is meegedeeld. Hij kan dat niet meer als u aan hem het verzoek hebt gedaan te aanvaarden dat uw partner medehuurder zal zijn. Hij moet binnen drie maanden na deze mededeling schriftelijk laten weten dat hij akkoord gaat. Bij toewijzing van dit verzoek wordt de partner, net als een echtgenoot, persoonlijk aansprakelijk gesteld voor het nakomen van de huurplichten. Indien de huurder dan onverhoopt overlijdt, zijn in ieder geval de rechtsposities van de ongehuwde en gehuwde medehuurders gelijk: zij worden automatisch huurder.

> Het drama Hans en Joep
> Eindelijk ontmoet de zesendertigjarige Hans de man op wie hij niet alleen heftig verliefd wordt, maar met wie hij ook een innige zielsverbondenheid heeft. Hij had het niet voor mogelijk gehouden ooit nog eens zo'n fijne relatie te krijgen. 'Zijn' Joep is vijfentwintig. Hij heeft niet zoveel geluk met zijn studie gehad, werkte in een restaurant en woonde op kamers. Hij trekt graag bij Hans in, die een groot en modern huis heeft. Joep kookt en zorgt voor het huishouden. Hans, architect, zorgt voor de centjes.
> Dan slaat het noodlot toe. Hans wordt ziek: aids. Hans gaat het ziekenhuis in en uit. Joep is gelukkig niet seropositief. Wanneer Hans steeds zieker wordt, zegt Joep: 'Ik zal je helpen, ik blijf voor je zorgen.' En dat doet hij. Een echte 'buddy' dus, een kameraad in lief en leed, tot de dood hen toch nog plotseling scheidt.

Als de crematie achter de rug is en Joep uitgeput van doorwaakte nachten zijn verdriet probeert te verwerken, komt de familie de spullen van Hans weghalen. Er is geen testament en geen codicil, en hoewel Hans vele malen heeft gezegd: 'Als ik er niet meer ben is alles voor jou, jong,' staat er niets op papier.
De familieleden willen het huis zo gauw mogelijk verkopen. Ze bedanken Joep voor de zorg besteed aan zoon en broer. Hij mag een zeefdruk van Karel Appel houden, maar voor de rest moet hij maar zo gauw mogelijk verdwijnen. Ze waren toch al niet zo gesteld op die homofiele vriendjes van Hans. Dág Joep. Dág huis.

Deze opeenstapeling van verdrietigheden had kunnen worden voorkomen als de geliefden niet alleen oog voor elkaar hadden gehad, maar ook in momenten van nuchtere zakelijkheid voor de toekomst, in dit geval het naderende einde.
'O, dat loopt niet zo'n vaart', of: 'dat zien we dan wel', zijn opmerkingen die vaak gemaakt worden. De nieuwe relatie is bovendien bang om 'inhalig' over te komen. Toch is het in alle opzichten beter om open kaart te spelen. Van onnodig uitstel komt afstel en voor je het weet zit degene die achterblijft met de brokken.
Een huurovereenkomst tussen Hans en Joep bijvoorbeeld had kunnen voorkomen dat Joep op straat kwam te staan. Te zamen met een testament zou dat de kaalpluk door de familie binnen de wettelijke beperkingen hebben gehouden.

Het codicil

Daarvoor hebt u de notaris niet nodig, mits u nog zelf kunt schrijven.
De Koninklijke Notariële Broederschap heeft op elk notariskantoor een gratis brochure over het codicil voor u klaarliggen. De belangrijkste hoofdpunten daaruit zijn in het kader van dit hoofdstuk de moeite waard om te vermelden.

In een codicil kunt u namelijk een aantal regelingen treffen voor na het overlijden, zonder dat daar een notariële akte voor nodig is.

Om geldig te zijn moet een codicil aan drie eisen voldoen
- Het codicil moet door uzelf geschreven zijn, een getypte of door een ander geschreven tekst maakt het ongeldig;
- het codicil moet voorzien zijn van de datum waarop u het stuk schreef;
- het moet bovendien door u ondertekend zijn.

Indien er sprake is van een verlamming, beroerte of een andere lichamelijke stoornis, waardoor het zelf schrijven en het zetten van een handtekening niet mogelijk zijn, moet u bij de notaris een testament laten maken. Indien nodig komt de notaris bij u aan huis. U kunt in uw codicil uw wensen met betrekking tot crematie of begrafenis vermelden en aan wie u bijvoorbeeld uw sieraden, meubels, tuingereedschap of de verzameling snuifdoosjes wilt geven. Al deze goederen moeten omschreven worden. Bijvoorbeeld: de geelgroene Wolff-motorgrasmaaimachine en tuinslang; het eikenhouten kastje met vier laden en koperbeslag; de tien zilveren snuifdoosjes uit de achttiende en negentiende eeuw.
Ook het beschikbaar stellen van organen voor transplantatiedoeleinden dient genoemd te worden. Dat is het zogenaamde donorcodicil dat u altijd bij u moet dragen.
Geldbedragen kunnen echter nóóit per codicil vermaakt worden!

Waar en bij wie geeft u uw codicil in bewaring?
Een codicil moet snel te vinden zijn. Het is goed om een kopie te maken en die bij uw begrafenispolis en verzekeringspapieren op te bergen. Geef het origineel maar aan uw notaris of aan uw beste vriend of vriendin, zoon of dochter. In ieder geval aan iemand die u volledig kunt vertrouwen.
Het gebeurt nog weleens dat degene die het codicil heeft geschreven, later in de eigen kopie weer veranderingen aanbrengt zonder daarvan de notaris, die het origineel bewaart, te verwittigen. Dan hebben die veranderingen geen effect.

De wettelijke regels voor wat betreft het codicil zijn buitengewoon streng. U dient daar terdege rekening mee te houden.
Als u toch een testament laat maken, kunt u maar beter alles daarin regelen.

Schenkingen aan kinderen

'Het is beter met een warme hand te geven dan met een koude,' zo luidt een spreekwoord.
Als u een goede relatie met uw kinderen hebt en u kunt over wat geld beschikken, is het fijn om ze af en toe wat toe te stoppen. De kinderen, meestal met jonge gezinnen, kunnen zo'n douceurtje altijd goed gebruiken. Je ziet als ouders blijde gezichten en het maakt jezelf ook gelukkig, omdat je voor hen even dat 'lotje uit de loterij' bent.
Als zo'n fraai plan bij u rijpt, is het belangrijk te weten hoe u dat het beste aanpakt, want de fiscus loert op elke vergissing die u maakt.
Het belastingtarief voor het schenkingsrecht is gelijk aan dat van het successierecht. In officiële termen is een schenking 'de bevoordeling uit vrijgevigheid die tijdens het leven wordt gedaan'.
Belast is niet alleen de gift van geld of goed, maar ook bijvoorbeeld de kwijtschelding van een schuld of de verkoop van een huis of auto tegen een te lage prijs. Het gaat kortom om feitelijke bevoordeling.
Omdat niemand ervoor voelt zijn moeizaam verdiende spaargeld door een misverstand aan de belasting af te dragen, is het raadzaam als ouders op het volgende te letten.
U mag éénmaal in uw leven uw eigen of adoptiefkinderen tussen hun achttiende en vijfendertigste jaar een groot bedrag belastingvrij geven. Dat mag oplopen tot ƒ 37.343,- (1994). Er moet echter wel aangifte plaatsvinden, waarin beroep op die verhoogde vrijstelling wordt gedaan.
Niet iedereen is zo kapitaalkrachtig om dit gebaar te maken. Sommige echtparen besluiten echter hun huis te verkopen en een

huurflat te betrekken. In zo'n geval komt er opeens een groot bedrag vrij, waarvan men de kinderen kan laten meeprofiteren.
Aangezien aanverwantschap met bloedverwantschap wordt gelijkgesteld, geldt de verhoogde vrijstelling ook indien niet het kind, maar de schoonzoon of schoondochter tussen achttien en vijfendertig jaar is en de schenking aan deze plaatsheeft.
Dichter bij een haalbare werkelijkheid ligt het voor belasting vrijgestelde bedrag van maximaal ƒ 7.468,- (1994) dat jaarlijks aan kinderen mag worden geschonken. U kunt zo'n bedrag gewoon per bank of giro overmaken. Dat heet dan officieel 'schenking van hand tot hand'.
In tegenstelling tot adoptiefkinderen vallen pleegkinderen buiten deze regel. Aan hen kunt u per twee jaar (24 maanden) ƒ 4.480,- schenken. Gaat u daar overheen, dan is alles belast.
Datzelfde geldt voor kleinkinderen. Voor hen begint het tarief bij 8 procent. Overigens moeten grootouders, ooms en tantes wel oppassen als zij flinke schenkingen aan studerende kinderen willen doen. De student(e) wordt namelijk voor de wet geacht zelf in de kosten van zijn of haar levensonderhoud te voorzien. De financiële grote gift kan zelfs nadelig zijn als de basis(studie)beurs moet worden vastgesteld.

Beperking van de belastingdruk
Wanneer ouders het totaal van successie- en schenkingsrecht willen beperken, zien we al spoedig doelstellingen die met elkaar strijdig zijn. Ouders willen weliswaar hun kinderen bevoordelen, maar zij willen toch op dezelfde voet verder leven. Zij willen het successierecht verminderen, maar dat mag niet gepaard gaan met hoge kosten of met een hoog schenkingsrecht. Niettemin zijn er enkele instrumenten om de belastingdruk te verlagen, mits daarvan tijdig gebruik wordt gemaakt en het totale vermogen een zekere omvang heeft.
In het voorafgaande is al gewezen op het voordeel van een verrekenbeding in huwelijksvoorwaarden en het opheffen van huwelijksvoorwaarden tijdens het huwelijk.

Schenking in geld
Stel dat u drie kinderen hebt aan wie u tien jaar lang het vrijgestelde bedrag schenkt, waaronder éénmaal het bedrag van de verhoogde vrijstelling. Dan levert dat het volgende beeld op:
- negenmaal jaarlijkse vrijstelling van f 7.468,-;
- eenmalige vrijstelling van f 37.343,-;
- dus na tien jaar aan een kind geschonken: 9 x f 7.468,- + 1 x f 37.343,- = f 104.555,-;
- bij drie kinderen wordt het totale bedrag f 313.665,-.

Zoals u ziet kan er een spectaculair resultaat bereikt worden mits u tijdig begint. Doet u dat pas wanneer uw einde nadert, dan loopt u de kans dat de schenking binnen 180 dagen vóór het overlijden is gedaan. De in deze periode geschonken bedragen worden geacht krachtens erfrecht te zijn verkregen.

U kunt bij iedere schenking bepalen of het geschonken bedrag al dan niet in de huwelijksgoederengemeenschap van het kind valt. Dat kan handig zijn bij echtscheiding van de zoon of dochter of bij een faillissement van diens huwelijkspartner.

Schenkingen op papier
Het komt voor dat mensen die wel bezit hebben, zoals huis of grond, maar geen contanten, hun kinderen een schenking op papier doen. De wettelijke term hiervoor is 'uit vrijgevigheid schuldig erkennen'. Zo'n besluit kan echter nooit genomen worden zonder notariële medewerking.

U moet zich daarbij voorstellen dat u uw kinderen een bepaald bedrag schenkt en dat direct weer terugleent. Zij hebben dan een vordering op u die afgelost wordt bij verkoop van uw bezit, bijvoorbeeld uw huis, of na het overlijden van de langstlevende vader of moeder.

Waar u bij een dergelijke regeling goed op moet letten is dat uzelf jaarlijks de rente van dit teruggeleende bedrag aan uw kinderen betaalt. Die rente mag een kwart lager zijn dan de marktrente. Deze rente is aftrekbaar voor de inkomstenbelasting. De kinderen dienen op hun beurt deze rente bij hun inkomsten op te tellen.

U moet dus heel goed weten wat u doet en er ook zeker van zijn dat u deze verplichting kunt nakomen, anders wordt u geacht niets geschonken te hebben. De wet is namelijk beducht op het omzetten van eigendomsrechten in genotsrechten: als ik een schenking doe die ik niet in mijn portemonnee voel, heb ik *niet* geschonken.
Meestal wordt overeengekomen dat u de lening te allen tijde mag aflossen, maar dat de kinderen hun vordering pas kunnen opeisen wanneer beide ouders overleden zijn, of bij faillissement of surséance van betaling, of wanneer de ouders worden opgenomen in een verzorgings- of verpleegtehuis.

De eigen woning

Uit oogpunt van belastingbesparing is de overdracht van de eigen woning aan de kinderen meestal niet erg interessant. Wordt de overdracht gedaan met het oog op een eventueel toekomstige opneming in een verzorgingstehuis, dan zou u er toch even aan moeten denken dat volgens vrij recente gegevens slechts 7,3 procent van de vijfenzestigplussers in een bejaardentehuis terechtkomt en dat de gemiddelde leeftijd van alle bejaardenhuisbewoners drieëntachtig-en-een-half jaar bedraagt. De vrees dat men dan 'het eigen huis moet opeten' is trouwens alleen gegrond, indien er onvoldoende inkomen uit pensioen of AOW is om daaruit de pensionprijs te voldoen.

Vruchtgebruik* en recht van gebruik en bewoning
Als u toch het woonhuis op naam van uw kinderen zet, zal in de notariële akte een regeling moeten worden opgenomen over uw woonrecht. U kunt overeenkomen dat u het recht van vruchtgebruik of van gebruik en bewoning voorbehoudt. Beide rechten

---

* Vruchtgebruik: Het recht om goederen die aan een ander (de hoofdgerechtigde) toebehoren te gebruiken en daarvan de vruchten te genieten, bijvoorbeeld rente. Het vruchtgebruik eindigt bij de dood van de vruchtgebruiker (of eerder als partijen dit overeenkomen).

betekenen dat u levenslang het pand kunt blijven bewonen, zonder daarvoor enige vergoeding verschuldigd te zijn aan de kinderen. Het verschil tussen beide rechten is dat het recht van gebruik en bewoning meestal zo geconstrueerd is dat het eindigt wanneer u het huis te zijner tijd verlaat. Bij vruchtgebruik is dat niet het geval, dan kunt u het dus ook verhuren. In beide gevallen verkrijgen de kinderen slechts de zogenaamde 'blote' eigendom van het huis, dat wil zeggen dat zij weliswaar eigenaar zijn, maar niet het genot daarvan hebben.

Er is momenteel wetgeving in voorbereiding die deze constructie onder bepaalde omstandigheden minder aantrekkelijk maakt, omdat deze beoogt de 'blote' eigenaar te belasten met inkomstenbelasting over het verschil tussen volle eigendom en blote eigendom. Daarom moet deze vorm voorlopig ontraden worden.

Overdracht van de volle eigendom
Wanneer u het huis in volle juridische eigendom aan de kinderen overdraagt, dan gaat dat gepaard met 6 procent overdrachtsbelasting en met kosten van het kadaster en de notaris. Dit is duur en bespaart geen successierecht. Daarom kan worden gedacht aan overdracht in economische eigendom. Dat is goedkoper.
Een voorbeeld van beide:
Stel dat de waarde van uw huis in bewoonde staat f 400.000,- is en dat het in juridische eigendom aan twee kinderen wordt geleverd onder gelijktijdige kwijtschelding van de gehele koopprijs (zie ook blz. 80). De overdrachtsbelasting bedraagt dan f 24.000,-. Het schenkingsrecht bedraagt in totaal f 40.500,-. Maar de successiewet bepaalt dat van dit schenkingsrecht een gedeelte van de overdrachtsbelasting mag worden afgetrokken. Per saldo is dan ongeveer f 17.500,- schenkingsrecht verschuldigd. De kosten van kadaster en notaris bedragen ongeveer f 3.200,-, zodat in totaal betaald moet worden door de kinderen: f 24.000,- + f 17.500,- + f 3.200,- = f 44.700,-.
Wordt de koopschuld in vijf gelijke jaarlijkse bedragen kwijtgescholden, dan is de aftrek van de overdrachtsbelasting voor een

veel kleiner gedeelte mogelijk. Wel kan in dit geval worden geprofiteerd van de jaarlijkse schenkingsvrijstelling en van de geringere progressie in het tarief. In het eerste jaar betalen de twee kinderen dan geen schenkingsrecht en in elk volgend jaar ieder ƒ 1.626,-. Het schenkingsrecht wordt dan in totaal ƒ 13.008,-, zodat te zamen met overdrachtsbelasting en kosten ƒ 40.608,- moet worden betaald.
Indien u het huis alleen in economische eigendom aan de twee kinderen geeft en de gehele koopsom kwijtscheldt, dan zijn zij geen overdrachtsbelasting en kadasterkosten verschuldigd. Maar in dat geval moet door de kinderen wel worden betaald ƒ 40.500,- aan schenkingsrecht en ƒ 2.750,- aan notariële kosten, is totaal ƒ 43.250,-.
Zou bovendien de kwijtschelding eveneens in vijf jaar geschieden, dan zou het schenkingsrecht ƒ 16.260,- bedragen en is men, inclusief notariële kosten, ƒ 19.010,- verschuldigd.

U ziet dat het verschil tussen overdracht in juridische en die in economische eigendom aan kinderen gering is indien de koopsom meteen wordt kwijtgescholden. Dit komt doordat in het eerste geval het schenkingsrecht wordt verminderd met bijna de gehele overdrachtsbelasting. Geschiedt echter de kwijtschelding in termijnen, dus over meer jaren gespreid, dan is die aftrekmogelijkheid veel beperkter, zodat economische eigendom dan aanmerkelijk goedkoper is.
Indien de koopschuld in termijnen wordt kwijtgescholden, zullen de kinderen over het restant een rente moeten betalen. Die rente mag een kwart onder de marktrente liggen, maar zij zal wel betaald moeten worden. Voor de kinderen is de rente aftrekbaar, voor u belastbaar.

Uw eigen huis weer van uw kinderen huren
Na de overdracht aan de kinderen huurt u het huis van hen en zult u dus een huurprijs moeten betalen die bij u niet fiscaal aftrekbaar is, maar bij de kinderen wel belastbaar.
Het feit dat u het huis van uw kinderen huurt, kan u emotioneel

tegenstaan. Bij uw overlijden hebben uw kinderen echter een huis vrij van huur. Het verschil tussen deze waarde en het bedrag van hun koopprijs die gebaseerd was op de verhuurde staat, genieten zij dan onbelast. Dat is een voordeel.
Bij de beoordeling of de gehele operatie uiteindelijk gunstig is, moet ook de inkomstenbelasting betrokken worden. Daarbij spelen drie aspecten een rol:
– het verschil in tarief tussen ouders en kinderen;
– het verschil tussen het renteniveau enerzijds en het huurprijsniveau anderzijds;
– en het feit dat de huurprijs niet aftrekbaar is en de rente wel.
Vooral dit laatste aspect kan nadelig uitpakken, indien de ouders gedurende een lange periode huren.

Schenken en erven in natura
Ook over een schenking of erfenis in natura – bijvoorbeeld een mooi schilderij, tinnen borden, een klok, porselein, sieraden, oude boeken, een auto – kan de fiscus schenkings- en successierechten berekenen. Men neemt daarvoor de waarde van het object 'in het economisch verkeer' als uitgangspunt. Dit is gewoonlijk de prijs die u bij vrije verkoop van het geschonken goed zou krijgen.
Worden zaken tijdens leven geschonken, dan moeten die ook daadwerkelijk worden afgegeven. Blijft zo'n kast met een plakkertje erop ('Bestemd voor Jan') staan tot na het overlijden, dan eist de fiscus toch belasting over de waarde daarvan, omdat het deel uitmaakt van de nalatenschap.

Hoe regel je de nalatenschap als je alleen bent?

Vrouwen leven gemiddeld zes jaar langer dan mannen. Er zijn alleen al om die reden heel wat alleenstaande vrouwen. Maar er zijn ook mannen die geen vaste relatie hebben. Beiden hebben bepaalde wensen met betrekking tot hun nalatenschap.
Wil je bijvoorbeeld een vriendin geld of goed nalaten, omdat die vriendschap met haar erg veel voor je betekent? Wil je je hulp wat

extra's geven? Wil je de studie van je buurjongen bekostigen of gaat een deel van je vermogen naar organisaties zoals 'Greenpeace', 'Foster Parents Plan', 'Artsen zonder Grenzen' of 'Amnesty'? Het is in dit verband ook belangrijk te weten dat ouders niet onterfd kunnen worden door hun kinderen.

> Inke Wijnands heeft ernstige spierdystrofie. Ze is ongetrouwd en heeft geen kinderen. Met aan zekerheid grenzende waarschijnlijkheid is haar levensverwachting beperkt tot twee jaar. Haar ouders hebben tijdens haar langdurig ziekteproces niet meer dan oppervlakkige belangstelling getoond. De vrienden en vriendinnen en een kei van een fysiotherapeut helpen haar daarentegen dagelijks en om beurten door de moeilijke omstandigheden heen.
> 'Die mensen,' zegt Inke Wijnands, 'gun ik alles wat ik nalaat, mijn huis, mijn cd's, mijn boeken, meubels, alles!'
> Helaas is dat wat Inke zou willen niet mogelijk. Zij kan haar ouders niet onterven. Die hebben recht op een wettelijk erfdeel van tenminste een achtste van de nalatenschap. In het gunstigste geval kunnen zij afzien van hun legitieme deel, maar zelden zijn mensen zo nobel als het om geld en goed gaat. Bovendien weet je van tevoren niet hoe dat zal uitpakken omdat zij zich daarover pas na het overlijden van hun dochter kunnen uitlaten.
> In tegenstelling tot de ouders kunnen haar broer en zuster geen aanspraak maken op een wettelijk erfdeel.
> Omdat Inke niet meer kan schrijven, heeft zij bij de notaris een uitgebreid testament gemaakt. Van hem krijgt zij ook advies over een eventuele financiële schenking in de vorm van een lijfrente voor de fysiotherapeut.
> Wat zij terdege beseft is dat zo'n schenking niet meer geregeld kan worden binnen een periode van een halfjaar (180 dagen) voor haar overlijden. Maar wanneer overlijdt ze? Of nog anders gezegd: wanneer wil ze overlijden? Als ze de grens van volledige afhankelijkheid passeert? De dood van Renate Rubinstein ligt haar nog vers in het geheugen!

Hoe het ook zij, ook onder minder dramatische omstandigheden is een testament onontbeerlijk als je alleen bent. Het is aan u om in overleg met de notaris te bepalen of het nodig is een 'executeur testamentair' te benoemen.

Een executeur-testamentair is een vertrouwenspersoon, man of vrouw, die bereid en in staat is uw laatste wilsbeschikking op onafhankelijke wijze uit te voeren. Dat wil zeggen: zoals het in het testament en/of codicil bepaald is. Veel mensen vinden het een geruststellend idee dat na hun dood een vertrouwd iemand hun inboedel, papieren, brieven, verzekeringen en eigendommen opruimt of weggeeft. Vooral als iemand geen partner heeft, wordt nogal eens een vriend of vriendin gevraagd die taak op zich te nemen. In de praktijk kan het veel werk betekenen, dat echter voor een belangrijk stuk ook door de notaris kan worden gedaan.

> Maria van Santen heeft dat meegemaakt. Zij vertelde het volgende:
> 'Ik woon met mijn gezin in Utrecht. Mijn boezemvriendin, die ik al vanaf de schoolbanken kende, woonde in Arnhem. Ze had geen familie, behalve een nicht. Ik was nergens op voorbereid toen ik plotseling een telefoontje kreeg van de buren, die haar dood hadden aangetroffen. Ik was intens verdrietig, maar herinnerde me opeens dat ze ooit tegen mij had gezegd: "Als er met mij iets gebeurt, moet je die en die notaris bellen." Dat deed ik, en tot mijn verbazing vernam ik na de crematie dat ik samen met die nicht per testament tot erfgenaam was aangewezen.
> Speciaal aan mij was het verzoek gericht de nalatenschap verder te regelen. Er viel heel wat te regelen. De bank en de postgiro moesten worden verwittigd; verzekeringen, abonnementen en lidmaatschappen opgezegd; belastingaangiften verzorgd. Ook de inboedel moest getaxeerd worden in verband met de successierechten. Het huis moest verkocht worden, evenals de auto. Daar kwam dan nog bij het opruimen van kleren, boeken en huisraad.

De notaris verzorgde weliswaar de aangifte voor de successierechten, maar hij moest daarvoor wel alle gegevens aangereikt krijgen. Al met al zijn mijn man en ik er maanden mee bezig geweest.
Ik kan me voorstellen dat als je geen erfgenaam bent, maar wel wordt gevraagd executeur-testamentair te zijn, je voor deze veelomvattende taak een vergoeding krijgt. Die vergoeding kan in het testament worden vastgesteld, waarbij de notaris ook een voorstel doet.'

De notaris als raadsman

Er zijn weinig figuren in onze samenleving in wie zoveel juridische en fiscale know-how zijn gebundeld als de notaris. U kunt daarom bij hem een gewillig oor vinden voor de meest uiteenlopende zaken. Hij is de raadsman bij de meest wezenlijke beslissingen in ons leven: bij huwelijk, bij scheiding, bij dood, bij de koop en de verkoop van een huis, bij testamenten, erfenissen, kortom, bij alles wat met roerend en onroerend goed en de fiscus heeft te maken.
Een notaris weet weliswaar niet alles van zijn cliënten, maar wel veel. En dat wat hij weet en wat bij hem op papier staat, blijft voor vreemde ogen verborgen in onneembare kluizen.
Het aardige van het moderne notariaat is ook dat er altijd aandacht is voor ogenschijnlijk kleine dingen, die voor de betrokkenen heel belangrijk kunnen zijn en die om een objectief oordeel vragen.

> Bij de notaris komt een ouderpaar met twee zonen, van wie er één zwaar gehandicapt is. Wie zorgt er voor de jongen als de ouders er niet meer zijn? De broer? Maar die broer kijkt nauwelijks naar hem om. Wie weet, denken vader en moeder, gaat hij er met het geld van ons Heintje vandoor. 'Notaris wat doen we daaraan?'
>
> Notaris, mijn vader en moeder krijgen steeds bezoek van

twee Jehova-getuigen en wij hebben gemerkt dat ze die mensen geld geven. "Het zijn zulke goeie mensen," zeggen ze, als ik daarover een opmerking maak. Wilt u eens met mijn ouders praten? Wat kunnen wij doen om te voorkomen dat pa en moe geplukt worden?'

In een bonte verscheidenheid van vragen en problemen die opgelost moeten worden, conflicten die om bijlegging vragen, aktes die getekend moeten worden, gaat de dag van de notaris voorbij.

Zijn werk wordt trouwens steeds moeilijker, want weliswaar weten slimme juristen enerzijds de mazen in het net altijd te vinden, anderzijds zijn er ook even slimme juristen bezig bij de overheid om die mazen dicht te trekken. Het draait allemaal om geld, geld en nog eens geld. Daarom worden steeds weer grote of kleine wetswijzigingen voorgesteld en ingevoerd.

Vroeger zeiden we: de politie is je beste vriend. Met een kleine variatie daarop zou ik nu willen benadrukken dat de moderne notaris, ontdaan van zijn ietwat stoffige imago, inderdaad onze beste vriend en adviseur is bij de belangrijke mijlpalen in ons leven.

Met dank aan notaris Mr. H. J. W. M. Bressers van het kantoor Barents & Krans Advocaten & Notarissen in Den Haag.

Na de scheiding
door Jeanne Roos

Toen we allebei de vijftig gerond hadden, gaven we een feest omdat we samen honderd waren. Dat was in 1967 een heel origineel idee, dat later door velen in de kennissenkring werd nagevolgd. Het feest werd een groot succes. We hadden heerlijk eten en veel te drinken, goede muziek, een roulette, een muurkrant en héél veel leuke vrienden. Het was al licht toen de laatste gasten ons huis verlieten en we, moe maar voldaan, de rotzooi begonnen op te ruimen.
Vier jaar later waren we gescheiden.

'Het ongelofelijke was dan toch gebeurd,' schreef ik in 1978 in mijn rubriek 'Dichtbij' op de voorpagina van *Het Parool*. En dat terwijl wij tegen onze zoon toen hij – een angstig klein jongetje – bij een woordenwisseling (we hadden nooit echt ruzie en dat moet een veeg teken zijn geweest, wil ik sommige mensen geloven) vroeg: 'Gaan jullie nu scheiden?' Bijna in koor en heel beslist zeiden we: 'Wij? Nooit! Hoor je? Wij gaan nóóit scheiden!!'
Wij meenden het.

Er bleek een ander te zijn. Uiteraard twintig jaar jonger.
Er bestaat geen leuke manier om iemand te vertellen dat er een ander is. Maar de partner 'sparen' door niets te zeggen – bedrog dus – dat is jezelf sparen en de partner niet alleen onderschatten, maar haar tevens de kans ontnemen te reageren. De waarheid weten bespaart haar bovendien dat extra ziekmakende terugrekenen van '... dus toen ik je uit Parijs opbelde, waren jullie...', of: '...die paar dagen dat je met Kerstmis zo nodig naar Londen moest, toen heb je dus...'
Walgelijk.

De verschrikkelijke schok bracht een vloedgolf van uiteenlopende gevoelens, waarvan paniek en diepe gekwetstheid de boventoon voerden. Paniek en angst om het alleen achterblijven, gekwetstheid om afgedankt en belazerd te zijn. Ook jaloezie en rancune. Dat alles vrat zo aan me dat ik vijftien pond afviel en geheel ongevraagd mijn meisjesgewicht terugkreeg.

Het ellendige gevoel of er een rubberen vuist in mijn borst zat, deed me vrezen dat ik bezig was de familieaanleg voor het hartinfarct in praktijk te brengen. Maar het cardiogram toonde slechts een goedgelijkend portret van een 'hart onder stress'. Machteloze, niet-geuite woede zat er in die borst, die maakte dat er pillen geslikt moesten worden. Om voort te kunnen.

Daar was immers de jongen van bijna zestien, die de wens te kennen had gegeven bij zijn moeder te blijven wonen. En er was het werk. Ik klampte me eraan vast als een drenkeling aan een stuk hout en sleepte me dagelijks naar de krant, de hemel dankend dat ik moest. Vaak heb ik me trachten in te denken hoe een scheiding moet zijn voor vrouwen die de traditionele rol van vrouw-en-moeder voor hun rekening hebben genomen en die geen eigen werk en financiële onafhankelijkheid hebben. Het leek me nog eens zo vreselijk.

Toen we beiden met onze advocate 'in comparitie' voor de rechter moesten verschijnen (tegenwoordig hoeft dat niet meer) en deze, bladerend door het dossier, vroeg: 'Ik zie dat er voor mevrouw geen alimentatieregeling is getroffen?', kon ik antwoorden: 'Nee, Edelachtbare, dat is niet nodig, ik verdien mijn eigen brood.' Dat hij daarop, licht buigend in mijn richting, zei: 'Dat is mij bekend, mevrouw,' trof me als een compliment.

De jaren in één huis met een puberzoon behoren tot de grappigste, maar ook de moeilijkste en zeker de confronterendste van mijn leven. Begin jaren zeventig sloeg de democratisering toe, ook op de middelbare scholen. Zoon deed daar van harte aan mee. In de vierde van het lyceum hield hij de school voor gezien en kondigde aan drummer te willen worden. Ik zag geen kans hem op andere gedachten te brengen, stelde een conservatoriumopleiding voor, die echter heftig werd afgeslagen.

Nu ik na zoveel jaren terugkijk op die verontruste zorgelijke ouder die ik was, moet ik zeggen dat hij zich op eigen kracht heeft ontwikkeld tot een goede drummer. Af en toe verdween hij voor een tijdje naar een huisje in de polder om daar met andere muziekfans te spelen. Ik bracht er soms dozen vol eten heen, in de vaste overtuiging dat de jongen anders van ontbering zou omkomen. Alleen in het te grote huis miste ik de vrolijkheid van al die jongelui die bij mij in- en uitliepen. Al werd ik er ook stapelkrankzinnig van, als ik 's morgens beneden kwam en op het blauwe kleed in de huiskamer minstens zes cocons in slaapzakken aantrof en in de keuken alle borden vuil en de ijskast leeggegeten. Als hij dan weer thuiskwam, jammerde ik van: 'Je had me toch weleens kunnen opbellen!' Zijn antwoord heb ik nooit vergeten. 'Wat heb je er nou aan als ik je verplicht opbel, terwijl ik er geen zin in heb,' zei hij. 'Als ik je nú opbel, weet je zeker dat ik je wíl opbellen.' School voor ouders.
Het huis met al die herinneringen benauwde me. Ik wilde verhuizen, wat in die jaren met nog altijd woningnood niet eenvoudig was. Ik legde mijn plannen aan de jongen voor – hij zou in de nieuwe situatie een eigen afdeling krijgen. Ik moet het nogal kneuterig hebben afgeschilderd, dat nieuwe leven met zijn tweeën, want hij reageerde met: 'Ik ben misschien het enige wat jij nog hebt, maar jij bent niet het enige wat ik nog heb.' Beng! Hoe wijs. School voor moeders die, alleen achtergebleven, de neiging hebben van hun zoon een plaatsvervangende man te maken.
Een harde school. Ook een leuke school. Zou ik bijvoorbeeld ooit de popmuziek van die tijd zo goed hebben leren kennen en appreciëren als de jongen mij er niet op attent had gemaakt? 'Dit vind jij mooi, luister maar,' zei hij dan en ik vond het mooi. Niet omdat hij het zei, maar omdat hij precies wist waar ik van zou houden. Van The Band, van Pink Floyd, Santana, The Who, The Mothers of Invention en de Beatles natuurlijk, maar die waren toen alweer passé.
Ik maakte een verjongingskuur door. Ik ging weer naar de oude sociëteit en bleef 's middags hangen in de kroeg, want laten we eerlijk zijn: bij alle narigheid, bezeerdheid en verdriet was er ook

opluchting en een gevoel van bevrijding. Had ik al gedacht dat ik verder, onbemind en onbegeerd, zou afstevenen op oudedag en graf, niets was minder waar. Er doemden minnaars op, sommigen van hen decennia jonger dan ik. Zoon en zijn vrienden zagen met onverholen welbehagen aan hoe ik begerende heren het pand binnenbracht. 'Jij zou een verhouding met Zappa kunnen hebben,' zei de jongen trots, en dat was zijn manier om me te zeggen dat ik er nog best mocht wezen.

Maar er kwamen andere, dwingender factoren die maakten dat ik steeds meer de pest kreeg aan dat huis met zijn holle hoge kamers, waarvoor we nooit genoeg geld hadden gehad om het naar onze hand te zetten. De eigenaar had namelijk het benedenhuis, waarin jaren een rustig kantoor was gevestigd, verhuurd aan wat later een seksclub van het blad *Chick* bleek te zijn. Ik sliep er pal boven.

Tegen het weekend was het iedere avond bal met geroezemoes, luide muziek en bij mij aanbellende mannen, die al op de eerste tree van de trap naar boven riepen: 'Is dit de Chick?'

'De deur hiernaast,' riep ik dan behulpzaam.

Vrijdag- en zaterdagavond was ik genoodzaakt naar elders te vluchten. Als ik dan na twaalven thuiskwam, waren ze nog, onder mijn bed, bezig met het verloten van vibrators en ander werktuig. Ik kon de aanbevelingen woordelijk verstaan. De politie erop afsturen wegens burengerucht hielp maar even, dan begon het weer.

Op een middag, vroeg thuis van de krant, lag ik te lezen op de bank toen plotseling luide stampmuziek uit de seksclub onder me losbarstte. Nu ook nog overdag die ellende! Als door honderd wespen gestoken vloog ik overeind, stormde de trap af en belde bij ze aan. Ach, hoe het er daarbinnen uitzag! Roze crêpepapier om de lampen, lelijke gammele banken en tafels, een goedkoop rood stofje als wandbekleding. Nog nooit heb ik zoiets armetierigs gezien. En midden in dit burgermans-orgiehol heb ik, stikkend van drift, geschreeuwd: 'Ik heb last van jullie. Het kan me niet schelen wat jullie uitspoken, al naai je de hele buurt aan elkaar, het zal me een rotzorg zijn, maar ik wil het niet *horen*!'

Ze reageerden eigenlijk wel aardig. Sedertdien hoefde ik maar op

te bellen met 'Hier is buurvrouw, mogen de knoppen om?' en ze draaiden de muziek zacht. De zaken gingen gelukkig heel slecht en na een paar jaar waren ze uit zichzelf verdwenen.
De jongen en ik hadden inmiddels gescheiden huishoudens. Hij was nu ouder en had zich op zolder geïnstalleerd, waar ook zijn beste vriend een kamer had. Hun eigen afdeling. Vrienden en vriendinnen kwamen en gingen, er werd gedrumd en muziek gemaakt, 's nachts geleefd en overdag geslapen. Een tijd lang zat ik, kortom, tussen twee subculturen ingeklemd.
Mijn toch al labiele zenuwen maakten dat ik paranoïde reageerde op elk ongewenst geluid. Er waren afspraken gemaakt en ze hielden zich er heus aan, zo goed als ze konden, maar ik kon er steeds minder tegen. Na het werk begon ik er zelfs tegenop te zien naar huis te gaan. Mijn nest was verstoord. Toen er ook nog een meisje boven bij ging wonen zonder mijn toestemming, escaleerden de zaken op zijn zachtst gezegd aanzienlijk.
Er was maar één manier om me aan een voor mij ondraaglijke situatie te onttrekken: weggaan. Dat kon eindelijk toen mij een appartement werd aangeboden. Een huis voor mij alleen! Om de jongen hoefde ik me niet langer te bekommeren, die was inmiddels bijna drieëntwintig. Zonder een traan te laten trok ik de deur waarachter ik achtentwintig jaar had gewoond, achter me dicht.
Hoewel ik al tweeënzestig was, had ik nu voor het eerst van mijn leven een centrale verwarming en een eigen badkamer (ik ondervind ze nog steeds als een luxe). En voor het eerst van mijn leven richtte ik een huis in naar eigen wensen en smaak. Het nieuwe huis heeft me vrijgemaakt en gelukkig. En het heeft een lift, dus kan ik er tot op hoge leeftijd in blijven wonen en er – per rechtopstaande kist – worden uitgedragen.
De tot nog toe moeilijkste jaren liggen achter me en zijn verbleekt als oude foto's. Met 'de jongen' kan ik uitstekend opschieten, beter zelfs dan vroeger. De zoveelste periode van een leven dat ik altijd geneigd ben in tijdperken in te delen. Voor de oorlog. De oorlog. Na de oorlog. Voor mijn huwelijk. Na mijn scheiding. Voor het pensioen. Na het pensioen.
Na het pensioen duurt nu alweer twaalf jaar. In die tijd heb ik nog

veel gewerkt. Artikelen en boekjes geschreven, in besturen gezeten, enzovoort. *I count my blessings*, er zijn er vele.
Ik ben dus door de maatschappij allang ingedeeld bij de bejaarden. Een ongeliefde groep. Ik maak deel uit van 'de Grijze Golf'. Ik zorg mede voor de 'vergrijzing' van Nederland. Of wat voor onsympathieke benamingen er verder nog te bedenken zijn door politiek en media voor mensen die de brutaliteit hebben maar niet dood te gaan. Wij zijn te duur, heb ik begrepen.

Mijn generatie heeft zich in tijden waarin er nog geen vrije zaterdag, vakantiegeld, ATV-dagen, toeslag zus en compensatie zo waren, voor weinig loon te pletter gewerkt. Wij hebben geholpen vorm te geven aan de sociale wetgeving, die nu zo vanzelfsprekend wordt gevonden, al wordt aan de toepassing ervan geknabbeld wegens geldgebrek.

De jongeren, zegt men, moeten straks extra hard ploeteren om onze AOW op te brengen.

Nu, dat moeten zij dan inderdaad maar doen.

Dit waren enkele levensnotities van een oude dame met een lang verleden. En een korte toekomst.

De nieuwe relatie

Je bent vijftigplusser. Je bent alleen. Door een scheiding of door het overlijden van je partner of misschien wel doordat er van een partnerkeuze nooit iets is gekomen. Er ligt nog een heel leven voor je, nog wel een jaar of vijfentwintig, dertig. Wat wil je met die kwart eeuw doen?
Op deze leeftijd is het moeilijker dan ooit om keuzes te maken. Wat vroeger als vanzelfsprekend gebeurde – verliefd worden, trouwen, kinderen krijgen – wordt in de derde fase van het leven een zaak van diepgaand wikken en wegen en antwoorden trachten te vinden op vele vragen. Wil ik alleen blijven of wil ik nog een vaste partner? Ben ik eigenlijk heel tevreden met mijn vrijheid of drukt de eenzaamheid zwaar? Heb ik niet te veel eigenaardigheden ontwikkeld om nog samen te leven met iemand, en heb ik nog wel zin om me te schikken naar de ander?
Veel mensen van boven de vijftig, maar vooral vrouwen, houden het huwelijk voor gezien en bouwen op eigen kracht een nieuw, prettig leven op. Anderen kiezen voor 'samen verder'. Is dat laatste het geval, dan komen er nieuwe vragen. Je zult lijstjes moeten maken van eisen en wensen en lijstjes van wat je zelf te bieden hebt. En vervolgens bereik je het cruciale punt: Hoe kom ik aan de juiste partner?

Alleen is maar alleen

In ons land zijn ruim 1,7 miljoen eenpersoonshuishoudens. Geschat wordt dat van de alleenstaanden boven de vijftig zo'n 200.000 mensen niet-onwelwillend staan tegen (opnieuw) een partner. Ongeveer 20.000 zoeken actief via advertenties en relatiebemiddelingsbureaus en 80.000 noemt men passief zoekend.

De belangrijkste factor bij de partnerwens op latere leeftijd is eenzaamheid. Gescheiden mannen en vrouwen, weduwen en weduwnaars, en ongehuwde ouderen blijken zich erg eenzaam te voelen. Van de mensen met een partner zegt 14 procent eenzaam te zijn, terwijl van de alleenstaanden 51 procent dat is. Deze cijfers gelden voor de gehele daartoe in aanmerking komende bevolking. Voor vijftigplussers zullen ze wellicht nog hoger uitkomen.

'Missen is heviger dan hebben,' zegt de schrijfster Doeschka Meysing in *De hanen en andere verhalen*. Zelfs een geëmancipeerde vrouw als Emma Brunt bekent zichzelf in *Opzij* (december 1992): 'Ik vind het vervelend om in mijn eentje te wonen.' En zij voelt haar behoefte aan een man als een molensteen om haar nek. Want wat is eenzaamheid? In feite is eenzaamheid een volstrekt subjectief gevoel. Wat voor de een een droeve avond alleen is, zonder ook maar iemand die opbelt en met als enig gezelschap de krant en de buis, is voor de ander een heerlijk rustige avond zonder telefoon, met de benen op de eigen bank, de krant vers uit de bus getrokken, en naar bed zo vroeg of laat je er zelf zin in hebt. Eenzaamheid is niet gebonden aan het moment, hoewel bepaalde situaties het eenzaamheidsgevoel wel kunnen stimuleren.

Een van mijn pas gescheiden vriendinnen barstte telkens in snikken uit als ze een stel samen zag wandelen, boodschappen doen of de hond uitlaten. Dat soort verdrietige gevoelens neemt af naarmate je went aan de situatie-alleen. Dit betekent echter niet dat je gelukkig hoeft te zijn met zo'n situatie. Hoezeer leuk werk, goede vrienden, kinderen of buren compensatie kunnen bieden voor het alleenzijn, toch blijf je iemand missen. Je mist een gesprekspartner, warmte en geborgenheid en je bent bang voor een geïsoleerde oudedag. En het is niet alleen zorg en gezelschap waaraan je behoefte hebt, je wilt ook zelf voor anderen zorgen.

Als actieve vijftigplusser zou je weleens tot het ferme besluit kunnen komen de impasse van de eenzaamheid te doorbreken. Er komt een dag dat je denkt: nu kan het nog, nu heb ik weer behoefte aan samen-actief-zijn, ik wil weer leven, ik wil weer vrijen, ik wil weer een maatje.

Samen-zijn blijkt niet uitsluitend goed voor de geest, maar ook voor het lichaam. Ongehuwde, gescheiden of verweduwde mensen hebben een tweemaal zo grote kans voor hun vijfenzestigste te overlijden als gehuwden. (Het spreekt vanzelf dat mensen die een vaste relatie hebben in dezelfde categorie als de gehuwden thuishoren.) Zelfs als de kwaliteit van de huwelijksrelatie tekortschiet, blijken gehuwde mensen minder eenzaam.

Van de gescheiden of verweduwde mensen heeft de man het het moeilijkst. Hij is sneller dan de vrouw geneigd een nieuwe relatie aan te gaan. Als hij tot de traditioneel ingestelde mannen behoort – en in de vijftig-pluscategorie zijn er nog maar weinig echt geëmancipeerde mannen – zal hij niet alleen een partner wensen om zijn eenzaamheid op te heffen, maar ook om zijn dagelijks leven weer in geordende banen te leiden.

Ook *De Volkskrant* meldde eens: 'Er is op de relatiemarkt een overschot aan geëmancipeerde vrouwen en een tekort aan traditionele vrouwen die nog bereid zijn het overschot aan traditionele mannen te bedienen.'

Overigens is het aantal oudere geëmancipeerde mannen groeiend. Dit zijn vooral de mannen die een flinke crisis hebben doorgemaakt en daar op een goede manier zijn uitgekomen.

De ongehuwde vrouw heeft minder last van eenzaamheid dan haar mannelijke evenknie. Als zij eveneens vijftigplusser is en ook gelouterd uit de midlife-crisis is gekomen, zal zij misschien tegen wil en dank, misschien met de energie die een nieuwe vrijheid geeft, haar leven inrichten. Ze slaat haar vleugels uit, bezoekt vrienden en familie over de hele wereld.

Werk kan een belangrijke compenserende factor zijn. Maar voor vrouwen boven de vijftig met weinig opleiding of zonder vak is het niet zo eenvoudig werk te vinden, anders dan in de huishouding of als oppas. Ook als alleenstaande gaat de vrouw door met dat waar ze altijd al goed in was: gezelligheid scheppen voor zichzelf en anderen, contacten onderhouden met vrienden en familie. En hoezeer ze soms verlangt naar een nieuwe partner, ze is toch in het algemeen beter in staat zich alleen door het leven te slaan dan een man in dezelfde omstandigheden. In feite is zij vaak, zonder het zich te realiseren, zeer geëmancipeerd.

Pampers en pubers

Als je conclusies zou kunnen trekken uit de teksten van relatie-advertenties, kun je stellen dat de meeste mannen van middelbare leeftijd en ouder, voor tien tot twintig jaar jongere vrouwen kiezen. Maar ook sociologisch onderzoek wijst uit dat oudere mannen erin slagen een relatie te verwerven en oudere vrouwen niet of nauwelijks. Boven de vijftig is er een vrouwenoverschot, deels door sterfte en deels doordat oudere mannen, vooral als ze tussen de vijftig en zestig zijn, vaak een veel jongere vrouw kiezen. Voor sommigen is een nieuw jong gezin geen bezwaar en ook kinderen van de nieuwe vrouw zijn dikwijls welkom.

Waarom hebben deze mannen van rond de vijftig toch zo'n behoefte aan jongere vrouwen? Barbara Gordon schrijft hierover in haar boek *Het groene blaadje*, waarin Jenniver model staat voor de jonge vrouw die meer geïnteresseerd is in een oudere man dan in haar leeftijdgenoten.

De gevoelens van de oudere man kunnen we ons allemaal wel voorstellen. Het zachte velletje, de vitaliteit, de opwaarts gerichte adoratie voor zijn ervaring, zijn status, zijn geld, zijn macht, dat alles geeft de al wat kalende man met een beginnend buikje het gevoel weer jong te zijn. De opkomende angst voor de ouderdom en voor de dood kan aldus jarenlang worden gesmoord.

Maar wat moet zo'n fris jong ding met zo'n ouwe vent? vraagt de goegemeente zich af. Gordon beschrijft hoe de Jennifers van deze wereld er geen moeite mee hebben zich bewonderend op te stellen. Zijn uitstraling, zijn status, zijn seksuele rijpheid, zijn levenservaring, en ook zijn grote auto en zijn geld, zijn allemaal zaken die zij zichzelf nog niet heeft verworven.

> Een van mijn beste vrienden – Jaap, al jaren gescheiden en vijftigplusser, drukke baan, twee kinderen die altijd bij zijn vrouw hebben gewoond, maar met wie hij een goed contact had weten te behouden, veel kennissen en vrienden – had zich geheel genesteld in een comfortabel vrijgezellenleven. Tijdens onze bijpraat-etentjes werd steeds vaker de naam

van zijn assistente genoemd, een briljante jonge vrouw van achter in de twintig. Hoewel hij meer dan alleen maar een goede werkverhouding met Josefine had, verzekerde hij me keer op keer dat hij niet piekerde over een vaste relatie met haar. Maar het kwam er toch van, en het moet gezegd: ondanks het leeftijdsverschil was het een enig stel.

Josefine wilde een carrière én een gezin, had dat ook vanaf het begin eerlijk gezegd. Hij, even eerlijk, moest er niet aan denken, opnieuw pampers en pubers. Maar Josefine had in Jaap haar grote liefde ontmoet en liet zich niet ontmoedigen. Zij maakte haar studie af en specialiseerde zich. Vaak zei hij verdedigend tegen mij: 'Ze zou een jonge vent moeten nemen,' maar hij liet haar niet los en ze genoten beiden van weekends en vakanties.

Uiteindelijk heeft zij zijn voorwaarden aanvaard: geen kinderen dus. Ze zijn getrouwd, Jaap is nu met pensioen, Josefine is afdelingshoofd in een groot ziekenhuis en ze hebben het nog steeds goed samen.

Meestal loopt het echter anders. De meeste mannen van middelbare leeftijd die een (veel) jongere vrouw kiezen, accepteren haar, overigens volstrekt natuurlijke, wens om kinderen te krijgen en maken een reprise mee van wat Jaap noemde de pampers en de pubers.

Het is geen wonder dat de oudere vrouw die zich 'afgedankt' voelt, nogal smalend reageert op dit kuikentjessyndroom, en intussen de grootst mogelijke moeite heeft om nog een partner van haar eigen leeftijd te verwerven.

Er zijn echter ook oudere mannen die kiezen voor een leeftijdgenoot als partner. Zij realiseren zich dat het leven met een jonge vrouw veel eisen aan hen stelt, bijvoorbeeld op seksueel gebied of als het gaat om uitgaan. Voor hem liever een boek dan de disco. Een jonge vrouw confronteert hem dagelijks met het feit dat hij van een andere generatie is, dat hij andere dingen heeft meegemaakt.

Op zoek naar nieuw geluk

Van de 20.000 vijftigplussers in Nederland die actief een partner zoeken, zal de meerderheid ervaren dat dit niet zo'n eenvoudige zaak is. Als je het heft in eigen handen wilt nemen, vergt dat veel energie, tijd en durf. Waar kun je op latere leeftijd spontaan kennismaken met iemand met dezelfde achtergrond en belangstelling? Ik kan uit mijn naaste omgeving zo een aantal voorbeelden opdissen: Anna gaat naar alle openingen van tentoonstellingen en is van verschillende musea actief lid geworden; Karel is gaan golfen; Barbara heeft zich ingeschreven bij de Open Universiteit; Peter is weer gaan bridgen bij een club; Julie organiseert bij haar thuis etentjes voor haar 'single'-vrienden en hoopt op het sneeuwbaleffect. Voor allen geldt wat een Amerikaanse collega eens zo kernachtig uitdrukte: *How to get back into circulation?*
Kortom, als partnerzoekende moet je een actief leven leiden en – hoe akelig het ook klinkt – in staat zijn jezelf aan te bieden. Voor mannen is dat altijd nog minder moeilijk dan voor vrouwen omdat een 'jagende' man sociaal acceptabeler is dan een dito vrouw. En vooral de vijftigplus-vrouw heeft het, waar het nieuwe contacten leggen betreft, niet makkelijk.
Lilian Rubin schrijft in haar boek *Vriendschap*: Een van de meer zichtbare manieren waarop mannen nog steeds meer macht hebben in hun relaties met vrouwen (ook al zijn de inkomens om en nabij gelijk) is het verschil tussen oudere vrouwen en oudere mannen in deze maatschappij. Zo is de kans om te hertrouwen voor de veertigjarige gescheiden vrouw heel klein vergeleken met die van haar drieënveertigjarige ex. Hij kan zo een vrouw vinden die veel jonger is dan hij, om bed en salaris mee te delen, maar zijn ex-vrouw zal ofwel met een man van zestig trouwen ofwel, wat waarschijnlijker is, haar verdere leven zonder man blijven.
Als de gegevens van Rubin al opgaan voor veertigers, doen ze dat zeker voor vijftigplussers.
Van al die partnerzoekenden zet een groeiend aantal hun reserve en schroom ten aanzien van een contactadvertentie of relatiebemiddelingsbureau opzij. Er ligt niet meer zo'n sociaal taboe op

deze vorm van contact zoeken. Een advertentie zetten is 'veiliger' dan erop reageren. Je geeft in je reactie al snel veel van je privéleven bloot, en als je dat niet doet en te veel op de vlakte blijft, zal jouw reactie er niet uitspringen.

Een relatiebemiddelingsbureau is voor velen de oplossing. Er zijn buitengewoon integere bureaus, maar er zijn er ook die de branche een slechte naam bezorgen.

Hoe komt een partnerzoekende erachter waar je fatsoenlijk wordt behandeld en bij ontevredenheid enig verhaal kunt halen, dan wel waar men je gouden bergen belooft om je vervolgens gedesillusioneerd achter te laten?

Het is in de eerste plaats zaak een bureau te kiezen dat bij u past. Naarmate het bemiddelingswerk persoonlijker, arbeidsintensiever, deskundiger en duurder is, zult u meer eisen kunnen stellen aan de dienstverlening en wordt het belangrijker dat het klikt tussen u en de bemiddelaar. Het is de moeite waard bij verschillende bureaus informatie op te vragen over de werkwijze. Bij sommige bureaus krijgt een vrouw van boven de vijftig zonder eigen inkomen te horen dat zij helaas niet geholpen kan worden. U dient te informeren naar het minimum aantal partnervoorstellen, de prijs, de deskundigheid en opleiding van de consulent(e). Het is goed deze gegevens schriftelijk te laten bevestigen. Mocht u later niet tevreden zijn en willen klagen, dan hebt u hieraan een houvast.

Een kleine groep relatiebemiddelingsbureaus is aangesloten bij de AVR, de Algemene Vereniging van Relatiebemiddelingsbureau's (voor het adres zie blz. 222). De AVR heeft een eigen erkenningssysteem ontwikkeld en een onafhankelijke geschillencommissie ingesteld voor een snelle en goedkope klachtenbehandeling. Inmiddels probeert de AVR, daarbij financieel gesteund door het Ministerie van WVC, in samenwerking met de Consumentenbond deze geschillencommissie te laten aansluiten bij de overkoepelende Stichting Geschillencommissies voor Consumentenzaken. Het voordeel voor de cliënt is dat de Consumentenbond dan vertegenwoordigd is in de geschillencommissie.

Zelfonderzoek
Bij de goede relatiebemiddelaars hecht men grote waarde aan uitvoerige persoonlijke informatie van de cliënt, die verzameld wordt in een of meer intake-gesprekken. Mevrouw Mr. Clara Smarius-Dunselman, voorzitter van bovengenoemde AVR, vindt één intake-gesprek niet voldoende. Zij houdt er drie, waarvan een bij de cliënt thuis om beter te kunnen peilen wat achtergrond en milieu zijn.
Tijdens de intake-gesprekken komen vele vragen aan de orde. Als je een partner zoekt, of je nu jong bent of ouder, ontkom je niet aan het onderzoeken van de eigen identiteit.
- Wie ben ik, wat zijn mijn aantrekkelijke kanten, mijn eigenaardigheden, wat zoek ik in de ander?
- En ook: wat heb ik geleerd te accepteren en wat wens ik absoluut niet te accepteren?
- Hoe overheersend is het gevoel van eenzaamheid? Eenzaamheid is immers een subjectief gevoel. Wat voor de een eenzaamheid is, zal de ander als vrijheid beleven.
- Hoe diep is het verlangen naar een partner? Is het wel een partner voor-dag-en-nacht naar wie ik verlang, of zou een fijne vriendschap al een oplossing betekenen?
- Lijd ik eronder dat de hele wereld om mij heen getrouwd lijkt te zijn en dat ik als alleenstaande daarin minder makkelijk word geaccepteerd? Met andere woorden: wil ik een partner om 'er weer bij te horen', dus voor de buitenwereld?
- Was ik vroeger ook wel eenzaam, als puber, of binnen een vorige relatie of huwelijk?
- Is de eenzaamheid een dermate overheersende factor geworden in mijn leven dat ik bereid ben concessies te doen?
- Wat zijn mijn meest wezenlijke voorwaarden voor een nieuw partnership?
- Als aan die voorwaarden niet kan worden voldaan, ben ik dan bereid tot het bijstellen van mijn ideaalbeeld? Of blijf ik dan net zo lief alleen?
- Wat kan ik voor de ander betekenen? Wat heb ik zelf te geven? Wat zijn mijn beste en mijn slechtste eigenschappen?

Na de intake-gesprekken krijgt de cliënt partnervoorstellen of wordt er samen met het bureau een advertentie opgesteld in een krant die het best past bij de persoonlijkheid en de verlangens van de cliënt. Clara Smarius heeft dagelijks te maken met het tekort aan mannen tussen de vijftig en zestig en het grote aanbod van vrouwen. 'Eerlijk gezegd zijn het mijn leukste klanten,' zegt ze. Haar succespercentage ligt hoog. Daarbij noemt zij overigens het volgende geval ook een succes.

> Ada (negenenvijftig), weduwe na een huwelijk van vijfendertig jaar, kwam bij Clara Smarius en zocht een weduwnaar. Haar wensen gingen uit naar een man met gevoel en verstand, zelfstandigheid en afhankelijkheid in evenwicht. Eigenlijk androgyne eigenschappen. Zonder enige bijbedoeling merkte mevrouw Smarius op dat deze eigenschappen meer bij vrouwen dan bij mannen worden aangetroffen. In Ada's huwelijk was er veel intimiteit geweest en ze hield van seks. Na het tweede intake-gesprek, zei ze, was er veel bij haar omgewoeld, dat had ze niet verwacht.
> Toen mevrouw Smarius na enkele maanden met een voorstel tot kennismaking met een weduwnaar kwam, zei Ada: 'Ik moet u iets vertellen. Tijdens mijn vakantie heb ik een vrouw ontmoet met wie ik nu een liefdesrelatie heb.'
> Beide vrouwen hadden een man-vrouwrelatie achter de rug en hadden elkaar als mens en partner gevonden. Hun hele wereld stond op z'n kop. De familie begreep er aanvankelijk allemaal niets van. Clara Smarius heeft haar, verbijsterd en toch ook enigszins ontroerd om zoveel echte blijdschap en tevredenheid, veel geluk gewenst en uit het bestand gehaald.

Niet zelden komen er bij een relatiebemiddelingsbureau mensen die nog geweldig in de knoop zitten met hun verleden. Een niet-verwerkte scheiding of rouwproces zijn niet de juiste omstandigheden voor het vinden van een nieuwe partner. De bemiddelaar is op dit terrein niet deskundig en in bepaalde gevallen zal men het advies krijgen eerst eens te praten met een psychotherapeut.

De sprong in het diepe

Marga (drieënvijftig) nam na enkele jaren contactadvertenties lezen en niet durven schrijven, een huwelijksbureau in de arm. Haar drie kinderen waren op eigen benen en na een leven met een druk gezin viel de eenzaamheid zwaar. Marga heeft een kunstzinnig beroep en altijd geldzorgen. Haar ex-man kan niet of nauwelijks iets bijdragen in de vorm van alimentatie.
Haar telefoontje naar een relatiebemiddelingsbureau voelde zij als een sprong in het diepe.
Haar wens was een sterke man van ongeveer vijfenvijftig, financieel stabiel, geïnteresseerd in kunst, en verder natuurlijk ook nog gezond, lief, warm en seksueel aantrekkelijk.
De gesprekken met de relatiebemiddelaarster brachten haar aanvankelijk in verwarring. Formuleren wat je van een mogelijke nieuwe partner verwacht vond Marga al lastig. Maar nog moeilijker vond ze het aan te geven wat je kunt bieden. Alle vragen van de relatiebemiddelaarster dwongen haar tot zelfreflectie: Wat wil ik? Wat kan ik? Wat ben ik bereid in te leveren? Allengs werd één ding duidelijk voor haar: ze wilde niet in de fouten van vroeger vervallen. Zo ontdekte ze tijdens dit proces van zoeken-naar-zichzelf dat ze niet voldoende ruimte had gegeven aan haar ex-man, hetgeen had geleid tot de scheiding.
Geen van de kandidaten die haar in de loop van anderhalf jaar werden aangeboden, vond ze geschikt. 'Wel aardig' was haar niet genoeg om met een van hen in zee te gaan. Tegen de relatiebemiddelaarster zei ze: 'Het spijt me, ik stop er voorlopig mee. Ik heb van dit proces heel veel geleerd en ik denk dat ik het alleenzijn nu veel beter aankan.'
Voor het eerst in jaren ging ze geheel ontspannen met vakantie. Ze ontmoette In een vrije, blije sfeer een man die maar aan enkele van de eisen voldeed waarop ze bij het huwelijksbureau zo star had gestaan. Hij had geen vaste baan, was eerder sportief dan kunstzinnig, maar verder klikte het on-

middellijk. Dit stel woont nu al geruime tijd bij elkaar en binnenkort gaan ze trouwen.

In feite behoort dit 'geval' ook tot de successen van het bewuste relatiebemiddelingsbureau, want de geestelijke voorbereiding voor de kennismaking werd gevormd door de begeleiding van Marga's zelfonderzoek.

Boven de vijftig een ander verwachtingspatroon?

Alles is anders als je op latere leeftijd en voor de tweede keer in je leven een relatie aangaat.
Je gaat je realiseren dat zowel je eisenpakket als wat je hebt te bieden, is opgebouwd in de jaren die achter je liggen. Ze zijn de resultanten van een leven van verdriet en vreugde, van werken, een carrière opbouwen, kinderen opvoeden, huizen inrichten, successen boeken en teleurstellingen verwerken.
Dit maakt dat het verwachtingspatroon anders is dan vroeger. Je hoeft na je vijftigste geen gezin meer te stichten en geen carrière meer te maken. Als op beide vlakken geen resultaat is geboekt, zal dat na je vijftigste ook niet meer gebeuren.
Je hebt alles al een keer meegemaakt. Je bent verliefd geweest, misschien zelfs vele malen en niet altijd binnen je huwelijk. De kinderen zijn volwassen en doen minder vaak een beroep op hun ouders. Je bent nog in de kracht van je leven, maar je merkt toch dat je prestaties minder worden.
Wat je voor het derde deel van je leven van een partnerschap verwacht, zal dus afwijken van vroeger. Een nieuwe relatie hoeft niet per se een nieuwe huwelijkspartner te zijn. Er zijn tal van varianten: van een tamelijk oppervlakkige vriendschap tot een intense liefdesrelatie. Als je enkele jaren alleen bent geweest en je voelt je eenzaam, zal de nadruk in eerste instantie liggen op gezelligheid en gezamenlijke belangstelling binnen een bepaalde mate van vrijheid.
Dit kan bestaan tussen mannen en vrouwen of tussen mannen of

vrouwen onderling zonder dat er sprake is van een seksuele relatie. De relatie bevindt zich op een tamelijk oppervlakkig niveau. Er worden bijvoorbeeld geen persoonlijke problemen of geheimen uitgewisseld. Beide personen zijn bereid wat tijd uit te trekken voor gezelligheid, een wederzijds bevredigend gesprek, museumbezoek of een gezamenlijk concertabonnement. Veel menselijke relaties gaan niet verder dan dit niveau.
Veel diepgaander is de relatie die gepaard gaat met affectie. Daarbij zijn diepste gevoelens bespreekbaar. Men voelt zich verantwoordelijk voor elkaar en voor het voortbestaan van de relatie. In de meest intense vorm wordt de relatie zelf onderwerp van gesprek. Beide partners hebben veel gemeenschappelijk, men houdt van elkaar zoals de ander is. Men hecht aan een gemeenschappelijkheid in normen en waarden, in dat wat je bindt, en in handelen en denken. Deze gemeenschappelijkheid kan ook optreden in een relatie tussen twee vrienden of twee vriendinnen.
René Diekstra, hoogleraar klinische psychologie, zei eens: 'Elke heterovrouw heeft het liefst haar man als hartsvriendin.' Maar als je man dat niet wil of zo'n man is niet te vinden, kan een nieuwe (platonische) vriendin een geweldige oplossing bieden.
Als een blad als *Opzij*, dat uitstekend trends in de belevingswereld van vrouwen signaleert, een heel nummer (juli 1993) wijdt aan 'Vrouwen en hun vriendschappen', waarbij de lesbische relatie nauwelijks aan de orde komt, mag je rustig aannemen dat voor vrouwen de behoefte aan een vriendin belangrijker wordt.
Iteke Weeda, hoogleraar Vrouwenstudies, noemt dit 'vriendinnisering' en stelt dat dit behalve een toenemende behoefte ook steeds meer een norm wordt, net zoals je vroeger een partner hoorde te hebben.

Seks, libido, erotiek

Voor de mannen en vrouwen die duidelijk kiezen voor een nieuwe relatie in de traditionele zin – man zoekt vrouw, vrouw zoekt man – is een van de eisen dat 'het moet klikken'. Men vindt algemeen

dat er sprake moet zijn van seksuele aantrekkingskracht, verliefdheid en erotiek.
Hiermee stelt men aan de nieuwe relatie een hoge eis, die in een langdurig huwelijk vaak al niet meer aan de orde is.
'Hoe vaak vrijt u samen?' Dit was de vraag die seksuologe Willeke Bezemer en sociologe Annette Heffels stelden in een enquête aan lezeressen van het vrouwenweekblad *Margriet*. De vraagstelling betrof heteroseksuele vrouwen in een vaste relatie. Van de vrouwen van zesenveertig tot vijfenvijftig jaar vrijt 44 procent meer dan eenmaal per week. Dit percentage daalt scherp naar 20 procent voor vrouwen van vijfenvijftig en ouder. Een van de conclusies van de enquête is echter dat de frequentie van het vrijen en het afnemen van de zin in het vrijen (libido) niet alleen afhankelijk zijn van de leeftijd, maar ook van de duur van de relatie. Ook de afnemende lichamelijke conditie is een factor.
Word je nu op latere leeftijd nog eens hevig verliefd, dan is er een opleving van het libido en de frequentie. Maar seksuologe Bezemer zegt wat we allemaal wel weten: verliefdheid is tijdelijk. In het eerste jaar van de verliefdheid, van de 'blinde' verliefdheid, speelt niets anders dan de wens dicht bij elkaar te zijn. Dat duurt een poosje, meestal niet langer dan een jaar, waarin men de gelegenheid heeft elkaar beter te leren kennen. Langzaamaan leer je de fouten en irritante gewoonten van de ander kennen, fouten die je aanvankelijk, 'blind' als je was, niet hebt willen opmerken. Als je na een tijdje de zaken wat nuchterder gaat bekijken, kan de verliefdheid verdwijnen en plaatsmaken voor vriendschap of liefde. Dat laatste is het geval wanneer de partner in staat is belangrijke levensfacetten voor je te verwezenlijken.
Het grote verschil tussen verliefdheid en liefde is de vriendschap, de kameraadschap. Componenten van vriendschap zijn: vertrouwen, vertrouwelijkheid, acceptatie, begrip, loyaliteit, stabiliteit. Gevoelens van genegenheid en verbondenheid staan hoog genoteerd.
Willeke Bezemer vraagt zich af of het mogelijk is minnaars te zijn én maatjes. In haar praktijk als seksuologe melden zich vele paren omdat ze maar één ding missen in hun relatie: de seks. Ze vrijen

eigenlijk nooit meer, maar melden steevast dat ze de beste maatjes zijn. Bezemer gaat dan samen met het paar op zoek of er toch geen dieperliggende en dus weggestopte belemmerende factoren zijn. Dikwijls zijn die er wel en soms kan het seksprobleem worden opgelost. Niet zelden gaat het paar volledig gerustgesteld naar huis in de wetenschap dat zij althans een uitstekende maatjes-relatie hebben en niet meer dan dat. Jammer, maar geen ramp, vinden zijzelf.
Of het nu gaat om een zeer lang huwelijk of een nieuwe relatie, het is goed te weten dat er voor eventuele seksuele problemen met deskundige hulp een oplossing is te vinden.

En zij leefden nog lang en...

Als je voor de tweede keer in je leven een vaste relatie aangaat, is dat vanzelfsprekend met de bedoeling er een succes van te maken. Ouder geworden en een beetje wijzer denkt men niet te kunnen terugvallen in de vroeger gemaakte fouten. Helaas, niets blijkt minder waar. Misschien kunnen ernstige teleurstellingen worden voorkomen door heel bewust alle valkuilen onder ogen te zien.
Met psychotherapeute Klaartje Rienks praat ik over de mogelijke probleemvelden bij het aangaan van een nieuwe relatie. Zijn de verwachtingen en de problemen wezenlijk anders dan vroeger?
'Jazeker zijn ze anders,' zegt mevrouw Rienks. 'Je bent minder argeloos. Toch merk ik dikwijls dat mensen een heel hoog verwachtingspatroon hebben van een nieuwe relatie. Dat is op zichzelf goed, want de mensen die een slecht huwelijk achter de rug hebben, streven naar meer geluk en tevredenheid. De verweduwde mensen die een goed huwelijk hebben gehad, willen graag weer zo'n situatie. Maar soms wordt de situatie geïdealiseerd door goede herinneringen of ook wel door films, televisieseries en romannetjes.
Men denkt vaak dat er een recht op geluk bestaat. Maar is dat wel zo? Want wat is geluk? Geluk is geen permanente staat. Geluk is een reeks momenten, die bij de een frequenter voorkomen dan bij

de ander. Die de een meer nodig heeft dan de ander. Je meet je geluk af aan je ongeluk. Je vraagt je af hoe je eventuele problemen kunt voorkomen of oplossen en daar heb je dan geen antwoord op. Er zijn geen tien tips voor het oplossen van relatieproblemen. Er is wel een algemeen geldend advies: leer jezelf kennen. Hoe meer je van jezelf afweet, hoe beter je oplossingen kunt vinden. Probeer uit te vinden waar jouw fout zat in je vorige huwelijk. Probeer je minder aardige eigenschappen onder ogen te zien en vraag jezelf af of je bereid bent daaraan te sleutelen. En probeer het moment te voorkomen waarop je zegt: waar ben ik aan begonnen?

Ik zeg altijd: als je voor 70 procent een tevreden gevoel hebt, moet je die 30 procent onlustgevoelens maar accepteren.

En het beste recept tegen moeilijkheden binnen de relatie is praten, praten en nog eens praten.'

Moeilijkheden kunnen worden voorkomen door na een scheiding of het overlijden van de partner geruime tijd, op z'n minst anderhalf jaar, te wachten met het aangaan van een nieuwe relatie. In die periode komen tal van momenten voor die je voor de eerste keer alleen beleeft en waar je doorheen moet: de eerste verjaardag alleen, de eerste kerst of oudejaarsavond, de eerste vakantie. Dat zijn letterlijk 'jaardagen' die je alleen moet gaan invullen.

Soms wordt een arm om de schouders maar al te graag aanvaard. De een heeft hulp nodig, de ander heeft behoefte die te geven. Maar is dat een goede basis voor een nieuwe relatie?

Klaartje Rienks: 'Soms gaat het goed, als in de loop van de tijd over en weer iets wordt toegevoegd aan deze rollen van hulpzoekende en helper. Maar op zichzelf vind ik de basis te smal. Hulp van vrienden of vriendinnen en ook professionele hulp geven meer kans op het opnieuw terugvinden van het evenwicht en op het ontwikkelen van een gezond zelfgevoel.

Probeer iets te vinden waar je je gevoel in kwijt kunt, een creatieve hobby als schilderen of muziek maken, knutselen of koken, tuinieren, schrijven of handwerken. Dan zul je je ook niet zo druk maken over een nieuwe relatie.

Als je na verloop van tijd toch een mogelijke nieuwe partner ontmoet, is het raadzaam eerst een lat-relatie aan te gaan.' Klaartje

Rienks vergelijkt dit met de vroegere verloving. Dat was een belofte om te gaan trouwen, maar tegelijk een proeftijd. Een latsituatie op latere leeftijd is niet alleen een proeftijd om te zien of je inderdaad in elkaar geïnteresseerd blijft. Het is ook om te voorkomen dat je in een situatie terechtkomt die niet meer is terug te draaien. Als je gaat samenwonen, raakt een van beiden bijvoorbeeld zijn huis kwijt, de ander haar alimentatie of weduwenpensioen. Er zijn niet alleen financiële, maar ook tal van andere valkuilen. Je kunt ze voorkomen door ze onder ogen te zien en je te spiegelen aan de ervaringen van anderen.

Spiegel je zacht

> Miek (vierenvijftig), gescheiden, en Sjef (achtenvijftig), weduwnaar, waren zeer verliefd. Zij een burgemeestersdochter, hij de zoon van een aannemer. Al spoedig trok zij bij hem in, een prachtig huis met een grote tuin. Aan geld geen gebrek. Maar na een poosje begonnen de verschillen in achtergrond zich te doen gelden. Hij vond dat hij zichzelf moest kunnen zijn in zijn eigen huis, prakte zijn eten en boerde aan tafel. Zijn aangeleerde nette manieren waren alleen voor buitenshuis. Van de weeromstuit werd Miek almaar deftiger en kritischer, iets waar Sjef op zijn beurt gek van werd. Alle aardige dingen die ze wel samen hadden, werden ondergeschikt aan deze irritaties. De relatie eindigde na een jaar samenwonen in een debâcle.

Klaartje Rienks: 'Verschillen in sociale achtergrond kunnen grote problemen opleveren. Het blijft vaak niet alleen binnenskamers. De familie, de vriendenkring, de eventuele volwassen kinderen, allemaal hebben ze een oordeel dat zwaar kan wegen. Daarom adviseer ik mensen die een nieuwe relatie aangaan op latere leeftijd dat te doen met iemand bij wie de verschillen in sociale achtergrond niet te groot zijn. Wat echter veel belangrijker is dan afkomst, milieu of opleiding, is dat partners hetzelfde denkniveau hebben. Als Sjef dezelfde boeken had gelezen als Miek, dezelfde smaak en cultuur had gehad, was er waarschijnlijk genoeg tegenwicht en zelfvertrouwen aanwezig geweest om te kunnen praten over de irritatiebronnen.'

> Een geheel ander probleem ondervonden Trees (negenenvijftig) en Bernard (zestig), beiden gescheiden. Ze kenden elkaar nog van de lagere school. Op een reünie waren ze elkaar weer tegen het lijf gelopen en het klikte onmiddellijk. Alles klopte, behalve in bed. Bernard was impotent. Hij voelde zich geen echte man en vond het erg vervelend voor Trees, in de veronderstelling dat hij haar ook in bed gelukkig moest maken. Hij wendde zich tot de Rutgers Stichting en hoorde daar dat zijn impotentie geen medische oorzaak had. Het zat, zoals men het noemt, 'tussen de oren'. Trees wilde niets weten van een therapie, want – eerlijk gezegd – had zij allang niet meer zo'n behoefte aan seks. Waar ze beiden wél behoefte aan hadden was intimiteit en ze genoten van het knuffelen en zoenen en lekker kletsen in bed.

Klaartje Rienks: 'Wat een verademing dat mensen zich realiseren dat ze zoveel meer aan hun lijf hebben dan alleen genitaliën.'
En ook relatiebemiddelaarster Clara Smarius zegt: 'Het zou toch jammer zijn een aardige relatie op te geven alleen om laten we het maar noemen het niet kunnen praktizeren van de gemeenschap. Ouderen zijn soms gewoon niet goed voorgelicht over bevredigend kunnen en mogen vrijen zonder daadwerkelijke gemeenschap.' Hier ligt nu – en zeker in de toekomst met het groeiend aantal 'jonge' ouderen – een taak voor de medische psychologie en de geriatrie. Wie over dit onderwerp meer informatie wenst kan zich wenden tot de huisarts of de Rutgers Stichting, die door het hele land vestigingen heeft.

> Jan (zesenzestig) en Tilly (achtenvijftig) kenden elkaar via een relatiebureau. Ze waren in alles verschillend en vonden dat heel spannend. 'Never a dull moment', was hun devies.

Maar van lieverlee trad er een verzadiging op van het spanningselement. Beiden werden wat ouder en de vitaliteit nam af. De irritaties over en weer namen toe. Jan was zuinig van huis uit, maar werd een krent en verweet Tilly een gat in de hand te hebben. Tilly was een ochtendmens, Jan een avondmens en ze werden dus net weermannetjes. Ten slotte praatten ze nauwelijks nog met elkaar en het vrijen was plichtmatig.
Een dierbare vriendin raadde de spanningen en wees hen op een psycholoog die zich speciaal bezighoudt met ouderen. Jan zag niets in die geiteharensokken-jongens, maar Tilly haalde hem over. Het heeft weken geduurd voor de psychotherapeut Jans vertrouwen kreeg. Hij heeft hen doen inzien dat verschillende geaardheid juist een prachtig evenwicht kan bieden. Hij heeft hen begeleid in een proces van inzicht in zichzelf en de ander. Jan en Til leerden te praten zonder te verwijten en uiteindelijk konden ze zelfs weer samen lachen en vrijen. Ze doen allebei een beetje water in de wijn. Het is allemaal wat minder spannend dan in het begin, maar dat bevalt hun beiden best.

Deze voorbeelden uit de praktijk zijn er slechts enkele. Wie kan zich niet voorstellen dat de kinderen uit het eerste huwelijk een probleem kunnen vormen? Hun jaloezie ten aanzien van de nieuwe partner van vader of moeder kan grenzeloze vormen aannemen.

Teun (achtenzestig), sinds vijf jaar weduwnaar, was overgelukkig met zijn Wiesje (negenenvijftig) en stelde haar voor aan zijn kinderen. Tijdens de feestelijke kennismaking zei de oudste zoon op hoge toon dat het nu de hoogste tijd werd om de juwelen van mammie, die nog steeds in de kluis lagen, over de dochters en schoondochters te verdelen. Meer dan tactloos, maar op zichzelf wel verklaarbaar. Teun en Wiesje hadden, voor ze hun serieuze relatie aan de kinderen kenbaar maakten, ook moeten praten over hun eventuele bezit en de erfrechtelijke aspecten.

Niet alleen verschillen in sociale achtergrond, jaloezie, irritante gewoonten of seksuele problemen kunnen een relatie teisteren. In ieder huwelijk, maar vooral in een tweede relatie op latere leeftijd, is het geven en krijgen van ruimte van levensbelang. Niet alleen geestelijke ruimte om de dingen te kunnen doen die je leuk vindt, maar ook fysieke ruimte. Wat is er heerlijker dan een eigen plek in huis, waar je even alleen kunt zijn of privé kunt bellen? Problemen ontstaan vaak als een van beide nieuwe partners bij de ander intrekt en bezit neemt van wat altijd de ander zijn territorium is geweest.

> Willem (eenenzestig) en Ria (zevenenvijftig) wonen sinds kort samen. Ria werkt thuis en heeft haar bureau in een hoek van de zitkamer. Haar eerste man had zijn werkkamer boven en de kinderen maakten hun huiswerk op hun eigen kamertje. Toen, en ook in de lange periode dat ze alleen is geweest, waren de zitkamer plus werkhoek Ria's terrein.
> Willem vindt het gezellig in haar nabijheid te zijn en zodra ze achter haar bureau gaat zitten, nestelt hij zich op de bank met de krant. Vaak zet hij de televisie aan voor nieuws of beursberichten. Ria kan dan niet werken en zegt: 'Schat, ga jij nou even boven zitten.' Willem voelt zich afgewezen en zegt: 'Hé, hoor eens even, dit is ook mijn huis.'

Klaartje Rienks: 'Beiden hebben gelijk. Willem heeft behoefte aan intimiteit, Ria heeft behoefte aan privacy. Een praktische oplossing is een eigen kamer voor Willem of een schuifdeurtje voor de hoek van Ria. Maar belangrijker is – en dat geldt voor al deze voorbeelden en voor alle conflicten tussen mensen – dat men elkaars behoeften respecteert. In een nieuwe relatie op latere leeftijd is, meer dan in welke andere relatie dan ook, begrip nodig voor het verleden van de ander en alles wat daaruit is voortgevloeid. En nogmaals: partners kunnen niet zonder praten, heel veel met elkaar praten.'

Gerda Zwartjes

Je kennis verrijken

Leren en studeren als je vijftigplusser bent

Trudy Muschter (tweeënzestig) is oud-directeur van een school voor slechthorenden en viel na een fraai afscheid in het beruchte 'gat'.

> 'Ik miste de drukke werkzaamheden op school en ik miste vooral de jonge mensen met wie ik dagelijks te maken had. Opeens was ik bij de bejaarden ingedeeld. Dat is gek. Ik voel me helemaal niet bejaard. Ik zit gewoon in de middenleeftijd en ik mankeer niets. Eerst wist ik niet wat te doen. Toen hoorde ik van de cursussen die het Kunsthistorisch Centrum organiseert. Mijn vriendin en ik kozen voor "Kunst en Art Deco". We hadden een docent die ons echt enthousiast maakte. Na afloop gingen we zelfs naar Wenen om daar de Art Deco-ramen, -reliëfs en -schilderijen te bekijken. Het is heel boeiend om je op deze manier in een nieuw onderwerp te verdiepen.
> Van het een kwam het ander. Ik ging er zelf weer op uit en vond al heel gauw zinvol en nuttig werk als vrijwilliger bij de sociale afdeling van onze gemeente. Volgend jaar ga ik weer het programma van het Kunsthistorisch Centrum opvragen. Dat wat ik tijdens die lezingen, gesprekken en excursies opsteek is voor mezelf. Dat verrijkt mijn geest!'

Dat enthousiaste verhaal van Trudy Muschter kan gemakkelijk met duizenden andere voorbeelden worden aangevuld.
Je wordt ouder en je wilt wat. Wat wil je dan? Uitrusten, reizen, tuinieren, schilderen, musiceren? Dat kan allemaal. De laatste jaren hoor je echter steeds vaker: 'Ik zou wel willen studeren.'

Je kennis verrijken

Dit is een nieuw en merkwaardig verschijnsel. Onderwijs is altijd gekoppeld geweest aan jeugd. Oude mensen waren wijs of soms ook seniel, maar in elk geval golden ze als volleerd. Hoe komt het dan dat 'studie' opeens doorgedrongen is tot het wensenlijstje van senioren?
Ik weet van een vrouw boven de zestig die als sinterklaascadeau een bon vroeg voor een cursus van het Hoger Onderwijs voor Ouderen. Die kreeg ze ook met een bijpassend gedicht: '...want onze oma is zo dom, die moet weer naar de school weerom...'
Overigens is dit studeren op latere leeftijd geen typisch Nederlands verschijnsel. Onderwijs, speciaal hoger onderwijs voor ouderen, is van Canada tot China en van Australië tot Argentinië in opmars. De bovengenoemde studielustige oma demonstreert nóg iets dat nieuw is: dit onderwijs hoeft niet verplicht gesteld of geadviseerd te worden. Nee, er wordt om gevráágd. Mensen op een leeftijd waarop ze niet meer hoeven, willen zelf (weer) gaan studeren. Ieder heeft daarvoor een eigen motivering.
Een zo wijdverbreid verschijnsel heeft altijd een maatschappelijke achtergrond. Dat is in dit geval de grondig gewijzigde situatie van de oudere mens. Door de combinatie van verlenging van de levensduur en verkorting van de arbeidsduur wordt ons een nieuwe periode geschonken. Je bent meestal nog gezond en vitaal en je hoeft of mag niet werken. Deze nieuwe periode is niet als een wankel topje boven op het leven geplakt, maar als een stevige verdieping ertussenin gebouwd – tussen 'middelbaar' en 'bejaard'.
Voor die nieuwe tijd van leven, die tien maar ook vijfentwintig jaar kan duren, moet je iets ondernemen. Je kunt niet jarenlang met je handen in je schoot voor het raam of voor de tv zitten. Voor velen betekent dit niet alleen een lichamelijke bezigheid of amusement, maar ook een geestelijke, intellectuele activiteit: bezinning en studie.
Die groeiende behoefte aan onderwijs voor ouderen wordt vanzelfsprekend door iedereen op een persoonlijke manier ingevuld. Voor de één gaat het vooral om algemene ontwikkeling en verbreding van kennis, voor de ander om verdieping in een speciale tak van

wetenschap. Tevens wordt voldaan aan de behoefte aan sociaal contact. Samen studeren en discussiëren is een bijzonder prettige manier om met elkaar om te gaan en de lege plekken in het arbeidsloze en soms vereenzaamde bestaan op te vullen.

Van alle Nederlanders boven de vijftig jaar – en dat zijn er volgens een onderzoek van Claessens en Van Esch (1989) 3.160.000 (22 procent van de huidige bevolking) – neemt 5 procent het initiatief om een cursus te volgen, een studie te beginnen of een studie weer op te pakken. Die 5 procent is op zich weinig, maar het zijn toch altijd nog ruim 158.000 mensen. Alles wijst erop dat het aantal senioren die een of andere vorm van studie volgen, na het jaar 2000 sterk zal toenemen. Dan komt een generatie aan bod die over het algemeen een betere vooropleiding heeft en die bovendien gewend is aan 'bijscholing'.

Critici zeggen wellicht: 'Wat hebben we aan dat studeren van mensen die niet meer werken? Het kost alleen maar geld en levert niets op.' Dit laatste is onjuist. De voordelen van deze individuele kennisverrijking komen uiteindelijk toch bij de samenleving terecht. Het is namelijk heel belangrijk dat vrouwen en mannen actief bezig blijven, betrokken zijn bij wat er om hen heen gebeurt en nieuwe impulsen krijgen.

'Ik kan nog altijd achter de geraniums zitten,' zegt de een. 'Voor indutten bij de tv of elke middag klaverjassen voel ik niks,' geeft iemand anders ten antwoord, als hem gevraagd wordt waarom hij Spaans doet. En hij voegt eraan toe: 'Na mijn pensionering wil ik met de caravan een rondreis door Spanje maken. Als je dan van de hoofdwegen afgaat, móet je die taal spreken en verstaan.'

Opvallend is dat het op alle niveaus – van Dagscholen voor Volwassenen (vanaf achttien jaar) tot Hoger Onderwijs voor Ouderen (vanaf vijftig jaar), ook wel Seniorenacademie genoemd – de vrouwen zijn die de meerderheid vormen in het legioen der leergierigen. Zij willen kennelijk inhalen wat ze aan geestelijke 'input' tekort zijn gekomen in de jaren dat ze zorgdroegen voor het gezin. Een opvallende uitzondering vormt de Open Universiteit. Daar zijn de mannen met 68 procent in de meerderheid.

Afstandsonderwijs

Onder het zogenaamde 'afstandsonderwijs' verstaat men al het onderwijs dat schriftelijk wordt gegeven. Er is vrijwel geen persoonlijk contact tussen studenten en docenten en tussen studenten onderling, maar het voordeel is dat je een studie kunt doen, ongeacht je woonplaats. Of je nu op Vlieland woont of in Meddo, of in de Bijlmerbajes verblijft: het maakt geen verschil. De postbode komt overal. En je kunt zelf tijd en tempo bepalen.
Van alle tweeënveertig officieel erkende schriftelijke onderwijsinstellingen in ons land verdient de LOI (Leidse Onderwijs Instelling) speciale aandacht. Zij heeft de meeste oudere cursisten: 10 procent van de ruim honderdvijftigduizend LOI-cursisten is boven de vijftig. Vooral de belangstelling voor culturele onderwerpen is bij hen groot, evenals voor vreemde talen.
De LOI heeft meer dan driehonderdvijftig opleidingen te bieden, letterlijk voor 'elck wat wils'. De studieadviseurs zijn tevens bereid de cursisten telefonisch of persoonlijk raad te geven als er vragen zijn. De kosten die aan deze studies verbonden zijn, lopen zeer uiteen.
Ook de cursussen die via radio en/of televisie verstrekt worden, vallen onder dit afstandsonderwijs, hoewel ze niet schriftelijk zijn. U kent allemaal de Teleac-, RVU- of NOT-uitzendingen. Het zijn educatieve programma's voor 'Kijkers, luisteraars en cursisten'. Je kunt bijvoorbeeld via Teleac Japans of Russisch leren, of meer aan de weet komen over sportvissen, archeologie, bestuurskunde, psychologie of geheugentraining. De video- en audiocassettes die deze cursussen begeleiden, zijn tegen een redelijke prijs te koop. Een videoband met een samenvatting van het behandelde 'stappenplan' kan apart worden besteld. Alle informatie over uitzendtijden, video's enzovoort maakt deel uit van het studiepakket, dat tussen de ƒ 69,- en ƒ 175,- kost. Het prijsverschil heeft te maken met de duur van de cursus.

De Studiekring

De behoefte van senioren om *samen* met anderen iets te doen is in het onderwijs voor ouderen erkend. Op veel manieren probeert men daaraan tegemoet te komen. Het kopje koffie vooraf, het met elkaar kennismaken, in de pauze ervaringen uitwisselen, een excursie: het zijn stuk voor stuk factoren die de cursussen persoonlijker en warmer van aard maken. De snelle opkomst van de 'Studiekringen' is daar een goed voorbeeld van.
De Studiekring werd in 1986 door de toenmalige secretaris van de Bond van Nederlandse Volksuniversiteiten geïntroduceerd, nadat hij in Denemarken had gezien hoe goed zo'n kring werkte. Het gaat erom mensen van vijftig jaar – en ouder – in kleine groepen (maximaal vijftien personen) te betrekken bij gebeurtenissen in de maatschappij of in hun directe woonomgeving. De onderwerpen van 'studie' en gesprek worden door de deelnemers zelf aangedragen. Er wordt sterk op zelfwerkzaamheid gelet en op onderlinge uitwisseling van kennis en ervaring van de deelnemers. Het schoolse element is totaal afwezig. Het woord 'leren' komt niet in het vocabulaire voor en het onderlinge contact is het wezenskenmerk van een 'kring'.
Op het ogenblik zijn er in Nederland ruim negentig Studiekringen, waarvan twaalf in en rondom Amsterdam. De deelnemers betalen slechts f 3,- tot f 5,- per keer. De begeleiding is weliswaar belangrijk, maar heeft duidelijk een taak op de achtergrond.
Prof. dr. T. Oppenheimer heeft er samen met dr. P.C. Molenaar in 1988 onderzoek naar gedaan en concludeert dat men binnen de Studiekringen blijkbaar in staat is sociale contacten aan te gaan en nieuwe activiteiten te ontwikkelen.
Een begeleider zegt in een publikatie van G. Cramer en M. v.d. Kamp (1991): 'De ouderen vanaf vijfenvijftig jaar, of vaak zelfs vijfenzestig jaar, hebben iets wakkers over zich. Ze gaan bewust om met zichzelf en de dingen die om hen heen gebeuren. De Studiekring stimuleert.'
Ook hier vormen vrouwen de meerderheid. Een aardig voorbeeld is dat van een oma die op de Studiekring voorstelde boeken van

moderne schrijvers met elkaar te gaan lezen en beter te leren begrijpen. In overleg met de begeleider nodigden ze een gastdocent uit. Men begon met Gerard Reve en eindigde met Margriet de Moor. 'Oma,' zei de kleindochter verbaasd, 'u leest dezelfde boeken als ik op school moet lezen!' En zo ontspon zich een geheel nieuwe discussie tussen oma en kleindochter. Oma heeft nu de streekromans vaarwel gezegd en haalt literatuur uit de bibliotheek. Ze vindt het enig om op deze manier bij te blijven.

Volksuniversiteit

Het gaat te ver om alles te vermelden wat op studiegebied voor de vijftigplusser in Nederland mogelijk is.
Een belangrijke bijdrage tot het vergroten van kennis en vaardigheden levert al jarenlang de bekende Volksuniversiteit. Op 125 plaatsen in ons land kunnen jong en oud, geschoold en ongeschoold cursussen volgen die de algemene ontwikkeling vergroten. De adressen van de Volksuniversiteiten zijn in de Gouden Gids of in het telefoonboek te vinden. U kunt de programma's en prijzen daar opvragen.

Dag- en avondonderwijs

Ook het dag- en avondonderwijs voor volwassenen, dat in de jaren zeventig ontstond, is heel belangrijk. De bekende 'Moeder-MAVO' was daarvan de voorloper. Moeders die merkten dat hun kinderen over dingen praatten waarvan zij niets afwisten, stroomden bij dit eerste dagonderwijs voor vrouwen toe en behaalden alsnog hun MAVO- of HAVO-diploma. Tegenwoordig valt ook het VWO hieronder. Je hoeft niet het hele diploma te halen. Je kunt ook een bepaald vak kiezen, daarin examen doen en een deelcertificaat halen.
De kosten van dit onderwijs hangen af van de financiële draagkracht van de leerling, ongeacht zijn of haar leeftijd. Het maakt

geen verschil of iemand in de WW zit of een bijstandsuitkering krijgt. In dit laatste geval moet men wel toestemming hebben van de contactpersoon van de gemeentelijke Sociale Dienst, zeker als het dagonderwijs betreft.
Zo'n aanvullende studie is uiteraard ook mogelijk en zinvol voor iemand op latere leeftijd.

> Wil van der Bijl-Soethof (achtenzestig) is getrouwd met een man die al jarenlang een WAO-uitkering heeft. Ze heeft drie zonen, van wie de oudste geestelijk gehandicapt is. Hoewel ze in haar leven onvoorstelbaar veel moeilijkheden heeft gekend, kwam ze er steeds weer als een duikelaartje bovenop.
> 'Ik heb alleen maar lagere school gehad. Daar geneerde ik me altijd voor, maar ik was wel leergierig. Ik wou graag alles weten en ik pikte overal wat op. Op zekere dag kwam ik in aanraking met amateur-archeologie. Mijn buurman ging altijd naar Duitsland met een groepje mensen om fossielen te zoeken en dan kwam hij terug met prachtige gesteenten en miljoenen jaren oude fossielen. Ik vroeg of ik een keer mee mocht. Dat kon, en ik werd lid van de club, maar ik sprak en verstond geen Duits. Toen heb ik mijn schaamte overwonnen en meldde me aan bij de Dagschool voor Volwassenen. Ik heb Duits gedaan en daarna nog Frans. Wat een verschil maakt dat! Mijn zelfvertrouwen ging met sprongen omhoog. Ik kan iedereen met een minderwaardigheidsgevoel aanraden iets van die schoolachterstand in te halen. Leren is leuk, vooral als je niet moet, maar zelf graag wilt.'

Hoger Onderwijs voor Ouderen (HOVO)

Het Hoger Onderwijs voor Ouderen (ook wel Seniorenacademie genoemd) is de jongste loot aan de onderwijsstam. Het is ontstaan als antwoord op de behoefte aan studie bij de tegenwoordige generatie van ouderen, die, vaak nog gezond en fit, buiten het arbeidsbestel zijn komen te staan. In het buitenland wordt dit onderwijs omschreven als 'Université du Troisième Age', 'University of the Third Age', 'Seniorenstudium'. Wij noemen het niet 'universiteit', maar 'Hoger Onderwijs voor Ouderen', omdat ook Hogescholen eraan deelnemen. Het wordt gewoonlijk aangeduid met de afkorting HOVO. Sommige instellingen voeren ook de naam Seniorenacademie.

Er wordt voor de toelating tot het HOVO geen diploma vereist en ook geen kennis van vreemde talen (afgezien van enkele speciale cursussen). Wel moet men, zoals in een prospectus staat, 'zich realiseren dat de cursussen van academisch niveau zijn' en 'dat bestudering van de opgegeven (in de regel Nederlandse) literatuur noodzakelijk is'.

Het HOVO is geen hoger onderwijs in de zin van de wet. Het is gewoonlijk een particulier initiatief van enkele (oud-)docenten, waaraan een universiteit of hogeschool medewerking verleent. Men kan het beschouwen als een vorm van 'university extension', een handreiking van het hoger onderwijs naar leergrage vijftigplussers. Wat heeft die behulpzame hand dan te bieden?

Cursussen
Het HOVO-programma loopt per instelling uiteen, wat begrijpelijk is bij onderwijs dat niet wettelijk geregeld is. De kern ervan wordt echter gevormd door cursussen, die gewoonlijk ongeveer drie maanden duren en per week twee à vier uren in beslag nemen (plus een aantal uren studie).

De cursussen worden meestal gegeven door (oud-)docenten, en behandelen onderwerpen waarmee dezen zich ook in het regulier hoger onderwijs bezighouden. In beginsel is daarbij geen thema uitgezonderd, maar de belangstelling van de senioren richt zich voornamelijk op cultuur- en maatschappijwetenschappen, veel minder op natuurwetenschappen.

Men moet daarbij in het oog houden dat, zoals gezegd, de programma's van de instellingen uiteenlopen. Soms worden, naast de wetenschappelijke, ook creatieve cursussen gegeven. Op andere plaatsen houdt men lezingencycli.

De prijzen van de cursussen variëren, afhankelijk van omvang en instelling, en liggen gewoonlijk tussen ƒ 200,- en ƒ 350,- per cursus. De prijs van de lezingencycli is lager.
Het cursussysteem van het HOVO kan zeer succesvol genoemd worden. In 1986 ging het HOVO in Groningen met één cursus van start. In het studiejaar 1992–1993 werden reeds aan dertien instellingen cursussen gegeven aan ongeveer vierduizend senioren.
Hoe inspirerend en belangrijk een HOVO-studie voor iemand kan zijn, blijkt wel uit het volgende verhaal.

> Henderika Grootendorst-Bakker (zevenenvijftig) werd na de lagere school haar vaders rechterhand op de boerderij. Lerares worden, dat bleef een droom. Wel gaf ze leiding aan de zondagsschool en aan een meisjes vereniging. Toen ze trouwde, stelde ze één huwelijksvoorwaarde: door te kunnen gaan met het verenigingswerk. Dat betekende voor haar: lezen, zelfstudie, vooral theologie. Dat is haar tweede leven gebleven, naast dat van boerin en moeder van vier kinderen. Op een dag hoort ze op Radio Drenthe over het Hoger Onderwijs voor Ouderen en dat daar geen voortgezet onderwijs voor vereist is. Vanaf die tijd laat ze een dag per week de tractor staan en rijdt met de auto van Diever naar Groningen om een cursus van het HOVO te volgen.
> Ze zegt: 'Wat ikzelf deed met theologie, vond ik terug in de cursussen "Inleiding in de Geschiedenis" en "Geschiedenis van de Antieke Wereld". En nu volg ik alweer een derde cursus. Elk college leidt naar iets toe dat ik in mijn schema miste. Ik heb ook tentamens gedaan en een werkstuk gemaakt. Thuis vinden de kinderen het leuk dat ik studeer en mijn man zegt: "Doe jij maar, dan ben je mooi stil, want eerder ben je toch niet tevreden."'

Naast en voortbouwend op het systeem van gevarieerde losse cursussen komt op het ogenblik binnen het HOVO een nieuwe ontwikkeling op gang: de organisatie van meeromvattende en systematische leergangen of *curricula*. Hieronder verstaat men:

een reeks cursussen op verwant gebied, waarin een samenhangend overzicht gegeven wordt van (een gedeelte van) een wetenschap. Het instellen van zulke leergangen blijkt te beantwoorden aan de behoefte van een deel van de cursisten.

Open colleges: het aanschuifonderwijs

De drempel van een reguliere studie aan universiteit of hogeschool is voor ouderen extra hoog. De laatste jaren is er echter een nieuwe mogelijkheid geschapen om zonder toelatingsdiploma onderdelen van het reguliere programma te volgen. Sommige instellingen, voornamelijk universiteiten, stellen bepaalde colleges open voor een aantal niet-studenten, die dan naast de studenten 'aanschuiven' in de collegebanken. Vandaar de term 'aanschuifonderwijs' of 'open colleges'. Dit onderwijs blijft in de regel beperkt tot hoorcolleges zonder begeleiding en zonder tentamens. De prijs wordt berekend naar de omvang van de cursus. Vele universiteiten zijn actief op dit gebied en brengen jaarlijks een programmaboekje uit met open colleges.
Van deze laagdrempelige toegang tot delen van het hoger onderwijs kunnen ook ouderen gebruikmaken, hetgeen frequent gebeurt. Bij sommige open colleges maken ze een aanzienlijk deel uit van de aanwezigen. Je telt dan heel wat grijze hoofden! Voor jonge studenten en ook voor docenten is de aanwezigheid van die talrijke ouderen soms wel wennen, vooral als ze zich wat al te nadrukkelijk als 'betweters' manifesteren, of meer vragen stellen dan tien wijzen kunnen beantwoorden. Voor de senioren dus een kwestie van tact...

Open Universiteit

De Open Universiteit heeft haar centrum in Heerlen en is werkzaam over het hele land.
Volgens haar eigen wettelijke regeling is er voor de toelating geen

diploma vereist. Ook heeft zij een minder strakke structuur dan het traditionele hoger onderwijs. Met name is de studie niet opgebouwd uit vaste jaarprogramma's, maar uit losse, korte cursussen, die je vrij kunt kiezen en per stuk betaalt. (Per cursus kost dit ± f 220,-, naast een jaarlijkse inschrijving van ± f 50,-).

Het onderwijs is schriftelijk, zodat je thuis kunt studeren in je eigen omgeving en je eigen tempo.

De diploma's voor volledige studierichtingen zijn gelijkwaardig aan die van universiteit en hogeschool. Daarnaast kent de Open Universiteit ook kortere diplomastudies – het zogenaamde Kort Hoger Onderwijs – die 20 à 25 procent van de gangbare academische studies beslaan. Deze beperkte omvang, gecombineerd met het vrije studietempo, is op zich gunstig voor ouderen. De meeste van deze korte opleidingen zijn echter gericht op de arbeidsmarkt en in zoverre voor ouderen van minder betekenis. Heel geschikt voor hen echter is het 'Vrije Diploma Kort Hoger Onderwijs'. Hiervoor kan men uit de catalogus van cursussen een persoonlijk programma samenstellen, dat dan wel moet worden beoordeeld op voldoende niveau en samenhang.

De Open Universiteit biedt aldus gunstige mogelijkheden voor die oudere personen die op eigen houtje willen studeren, met enige begeleiding op afstand, en voor wie het contact met docenten en medestudenten niet zo belangrijk is.

Reguliere studie aan universiteit of hogeschool

Ouderen hebben in beginsel het recht om aan de universiteit of hogeschool te studeren, maar de toegangsdrempels zijn voor hen extra hoog. Voor de toelating zijn namelijk diploma's van het voortgezet onderwijs vereist, die onder de oudere generatie veel schaarser zijn dan onder de tegenwoordige jeugd. Dit geldt in het bijzonder voor vrouwen, die, als ze al 'doorleerden' na de lagere school, meestal naar de Mulo of de Middelbare Meisjesschool gingen, met het gevolg dat zij ook nu nog niet tot het hoger onderwijs worden toegelaten. Er bestaat weliswaar de mogelijkheid

als vervanging van het diploma een *colloquium doctum* (een 'geleerd gesprek') af te leggen, maar dat is niet bepaald gemakkelijk. En dan zijn er de kosten. Als je ouder bent dan zevenentwintig jaar, heb je geen recht meer op studiefinanciering. Het collegegeld is hoog. In 1994/1995 voor voltijdstudie ƒ 2150,-, voor deeltijdstudie ƒ 1625,-, en voor auditoren ƒ 3010,-, en alles wijst erop dat dit collegegeld voor ouderen nóg verder wordt verhoogd. Daarbij komen de kosten voor boeken, andere studiematerialen, reizen, enzovoort.
Ten slotte zijn ook het hoge tempo en de strakke regelingen voor ouderen vaak bezwaarlijk. Maar er zijn mannen en vrouwen die er alles voor overhebben om een lang gekoesterd studie-ideaal op latere leeftijd tóch te realiseren.

> Els Teulings-van Dijk ging theologie studeren toen ze drieënvijftig jaar was, terwijl ze in die tijd ook nog de zorg voor een gezin had, bestaande uit echtgenoot, drie zonen en een dochter.
> 'Ik koos theologie, omdat ik in feite een religieus mens ben. Ik kreeg steeds sterker de behoefte om een theorie onder mijn geleefde leven te bouwen. Mijn man en kinderen hebben een universitaire opleiding. Ik heb Middelbare Meisjesschool. Dit type school had in de jaren vijftig geen aansluiting bij het vervolgonderwijs. Ik ging naar wat toen de School voor Maatschappelijk Werk werd genoemd. Later deed ik nog een vervolgstudie op het Instituut voor Agogische Beroepsopleiding (IVABO).
> In 1986 nam ik het besluit me in te schrijven aan de Hogeschool Holland in Diemen voor de theologie-opleiding. Er stond vier jaar voor, ik deed het in zes. Het was een studie in deeltijd. Na een zware praktijkperiode in een psychiatrisch ziekenhuis kon ik met mijn werkstuk en mondelinge examens mijn studie afronden. Nu houd ik mij in de Dominicuskerk in Amsterdam als vrijwilligster bezig met "Vrouwen en Welzijn". Mijn leven heeft duidelijk meer inhoud en diepgang gekregen door deze studie en dit werk.'

Chris de Ruig (drieënzestig) is ook zo'n doorzetter. Hij kan terugzien op een succesvolle carrière in de zakenwereld. Hij kon om het zo te zeggen op zijn lauweren rusten, maar daar voelde hij niets voor. Geschiedenis had hem altijd geboeid en omdat hij, behalve enkele commissariaten, niets boeiends om handen had, besloot hij zijn oude liefde op te pakken.
'Ik koos voor het regulier hoger onderwijs aan de Vrije Universiteit te Amsterdam. Dat betekent net als voor de jonge studenten colleges lopen, hard werken en tentamens doen. Het tempo is hoog. Dat viel mij niet mee, maar de uitdaging om deze studie met een doctoraal-examen af te ronden prikkelt mij. Bij de VU werken ze in kleine groepen. Dat ervaar ik als prettig. Ik vind de omgang met deze jonge mensen heel stimulerend. Je hoort soms wel dat studenten zich minachtend en geërgerd uitlaten over "die overijverige ouwetjes die zo nodig moeten". Daar bespeur ik gelukkig niets van. Ik ben nu twee jaar bezig. Het vergt een volle werkweek, maar het geeft mij veel voldoening en ik blijf geestelijk actief.'

Als je aan het slot van dit hoofdstuk de brede scala van de studiemogelijkheden voor senioren overziet, valt het je op hoevéél mogelijkheden er zijn om je kennis te verrijken. Iedereen die iets in die richting heeft gedaan of nog doet, is zeer tevreden.
'Iets nieuws leren,' zei een vriend, 'is net of je een nieuw puntje aan een potlood – in dit geval je hersenen – slijpt.'
Een ander fenomeen is dat wanneer iemand plezier in zo'n cursus heeft gekregen, hij of zij algauw voor een vervolg kiest. Mensen die alleen zijn houden er bovendien nieuwe contacten aan over. Ze maken afspraken voor excursies en bezoeken samen tentoonstellingen.
Het enige en toch wel grote bezwaar is dat al die cursussen en studies geld kosten, de een aanzienlijk meer dan de andere.
Achter in dit boek staan alle adressen van de in dit hoofdstuk genoemde scholen, instellingen, studiekringen en universiteiten. Eén telefoontje, en u verneemt dat wat u nog weten wilt. En soms blijken de kosten ook nog mee te vallen.

Niet zeuren, niet uitstellen, maar doen

door Tineke Beishuizen

De aanstekelijke dynamiek van een vijftiger

Vijftig. Ik wil geen Sara, heb ik tegen mijn dierbaren gezegd. In godsnaam niet. Ze willen weten of ik het dan zo erg vind, waarop ik eerlijk zeg dat ik het niet weet. Maar dat ik hoe dan ook geen Sara wil. En ik ben de enige niet. Sommige vriendinnen geven weliswaar een groot feest als ze vijftig worden, maar er zijn er een paar die geruisloos een weekje naar een vreemd land verdwijnen als het zover is.
Ik zoek zoals altijd de middenweg. Geen feest en niet weg. Gewoon een dineetje bij flatteus kaarslicht, waarbij de aanwezigen erin slagen toosten op mij uit te brengen zonder mijn leeftijd te noemen.
Dat eerste jaar als vijftiger denk ik vaker aan mijn leeftijd dan al die jaren ervoor. En het hangt van mijn stemming af wat de uitkomst van die gedachten is. Als ik goed geslapen heb en er redelijk uitzie denk ik: Nou ja, net geen veertiger meer! Als ik me wat sombertjes voel, overvalt mij een panisch: over tien jaar zéstig...!
Tot mijn verbazing heb ik nog steeds werk. Zelf heb ik er altijd op gerekend dat het ergens tussen de veertig en vijftig wel afgelopen zou zijn met de opdrachten. Maar ze blijven komen en vergis ik mij of worden ze echt steeds leuker?
Overmoedig besluit ik dat het tijd is voor nieuwe avonturen. Ik ga cursussen scenario schrijven volgen en in één adem door ook maar Frans doen bij de nonnen in Vught. Dat heb ik al zolang willen doen, dus waarom nog langer gewacht. En zo ontdek ik toevallig de grootste winst van het vijftig-zijn: het steeds economischer met je tijd omgaan. Niet zeuren, niet uitstellen, maar doen! Niet 'later' maar liefst vandaag nog!

Dat ik overal waar iets geleerd wordt de oudste ben, is iets waaraan ik vrij snel wen. Trouwens, het schijnt niemand te deren, dus waar zal ik mij dan nog druk om maken. Het is alleen net alsof de mensen met wie ik te maken krijg steeds jonger worden: de dokter, de tandarts, de redacties van de bladen waar ik voor schrijf, de politieagenten en de buren. Wat een zegen om een vriendenkring te hebben van mijn eigen leeftijd! Alhoewel, zitten daar ook niet een paar jonkies van begin veertig tussen?
Hoe dan ook, het leven bevalt mij wel. Ik kan goed met mijn kinderen opschieten, de man met wie ik al jaren in een lat-relatie vereend ben heeft net zo weinig behoefte aan samenwonen als ik, en na een paar frustrerende mislukkingen slaag ik er zowaar in een scenario te schrijven dat vrijwel meteen door een producent wordt gekocht.
Maar soms is er, heel even, iets van verdriet. Een soort nostalgie, als een winterdag een hard licht op m'n gezicht werpt, en ik in de spiegel ineens al die lijntjes en rimpeltjes zie. Hoe kan het dat je uiterlijk en hoe je je voelt steeds meer uit elkaar gaan groeien? Vroeger was ik een éénheid: wie ik was en hoe ik eruitzag waren onverbrekelijk met elkaar verbonden. Nu voel ik me jonger, vitaler, levendiger dan ik er vaak uitzie. Verraad van m'n lichaam. Bedrog! Ik kijk naar echt oude mensen, stokoude mensen, en vraag me af hoe zij dat voelen.
Op een dag interview ik een beroemd Nederlands schrijver, die tegen de negentig is. Als we praten breekt de charmeur van vroeger door. Hij maakt grapjes die neigen naar een flirt, en ik merk dat hij vanbinnen vergeten is wie hij vanbuiten is. Dat begrijp ik, zoals ik tot m'n verbazing langzamerhand steeds méér dingen ga begrijpen.
Het zou bij mijn leeftijd horen om uitgebreid over zulke dingen te filosoferen met mijn vriendinnen, maar die hebben het al even druk als ik.
Twee hebben er een opleiding gevolgd de afgelopen jaren, en zijn er op wonderbaarlijke manier in geslaagd een plaats in het arbeidsproces te vinden. We bellen elkaar laat in de avond, als we onze schoenen hebben uitgeschopt en de laatste pot thee voor het

slapengaan naast ons hebben staan. Lange telefoongesprekken, met veel lachen. In de weekends komen de kinderen thuis, maar soms ook niet, en ook daar gaan we niet echt onder gebukt. Zoveel te doen. De tijd gaat zo snel.
Soms is er ineens de schrik als ik denk: hoelang gaat het nog door? Hoelang kan een mens zich gezond voelen? Hoe gaat het verder? Hoe loopt het af? Een milde vorm van paniek veroorzaakt dat. Wie had dat ooit kunnen denken dat dát nog eens m'n zorg zou wezen! Vroeger, in een ver verleden, was 'ouder-worden' voor mij voornamelijk een uiterlijke kwestie. Wat erg om er niet mee zo jong uit te zien...! Nu denk ik: wat eng om niet meer energiek te zijn! Want ik geniet er elke dag opnieuw van om wakker te worden en te denken: zo, en nu ga ik vandaag eens dit en dat en daarna ook nog zus en zo doen! Neuriënd onder de douche. Grapjes makend tegen de hond. Mij ervan bewust dat ik lééf en beweeg en me lekker voel.
Soms is er ineens de gekwetstheid als ik merk dat iemand me oud vindt. Een jonger collegaatje. M'n kinderen, in onbedoelde wreedheid. Als ik niet probeer mij jonger voor te doen dan ik ben, hoeven jullie niet te proberen mij ouder te maken dan ik me voel. Maar ach, echt kan het me nou ook weer niet schelen.
Zoals je aan mensen die het hebben meegemaakt vraagt hoe het is als je kies wordt getrokken, vragen veertigers hoe het is om vijftig te zijn.
Maar er is geen antwoord op, want eigenlijk is het niet meer dan een ander getal. Een andere klank. Het klinkt verschrikkelijk oud, vind ik. Maar dat betekent niet dat het ook oud vóelt. En eerlijk gezegd denk ik er nu minder vaak aan dan toen ik net vijftig was. Vijftig! Nou ja, het is nu eenmaal zo en ik ben niet van plan om er één dag van m'n leven door te laten verknoeien. Ik zei het toch al: het ging vanzelf. Niets hoefde ik ervoor te doen. Ik was een kind, en een dag later vijftig. Zo ging het. En niet anders.

Gezond zijn, gezond blijven

We willen allemaal graag gezond oud worden

Het is een aangenaam idee dat wij gemiddeld twintig jaar langer leven dan onze grootouders. Als je rond 1900 een ernstige ziekte kreeg zoals longontsteking of bloedvergiftiging, ging je meestal dood. Om over nog ernstiger kwalen maar niet eens te spreken. Dank zij de enorme vooruitgang in de medische wetenschap en de farmacologie komen we tegenwoordig glansrijk door tijdelijke inzinkingen heen. We worden dus vitaal vijftig. En de zestiger van vandaag mag er ook zijn!
In november 1993 is een belangrijk rapport verschenen: een toekomstverkenning van de volksgezondheid. Het brengt de gezondheidstoestand van de Nederlandse bevolking in de periode 1950–2010 in kaart. Het is nuttig deze jaartallen even tot je door te laten dringen, want dan besef je dat het over *jezelf* gaat.
Het rapport is samengesteld in opdracht van het Rijksinstituut voor Volksgezondheid en Milieuhygiëne (RIVM). Het ligt in de bedoeling iedere vier jaar een dergelijk gezondheidsrapport te doen verschijnen. Er wordt daarin een samenhang aangebracht tussen ziekteveroorzakers, ziekte en gezondheid en de noodzakelijke gezondheidsvoorzieningen. De kranten hadden grote koppen: 'De Nederlander leeft zestig jaar gezond, de daaropvolgende twintig jaar ongezond', of: 'Vergrijzing leidt tot meer ziekten', alsof het noodlot onafwendbaar over je heenkomt.
Heel oud worden – tachtig bijvoorbeeld – betekent volgens voornoemd rapport kwalen krijgen of hebben. Men spreekt zelfs van de Top Tien. Als je de opsomming van de tien bedreigers van je gezondheid leest, krijg je kippevel: gewrichtsslijtage, CARA, slechthorendheid, constitutioneel eczeem, depressie, hartinfarct, suikerziekte, beroerte, dementie, en staar.

Omdat mannen gemiddeld vijfenzeventig en vrouwen tachtig jaar worden, zijn vrouwen getalsmatig bij deze ziekten in de meerderheid. De gezondheidszorg zal zich in toenemende mate bezig moeten houden met preventie en 'zorg', maar als je vijftig bent, kun je zelf ook erg veel aan preventie doen door je conditie op peil te houden. Dat betekent goed voor je lichaam zorgen: gezond eten, zoveel mogelijk bewegen, frisse lucht en – als je rookt – vandaag nog beginnen te stoppen met roken. Roken is aanwijsbaar de grootste doodsoorzaak (hartziekten en longkanker).
Het is goed gebruik te maken van de gratis medische bevolkingsonderzoeken, die in een vroeg stadium borstkanker, longkanker of baarmoederhalskanker kunnen signaleren.
Ook is het verstandig om – zelfs al mankeer je niets – eens per jaar een bezoek aan de huisarts te brengen. Voor een levensverzekering moet je je laten keuren. Waarom zou je in deze fase van je leven niet nu en dan zo'n keuring door de huisarts laten doen? Je bloeddruk, je urine, je bloed (cholesterolspiegel) en je prostaat of baarmoederhals: alles even nalopen! Zo'n 'check-up' kan nooit kwaad.
En wat de conditie betreft, daar kan geen arts je bij helpen. Die bepaal je zelf.

In conditie blijven kost moeite

Iedereen kent wel een oom, buurvrouw of verre neef, die zijn of haar hele leven alles gedaan heeft wat God en het Voorlichtingsbureau voor de Voeding hebben verboden en die toch in blakende gezondheid drieënnegentig is geworden. Maar dat zijn de uitzonderingen. Het is realistischer te beseffen dat je, als je de vijftig passeert, er ook zelf voor kunt zorgen dat je straks plezier beleeft aan de vele jaren die nog voor je liggen.
Dien je dan extra veel aan sport te doen? Of is dat modieuze onzin die overgewaaid is uit de Verenigde Staten, waar men van de lichaamscultuur haast een godsdienst heeft gemaakt?
Prof. dr. L.J. Knook legt er in het maandblad *Plus* (juni 1993) de

nadruk op dat de meeste lichaamsfuncties niet achteruitgaan als we ouder worden, of we nu sporten of niet. Wel is het een feit dat in de loop der jaren de nierfunctie, de longfunctie en de inspanningscapaciteit bij de meeste mensen minder worden. Waarbij moet worden aangetekend dat er tussen individuen onderling grote verschillen zijn. Aan de conditie van hart, longen en bloedvaten, die samen de inspanningscapaciteit bepalen, is echter veel te doen. Door regelmatig bewegen, maar vooral door je één keer in de week echt in te spannen, is de kans groter dat met name hart en vaten veel langer in betere conditie blijven. En dat maakt niet alleen de kans op hart- en vaatziekten kleiner, maar gezonde vaten hebben een goede invloed op allerlei organen, die immers door die vaten van voedingsstoffen en zuurstof worden voorzien. Vandaar die nadruk op regelmatig bewegen en sport. Voor vrouwen is dat nog belangrijker dan voor mannen. Regelmatig bewegen blijkt botontkalking (osteoporose) tot op zekere hoogte te kunnen tegengaan. Op dit aspect komen we verderop in dit hoofdstuk nog terug.

Eenmaal per week flink in actie komen
Een van de redenen waarom veel vijftigjarigen er niets in zien om lichamelijk wat actiever te worden is het idee dat een verandering in leefgewoonten nu toch geen zin meer heeft. Veranderen van leefgewoonten heeft echter altijd zin en zeker als men pas een jaar of vijftig is!
Volgens Dr. P. Jansen, klinisch geriater aan het Academisch Ziekenhuis in Utrecht, heeft drie kwartier per week intensief aan sport doen – het is de bedoeling dat het hart sneller gaat kloppen – al na een paar maanden een gunstige invloed op de algehele conditie.
Het aantal Nederlanders die roken neemt af. Gelukkig maar, want roken bedreigt rechtstreeks de gezondheid. Niet alleen neemt de kans op longkanker toe, ook is er een verband tussen roken en allerlei andere aandoeningen, waarvan hart- en vaatziekten wel de bekendste zijn. Als men stopt met roken, duurt het nog jaren voordat de longen weer 'schoon' zijn, maar de conditie van de vaten verbetert al vanaf het moment dat men stopt.

Bewust eten

Aan de Landbouwuniversiteit te Wageningen wordt bij de vakgroep Voeding veel onderzoek gedaan naar het verband tussen gezondheid en eetgewoonten.
Volgens hoogleraar Prof. M. Katan in een interview in *de Volkskrant* van 27 maart 1993 zijn er voorlopig meer vragen dan antwoorden. Een aantal dingen staat echter buiten kijf: vetzuren die men aantreft in zogenaamde harde margarines verhogen het cholesterolgehalte in ons bloed. Te veel cholesterol vergroot de kans op een hartinfarct. Koffiebonen bevatten een stof die het cholesterolgehalte verhoogt, een ontdekking die over de hele wereld nogal wat stof deed opwaaien. In Wageningen kwam men erachter dat koffiefilters deze cholesterol verhogende stof tegenhouden.
Professor Katan in datzelfde interview: 'Ik heb die belangstelling voor gezonde voeding in vijf tot tien jaar zien opkomen. Tien jaar geleden was gezond eten, minder vet vlees, kaas met linolzuur, peulvruchten een marginaal thema. (...) Het is urgent dat de wetenschap zoekt naar leef- en voedingswijzen die in staat zijn het leven te verbéteren in plaats van nog verder te verlengen.'
Het onderzoek naar gezonde voeding is over de hele wereld in volle gang. Hoewel professor Katan, zoals het een goed wetenschapper betaamt, alleen harde, wetenschappelijk gestaafde adviezen wil geven, zijn er genoeg aanwijzingen wat gezonde voeding precies inhoudt.
Vaststaat in ieder geval dat verzadigde vetzuren slechter zijn voor hart- en bloedvaten dan onverzadigde. Onverzadigde vetten zijn vloeibaar, verzadigde niet. Olijfolie is dus beter dan roomboter. Onlangs is echter weer gebleken dat niet alle mensen in dezelfde mate gevoelig zijn voor het cholesterol dat we aantreffen in verzadigde vetten. De voedingsleer is volop in beweging en wat vandaag als waar geldt, kan morgen weer ten dele worden ontkracht.
Groente kunnen we nooit genoeg eten; iedere dag rauwkost en fruit wordt aangeraden. Veel vezels – die vinden we onder andere in

sommige soorten fruit, in bruin brood, in zilvervliesrijst – zijn goed voor de darmen.
Uit een vijf jaar durend onderzoek onder Zutphense mannen bleek dat verse groente, appels, thee, uien en rode wijn stoffen bevatten (flavenoïden) die de kans op een hartinfarct verkleinen. Misschien is dat ook bij vrouwen het geval, maar dat is niet onderzocht.
Het is niet verstandig veel dierlijke eiwitten te eten. Met het ouder-worden gaat de nierfunctie bij vrijwel iedereen achteruit en de afvalprodukten van dierlijke eiwitten doen een behoorlijke aanslag op onze nieren. Zoetigheid bevat veel calorieën en is om die reden niet aan te bevelen. Het is daarbij een fabeltje dat honing gezonder zou zijn dan gewone suiker. Te veel zout belast de nieren nodeloos en er zijn zelfs aanwijzingen dat te veel zout bij mensen die daar aanleg voor hebben, hoge bloeddruk veroorzaakt.
Alcohol bevat veel calorieën en is slecht voor de lever. Veel drinken tast op den duur ook de hersenfunctie – met name het geheugen – aan. Anderzijds blijkt een kleine hoeveelheid alcohol per dag (maximum twee glazen) niet schadelijk voor hart en vaten te zijn.
En dan zijn er de voedingssupplementen: knoflookpillen, ginseng, lecithine, kalk, vitaminen, mineralen. Dat is slechts een kleine greep.
Nederlandse artsen zijn van mening dat voedingssupplementen niet nodig zijn, als men verstandig eet. Maar er zijn een paar uitzonderingen. Er kan door aandoeningen aan maag of darmwand een vitamine-B12-tekort ontstaan waardoor bloedarmoede, depressies, en zenuwuitval in benen en voeten optreden.
Vrouwen zouden vanaf hun veertigste – en volgens sommige deskundigen al vanaf hun vijfendertigste – dagelijks 1.000 mg kalk naar binnen moeten krijgen. Dat betekent bijvoorbeeld drie flinke glazen melk en een portie yoghurt of vla per dag. Daar komt in de praktijk vaak niets van terecht en een kalktablet per dag is dan de oplossing.
Uit recent onderzoek door de vakgroep Biochemie van de Universiteit van Maastricht bleek dat vrouwen boven de vijftig minder calcium verliezen, als ze per dag 1 mg vitamine K slikken. Er zijn

zelfs aanwijzingen uit Japan dat vitamine K de botmassa doet toenemen. Vitamine K kan beter niet geslikt worden door mensen die anti-stollingsmiddelen gebruiken; het is verstandig dit in ieder geval bij medisch onderzoek te melden.
Echt oude mensen komen vaak veel te weinig buiten en kunnen daardoor gebrek krijgen aan vitamine D. Dat vitamine wordt namelijk in de huid aangemaakt onder invloed van zonlicht. Vitamine D is bij apotheek en drogist te koop in de vorm van capsules.
Ook komen er steeds meer aanwijzingen dat vitamine C in grote hoeveelheden (ten minste 1.000 mg) en vitamine E een beschermende werking zouden hebben tegen kanker. Waterdichte bewijzen hiervoor zijn er echter nog niet.
Uit de alternatieve geneeskunde en uit het buitenland komen betrouwbaar lijkende geluiden die met name knoflook en ginseng aanbevelen als aanvulling op het dagelijks menu. Professor Kuipschild, hoogleraar sociale geneeskunde in Maastricht, heeft onderzoek naar ginseng verricht en het blijkt dat mensen er actiever van worden. Let op: knoflookpillen *zonder* knoflooksmaak hebben geen effect!

De weegschaal liegt niet

Gewicht is belangrijk. Het is het beste om rondom je vijftigste een acceptabel gewicht te hebben. We gebruiken hier met opzet niet het woord 'ideaal', want de medische normen wijken nogal af van de tabellen die regelmatig in tijdschriften staan. Van de dokter mag u meer wegen dan van de moderedactie van een vrouwenblad. Het blijkt zelfs dat vrouwen die een beetje mollig zijn minder kans hebben op problemen bij de overgang. Het lichaam is namelijk tot op zekere hoogte in staat oestron (een vorm van oestrogeen, het vrouwelijk geslachtshormoon) uit het vetweefsel te halen.
Uit andere cijfers blijkt dat mensen die een kilo of vijf zwaarder zijn dan 'ideaal' minder vaak ziek zijn.
De eerlijkheid gebiedt hier echter ook melding te maken van ander onderzoek. Uit dierproeven is zonneklaar gebleken dat ratten die

zo'n 10 procent minder wegen dan hun soortgenoten, ouder worden en langer gezond blijven.
Voor de mens zal de waarheid wel zo'n beetje in het midden liggen, maar dat 'medisch' overgewicht een bedreiging vormt voor onze conditie is overduidelijk.
Afvallen is moeilijk en het wordt er niet gemakkelijker op met het stijgen van de leeftijd. De stofwisseling verloopt wat trager, we hebben minder calorieën nodig, ook al omdat we minder bewegen. Als we lijnen, is het de bedoeling dat we onze energie halen uit het vetweefsel dat we in ons lichaam hebben opgeslagen en vet is nu eenmaal een heel efficiënte energieleverancier. Dat werkt naar twee kanten: van de vette hap hebben we maar weinig nodig om ons verzadigd te voelen en we hoeven maar weinig lichaamsvet te verbranden om onze energiehuishouding op peil te houden. Afvallen gaat sneller als we – ja, daar gaan we weer – een paar keer per week intensief bewegen en daardoor onze stofwisseling opjagen. Als mensen met aanleg voor suiker (latent diabeten) te dik worden, kunnen ze Diabetes II krijgen. Door afvallen wordt de suikerspiegel weer normaal.
Water, tenslotte, is onmisbaar voor onze gezondheid. Gewoon uit de kraan. Veel mensen – vooral alleenstaanden – drinken te weinig water. Ze nemen niet altijd de moeite om voor zichzelf een potje thee of koffie te zetten. Het is een goed idee om voor iedere maaltijd een flink glas water naar binnen te slaan. Het bevordert de spijsvertering en neemt het eerste hongergevoel weg, waardoor men eventueel wat minder hoeft te eten om zich verzadigd te voelen.
Dr. P. Jansen, internist en gerontoloog aan het Academisch Ziekenhuis in Utrecht: 'Het is verbazingwekkend hoeveel mensen op de rand van uitdroging balanceren. Ik zeg altijd dat je water als medicijn moet zien: driemaal daags een flinke dosis. De rest krijgt men dan wel binnen via de voeding. Mensen klagen vaak over verstopping en eten daarom extra vezels. Prima, maar als men dan niet ook extra gaat drinken, wordt de ontlasting een lijdensweg.'

Slaapproblemen

Sommige mensen ontwikkelen rondom hun vijftigste een ander slaappatroon. Ze hebben minder slaap nodig, slapen lichter, worden vaker wakker. De eventuele partner merkt dat vaak het eerst. 'Wat lig jij toch te woelen!' krijgt zo iemand dan te horen. 'Je krijgt veel te weinig nachtrust, ik zou maar eens naar de dokter gaan.' Als men echter uitgerust wakker wordt, is er niet de minste reden de huisarts om slaapmiddelen te vragen.
Een slaappil kan een prima oplossing zijn, als men al een paar nachten om wat voor reden dan ook slecht heeft geslapen. Een pilletje kan de vicieuze cirkel van bang-zijn-niet-te-slapen-en-daardoor-niet-slapen doorbreken. Slaapmiddelen werken echter nooit langer dan een week of twee achter elkaar. Dan heeft men een hogere dosis nodig om hetzelfde effect te bereiken.
Zoals alle medicijnen hebben slaapmiddelen bijwerkingen. Sommige mensen beginnen half versuft aan de dag – halvering van de dosis is dan uiteraard verstandig – regelmatig gebruik kan leiden tot problemen met de stoelgang (obstipatie), terwijl ook verwardheid en vergeetachtigheid regelmatig voorkomende bijwerkingen zijn. Ook alcohol kan slaapproblemen veroorzaken. Het is in kleine hoeveelheden weliswaar een prima slaapmutsje, maar te veel drank kan ertoe leiden dat men in de nanacht zweterig wakker wordt en niet meer kan slapen. De combinatie van te veel alcohol en (in)slaapmiddelen is ronduit gevaarlijk. Het effect van beide middelen wordt niet alleen versterkt, maar tevens bestaat de kans op ademhalingsproblemen en zelfs op een ademstilstand.

Staar: een onnodig schrikbeeld

Vrijwel iedereen merkt na zijn veertigste dat hij de krant beter kan lezen, als hij die een stuk verder van zijn ogen af houdt. Tijd voor een leesbril! Mensen die voor die tijd al verziend waren, hebben rond die leeftijd vaak een sterkere plusbril of sterkere lenzen nodig.

Over leesbrillen doen nogal wat fabeltjes de ronde. Zo zou men zijn ogen 'verwennen' door te vroeg een leesbril op te zetten. Het gevolg zou zijn dat de ogen steeds meer achteruitgaan. Onzin! Je kunt wel hoofdpijn krijgen en geïrriteerde ogen als je afziet van een leesbril wanneer je deze wel nodig hebt, maar geen slechte ogen. Evenmin is het mogelijk de ogen te 'bederven' door bij slecht licht of zonder leesbril te lezen.

Bijziendheid ontstaat daarentegen vaak al in de kinder- of tienerjaren. Bij bijziendheid valt het brandpunt van de lichtstralen (het scherptepunt) niet óp het netvlies, maar daarvoor. Men corrigeert dat met een negatieve bril. Met leeftijd heeft bijziendheid niets te maken, wel met erfelijkheid.

Sinds 1976 vinden er met behulp van laser of met 'gewone' microchirurgie operaties plaats aan het hoornvlies van bijziende mensen. Het komt erop neer dat de oogarts door minuscule sneetjes (microchirurgie) in het hoornvlies of door het 'verbranden' van gedeelten ervan (laser) het hoornvlies vlakker maakt, waardoor de lichtstralen anders worden gebroken en het brandpunt wél op het netvlies komt te liggen. Een bril blijft meestal nodig. In Nederland is deze methode echter nogal omstreden.

Soms ziet men nog uitstekend, maar heeft men toch een oogafwijking. Ongeveer 3 procent van de mensen boven de veertig jaar heeft last van groene staar of glaucoom. Onbehandeld glaucoom is de meest voorkomende oorzaak van blindheid. Erfelijkheid speelt een rol bij het krijgen van deze aandoening. Als een van de familieleden last had of heeft van glaucoom, is het zeker zinvol de ogen na je veertigste eens per jaar te laten controleren. Komt glaucoom niet in de familie voor, dan is het voldoende eens in de twee jaar de ogen te laten nakijken. Meestal verwijst de huisarts naar een oogarts.

Glaucoom ontstaat doordat het vocht in het oog onvoldoende kan afvloeien. De verhoogde druk in de oogbol die daarvan het gevolg is, beschadigt op den duur de oogzenuw.

Hoewel acuut glaucoom ook vóórkomt, ontwikkelt de aandoening zich meestal geleidelijk. Glaucoom wordt behandeld met druppeltjes die de oogdruk verlagen. Ook een operatie met behulp van

laser is mogelijk, maar de oogarts zal dat alleen voorstellen als de druppeltjes onvoldoende helpen.
Bij vrijwel iedereen boven de vijfenzestig wordt de ooglens wat troebel, waardoor men minder scherp gaat zien. Deze aandoening noemt men grijze staar of cataract. Grijze staar is niet echt te genezen, al kunnen oogdruppels of de juiste bril de problemen vaak een poos draaglijk maken. Vroeger was de enige oplossing voor mensen met staar het weghalen van de ooglens. De rest van hun leven waren ze dan veroordeeld tot het dragen van een zogenaamde kokertjesbril. De meeste mensen met grijze staar zullen echter vroeger of later geopereerd moeten worden. Het is een routine-ingreep geworden, die zelfs onder plaatselijke verdoving kan plaatsvinden. Via een klein sneetje wordt de ooglens verwijderd en op dezelfde plaats wordt een kunstlens ingebracht. De operatie duurt ongeveer een uur, meestal mag men na een dag of twee naar huis, maar wel moet men nog veertien dagen daarna rust houden.

Slechthorendheid: 'Wat praat je toch onduidelijk!'

In zo'n opmerking, meestal gemaakt in huiselijke kring, klinkt vaak een grote mate van irritatie door. De persoon die het zegt vindt zichzelf niet slechthorend, maar verwijt de omgeving 'binnensmonds' te praten. Ook begint de persoon in kwestie een hekel aan vergaderen te krijgen, terwijl hij of zij juist wel een bestuurlijke functie ambieert. Als het enigszins kan, vermijdt men ook recepties. Galmende ruimten en het geroezemoes van stemmen op de achtergrond zijn buitengewoon hinderlijk voor iemand die minder goed hoort.
Bij ouderdoms-slechthorendheid (binnenoor-slechthorendheid) leveren in eerste instantie de hoge tonen een probleem op, maar later ook de lagere tonen. Men kan zich dan ook afvragen of het voor veertig- à vijftigjarigen wel zo zinvol is om peperdure geluidsboxen aan te schaffen die alle nuances feilloos doorgeven. Als je tegen de vijftig loopt, hoor je die fijne nuances doorgaans toch niet meer zo goed.

De meeste mensen die ten gevolge van het ouder-worden slecht gaan horen, zullen 'hoorversterking' in de vorm van een hoortoestel nodig hebben. Als eenmaal tot de aanschaf van zo'n toestel is overgegaan, blijkt in de praktijk dat minder dan 30 procent van deze mensen dat ook daadwerkelijk draagt. Men vindt het moeilijk om eraan te wennen, wat ook zo is. Maar als je daar niet tijdig aan begint, wen je er nooit meer aan. Dan ligt het hoortoestel in de kast en staat de televisie zo hard aan dat de partner er dol van wordt en je bij wijze van spreken twee huizen verder het programma woordelijk kunt volgen!

Als na onderzoek door een keel-, neus- en oorarts of in een audiologisch centrum blijkt dat u een hoortoestel nodig hebt, zal men u ook adviseren welk type het meest geschikt voor u is. Er zijn kast-toestellen, achter-het-oor-toestellen, en de technisch geavanceerde in-het-oor-toestellen. Hoortoestellen zijn steeds kleiner en onopvallender geworden, maar de werking is niet veranderd. In principe versterken zij alle geluiden, inclusief het achtergrondlawaai. Ook mensen die gewend zijn aan hun hoortoestel, blijven veelal moeite hebben met horen en verstaan in een lawaaiige omgeving of in een galmende ruimte.

Als u een achter-het-oor-toestel krijgt, vraag dan in een restaurant altijd een tafeltje in de hoek of bij de muur, zodat u minder gehinderd wordt door de geluiden achter u. Gebruikers van een kast-toestel of in-het-oor-toestel hebben daar minder last van.

Een deel van deze problemen wordt ondervangen door de vele nieuwe ontwikkelingen in de hoortoestellenindustrie. Door wat men multivocaal horen noemt, wordt een meer natuurgetrouwe weergave van het geluidsbeeld verkregen. Verkeerslawaai wordt onderdrukt en de menselijke stem komt beter door.

De nieuwste ontwikkeling op dit gebied is het Personal Hearing System van de Amerikaanse firma Resound. Zo'n toestel bestaat uit twee delen. Het eerste is een magneetje in een kunststofmembraan (het ziet eruit als een contactlens) dat in het oor wordt gedragen. Men kan ermee zwemmen, douchen en slapen. Het tweede deel bestaat uit de elektronica, die in een hanger of in de kleding verborgen zit. Daarmee wordt het geluid opgevangen en

omgezet in een magnetisch veld dat draadloos het magneetje op het trommelvlies laat trillen. Resound claimt dat met dit systeem de bezwaren van de traditionele hoortoestellen zijn ondervangen. De drager heeft geen last meer van achtergrondgeluid.
Helaas is deze 'oorlens' nog niet volledig uitgetest, maar ze zal zeker binnen afzienbare tijd op de markt komen.
Het blijft merkwaardig dat mensen gemakkelijker naar een opticien of een oogarts gaan voor een bril dan naar een KNO-arts of een audicien voor een hoorapparaatje. Toch is het verstandig over die drempel heen te stappen. Je leven wordt er niet alleen aangenamer door, maar het voorkomt ook dat je op den duur in een maatschappelijk isolement raakt.

Ons geheugen en de angst voor Alzheimer

Het is waar dat bij het klimmen der jaren ons korte-termijngeheugen minder wordt. Bij sommigen wordt dat al merkbaar rondom hun veertigste, anderen krijgen er op hun zestigste pas last van en sommige tachtigjarigen zweren dat hun geheugen nog net zo goed is als op hun dertigste.
Mensen die dat beweren blijken vaak al jaren de gewoonte te hebben iedere afspraak en alles wat ze willen onthouden op te schrijven, een methode die in het zakenleven heel gebruikelijk is. Hoe zit dat nu precies met ons geheugen?
In de eerste plaats: we hebben niet één soort geheugen. Tot ongeveer ons twintigste levensjaar zijn we heel snel in staat nieuwe informatie in ons op te nemen. Daarna gaat het wat minder vlot, maar mensen die getraind zijn in het opnemen van nieuwe informatie hebben daar ook op latere leeftijd niet zoveel moeite mee.
Behalve ons gewone geheugen hebben we ook een korte-termijngeheugen of werkgeheugen. In dat werkgeheugen slaat u bijvoorbeeld een telefoonnummer op dat u net hebt opgezocht en vervolgens gaat draaien. Na twee minuten kunt u zich dat nummer niet meer herinneren. Wanneer u wilt dat gegevens uit uw korte-ter-

mijngeheugen wat langer worden opgeslagen, zult u daar speciaal uw best voor moeten doen. Zo kunt u het telefoonnummer uit bovenstaand voorbeeld een paar keer hardop herhalen of – beter nog – opschrijven. Sommige mensen visualiseren – al of niet met behulp van ezelsbruggetjes – nieuwe gegevens en zijn daardoor gemakkelijker in staat deze langer te onthouden.

Hoe komt het nu dat sommige mensen vergeetachtiger zijn dan andere? Dat is in de eerste plaats een kwestie van aanleg; met leeftijd heeft dat niet zoveel te maken. Ten tweede speelt gewoonte een grote rol. We vermeldden al dat mensen die al jaren gewend zijn veel op te schrijven, niet eens merken dat hun geheugen misschien wat minder wordt. Ze hebben al lang geleden trucs ontwikkeld om hun eventuele vergeetachtigheid te maskeren.

Waar veel ouderen mee kampen is het vergeten van namen. Vaak weet men nog precies allerlei details van een bepaalde persoon, alleen de naam wil maar niet te binnen schieten. Het is een zo veel voorkomend verschijnsel dat men er zich eigenlijk geen zorgen over hoeft te maken (al kan het knap vervelend zijn!), en er vooral geen teken van naderende dementie in moet zien. Iedereen schrikt als hij de indruk heeft dat zijn geheugen achteruitgaat. Minder goed kunnen zien accepteren we zonder morren; we kopen een leuke bril en dat is het dan.

Vergeetachtigheid is voor veel mensen angstaanjagend, omdat het een van de eerste verschijnselen kan zijn van de ziekte van Alzheimer – een ernstige vorm van dementie. Aan vergeetachtigheid als gevolg van Alzheimer is vooralsnog niets te doen. Men kan het ook niet voorkomen, niet met alle opschrijfboekjes van de wereld. Aan 'gewone' vergeetachtigheid is echter wel een heleboel te doen. Er zijn tal van cursussen om uw geheugen te trainen, bij Teleac bijvoorbeeld en ook bij u in de regio. En die cursussen zijn niet alleen voor hoogbejaarden bestemd.

De overgang en osteoporose

Hoewel er steeds meer aanwijzingen komen dat ook bij mannen

rondom de vijftig hormonale processen anders gaan verlopen, is dit bij vrouwen in de overgang of menopauze het duidelijkst merkbaar. De eierstokken gaan minder oestrogeen produceren en als gevolg daarvan wordt een vrouw meestal eerst onregelmatig en na verloop van tijd helemaal niet meer ongesteld. Het is een geleidelijk proces dat bij sommige vrouwen al begint rondom hun veertigste – in zeldzame gevallen nog eerder –, bij anderen pas rondom of na de vijftig.

Minder oestrogeen heeft – behalve het doen stoppen van de menstruaties – nogal wat gevolgen. Zonder oestrogeen zijn vrouwen hun extra bescherming tegen bijvoorbeeld hart- en vaatziekten kwijt. Nog belangrijker misschien is dat na de menopauze de botafbraak (osteoporose) bij vrouwen zo'n tien jaar lang versneld verloopt. Mannen krijgen ook last van osteoporose, maar bij hen verloopt dat proces veel trager en komt het ook later op gang.

Wat is eigenlijk osteoporose? Het is het poreuzer worden van de botten door ontkalking. Een op de vier vrouwen en een op de tien mannen boven de vijfenzestig krijgt een botbreuk als gevolg van deze ernstige aandoening.

Tot ongeveer ons vijfendertigste jaar is er een goed evenwicht tussen wat men noemt 'osteoklasten' en 'osteoblasten'. De eerstgenoemde breken bot af, de tweede, de osteoblasten dus, bouwen bot op. Maar vanaf de leeftijd van vijfendertig laten de opbouwers het meer of minder afweten en neemt de botmassa af. De ruggewervels worden poreus en zakken in. Ingezakte ruggewervels zijn een duidelijk gevolg van de ontkalking. Vooral vrouwen kunnen daar last van krijgen.

Groeihormonen in het lichaam zorgen voor osteoblasten, de opbouwers van bot. Bij vrouwen is oestrogeen een van de groeihormonen. Maar na de overgang zo rondom het vijftigste levensjaar daalt de oestrogeenspiegel sterk en daarmee de aanmaak van bot. Bij mannen is het groeihormoon progesteron verantwoordelijk voor de aanmaak van bot. De progesteronspiegel daalt bij hen maar een beetje en de botmassa dus ook. Daar komt nog bij dat mannen van nature al meer botmassa hebben dan vrouwen. Dus hebben ze een gunstiger uitgangspunt.

Vrouwen worden door de botontkalking van rug- en halswervels wat kleiner en kunnen daar ook last van krijgen.
Osteoporose is niet te genezen, maar wel grotendeels te voorkomen. Preventie is vooral belangrijk voor vrouwen die tot een risicogroep behoren. Wie lopen dat extra risico? In de eerste plaats vrouwen in wier familie osteoporose meer voorkomt – een kwestie van erfelijkheid. Tengere vrouwen lopen ook meer risico. Het is bekend dat roken de kans op osteoporose vergroot.
Wat kunt u doen om botontkalking te voorkomen? Neem vanaf uw vijfendertigste jaar – en als u ouder bent vanaf vandaag – 1.000 mg kalk per dag. Als u rookt, stop daar dan mee. Zorg er verder voor dat u in beweging blijft. Fietsen, wandelen, elke ochtend wat gymnastiek en doorgaan met sport beoefenen.
Er is maar één manier om zeker te weten of u last hebt van botafbraak en dat is een botdichtheidsmeting. Een pijnloze methode die steeds vaker wordt toegepast in grote ziekenhuizen, met name om risicogroepen in een vroeg stadium op te sporen en adequaat te behandelen. Dr. J. Netelenbos, verbonden aan het Academisch Ziekenhuis van de Vrije Universiteit van Amsterdam, is van mening dat iedere vrouw van veertig één keer zo'n botdichtheidsmeting zou moeten ondergaan. Aan de hand van de resultaten daarvan zou men gericht aan preventie kunnen doen. Een dure methode, maar Netelenbos beweert dat een dergelijke aanpak op den duur miljoenen kan besparen. Bot- en gewrichtsaandoeningen behoren volgens recent onderzoek (Rijksinstituut voor Volksgezondheid en Milieuhygiëne, 1993) tot de Top Tien van de ziekten waarmee men na zijn zestigste te maken kan krijgen.

Tekort aan oestrogeen vergroot niet alleen de kans op osteoporose, maar kan ook verantwoordelijk zijn voor een aantal andere vervelende verschijnselen. Opvliegers, hartkloppingen en moeite met het ophouden van de plas, een droge vagina waardoor het vrijen pijnlijk is, dit alles houdt zeker verband met een tekort aan oestrogeen.
Het kan daarom belangrijk zijn dat u tijdens de overgang oestrogeen gebruikt. Het is helemaal niet nodig om telkens opvliegers te

krijgen of een droge vagina te hebben. Allang is bewezen dat het risico van baarmoederhalskanker vrijwel tot nul wordt teruggebracht als vrouwen in de overgang behalve oestrogeen ook progesteron wordt voorgeschreven.
In Nederland denken de meeste vrouwenartsen er anders over. De algemene opvatting in ons land is dat alleen vrouwen met duidelijke hormoongebonden klachten in aanmerking komen voor hormoontherapie. Osteoporose zou ook door voedingsvoorschriften en leefregels te voorkomen zijn.
Gelukkig zijn er veel vrouwen die niet of nauwelijks last hebben van verminderde hormoonproduktie.

En nu de prostaat!

Mannen krijgen in ieder geval geen dramatische hormoonverandering te verwerken. Bij hen gaat alles geleidelijker. Edoch, zij hebben dé prostaat. En de angst dat dáár wat mis mee is leeft bij zeer veel mannen. Na hun vijftigste ontdekken veel mannen dat de jaren van Manneke Pis voorbij zijn. Haalde je ooit met speels gemak de andere kant van de sloot, plotseling blijkt de mooie fontein te zijn verworden tot een kraantje waarvan het leertje nodig aan vervanging toe is. Senior heeft last van zijn prostaat!
De auteur Rob van Dijk heeft over alle moeilijkheden die een man – ongeacht zijn leeftijd – met zijn penis kan krijgen een uitstekend boek gepubliceerd. Hij gaf het de intrigerende titel *De Kleine Koning*. Vanzelfsprekend krijgt de prostaat daarin ook veel aandacht. Rob van Dijk schrijft daarover onder andere het volgende:

'De prostaat (voorstanderklier) bevindt zich onder aan de urineblaas, opgesloten tussen het schaambeen aan de voorzijde en het laatste stuk van de dikke darm aan de achterkant. Binnen een stevig kapsel bestaat de prostaat uit spieren, bindweefsel en enkele tientallen klieren en klierbuisjes, via welke de prostaatvloeistof naar de plasbuis wordt gebracht. Eenmaal volgroeid weegt het 3 centimeter lange orgaantje niet meer dan 18 tot 20 gram.

Veel mannen die de leeftijd van vijftig nog niet hebben bereikt, zijn zich er nauwelijks van bewust dat ze een prostaat hebben, laat staan dat ze precies weten waar dat kliertje is gesitueerd en waarom het daar zit. De meeste mannen halen die lacune in hun kennis wel in, zodra ze goed en wel de vijftig zijn gepasseerd, want dan blijkt de prostaat voor veel mannen een behoorlijke lastpost te zijn. Bij driekwart van de mannen blijkt dat de prostaat op eigen houtje aan gebiedsuitbreiding doet. Goedaardige prostaatvergroting (benige prostaathyperplasie) is dé kwaal van de ouder wordende man. Om dat te illustreren enkele cijfers: acht van de tien mannen boven de vijftig hebben een prostaatvergroting. Mannen boven de zeventig hebben bijna zonder uitzondering zo'n uitbottende voorstanderklier. Een Nederlandse huisarts met een praktijk van 2.500 patiënten "ziet" per jaar 150 mannen van zestig jaar en ouder met klachten die duiden op een prostaatvergroting.

Prostatectomie – de chirurgische ingreep waarbij het prostaatweefsel dat de vergroting veroorzaakt wordt weggenomen – is in ons land de meest uitgevoerde operatieve ingreep bij vijfenzestigplussers. Dat aantal zal jaarlijks toenemen, omdat er steeds meer mannen van die leeftijd bijkomen. Als gevolg van de vergrijzing zal tussen nu en 2030 de behandeling van goedaardige prostaatvergroting bijna verdubbelen. Alle reden dus om te spreken van een volksziekte, die gelukkig geen boosaardig karakter heeft.

Het uitzetten van de prostaat is het gevolg van hormonale veranderingen die zich voltrekken in het lichaam van de man, als hij de vijftig gepasseerd is. Er doen zich dan twee verschijnselen voor. In de eerste plaats neemt de produktie van het mannelijk hormoon testosteron af. Tot dan toe heeft er een delicaat evenwicht bestaan tussen de aanmaak van die androgene, onder andere op de prostaat werkende hormonen en de produktie van het beetje vrouwelijke oestrogene stoffen. Met het vorderen van de leeftijd wordt deze balans soms verbroken: oestrogenen krijgen wat meer te vertellen dan ze vroeger hadden. Het gevolg daarvan uit zich onder andere in de prostaat, waar onder invloed van die oestrogenen de klierbuisjes in aantal en omvang toenemen en ook het spier- en klierweefsel gaat uitzetten. De mate waarin de klier kan uitgroeien ligt er niet om, een prostaat die ooit 20 gram woog, bereikt soms een gewicht van meer dan een half pond. Wat de gevolgen zijn laat zich raden: als het weefsel rondom de plasbuis zich verdicht, komt de afvoer van de urine in het gedrang en is het gedaan met de ferme straal van Manneke Pis – de lozing van de urine komt moeizaam op gang en het complete ledigen van de blaas gaat met horten en stoten ("nadruppelen"). Daar blijft het meestal niet bij. Van al die veranderingen in de prostaat wordt de urineblaas onrustig en gaat, ook bij slechts gedeeltelijke vulling, overdag en 's nachts hinderlijk vaak aandrang tot plassen veroorzaken. Soms kan er nauwelijks meer urine worden geloosd, soms ook rekt de blaas zover uit dat de hele dag door druppeltjes urine worden verloren. De kans op blaasontsteking is dan groot.'

Het hoort er nu eenmaal bij, zegt men
Driekwart van alle mannen ouder dan vijftig heeft dus in mindere of meerdere mate een vergrote prostaat. Maar ze verschijnen lang niet allemaal bij de dokter, omdat de ernst van de klachten sterk uiteenloopt, omdat veel mannen de 'druppelaar' accepteren als een verschijnsel dat nu eenmaal hoort bij het ouder-worden, en omdat een niet gering aantal mannen de overlast liever heeft dan het (meestal ten onrechte) zo gevreesde onderzoek door huisarts of specialist.

Rectaal toucheren: fluitje van een cent
Het is bekend dat de meeste vrouwen een hartgrondige hekel hebben aan de als vernederend ervaren houding die zij moeten aannemen bij een inwendig onderzoek door een gynaecoloog. Om dezelfde reden zullen de meeste mannen wel zo'n weerzin hebben tegen een van de nog altijd belangrijkste methoden voor een onderzoek van de prostaat: het rectaal toucheren. Daarbij brengt de arts een gehandschoende vinger via de anus in de endeldarm om langs die weg de prostaat af te tasten. De arts krijgt op deze manier binnen een paar seconden een schat aan eerste informatie over vorm, vormafwijking, grootte, vastheid (consistentie) en overgevoeligheid van de prostaat.

Rectaal toucheren is achter de rug, voordat je er goed en wel erg in hebt – een fluitje van een cent.
Een belangrijke reden waarom veel mannen met prostaatklachten het diagnostische onderzoek erg onplezierig vinden, is het feit dat tot dit onderzoek een catheterisatie of een cystoscopie kan behoren. Met de eerste methode wordt bijvoorbeeld nagegaan hoeveel urine er in de blaas achterblijft; met behulp van een cystoscoop (een kijkertje) kan de uroloog de binnenkant van prostaat en blaas inspecteren en nagaan hoe ernstig de door de prostaatvergroting veroorzaakte belemmering is. De toegangsweg voor zulke instrumenten is uiteraard de plasbuis en het verhaal gaat dat zulke onderzoeken buitengewoon pijnlijk zijn. Informatie op grond van 'horen zeggen' is echter zelden juiste informatie, en zo is het ook hier. Zulke onderzoeken zijn niet aangenaam, maar erg pijnlijk evenmin, omdat de plasbuis kan worden verdoofd.
Al helemaal pijnloos ten slotte is de toepassing van echografie. Daarbij wordt de prostaat van buitenaf gebombardeerd met ultrageluidsgolven die, na weerkaatsing op een soort televisieschermpje, een duidelijk beeld geven van de voorstanderklier en zijn omgeving.
Een goedaardige prostaatvergroting behoeft niet altijd agressief te worden benaderd. In sommige gevallen is het in acht nemen van bepaalde leefregels voldoende om de klachten zodanig terug te brengen dat er prima mee te leven valt. Een steeds groter aantal patiënten met klachten over urinelozing wordt uitstekend behandeld door de huisarts die dan geneesmiddelen voorschrijft die de zwelling wat af doen nemen.
Zijn en blijven de klachten echter zo ernstig dat ze een belemmering vormen voor het dagelijks leven of rechtstreeks gevaar opleveren, dan moet het weefsel dat de vergroting veroorzaakt worden verwijderd. Dat kon tot voor kort uitsluitend operatief via de buikwand, maar recentelijk zijn er andere methoden ontwikkeld. De meest gebruikelijke manier is om via de plasbuis een instrument in de prostaat te brengen dat het overtollige weefsel eraf 'schilt'.

De Turp-, Tumt- en de Tulip-methode
In Nederland wordt veel gebruikgemaakt van de transurethrale resectie van de prostaat, afgekort tot *Turp*. Bij Turp wordt via de plasbuis een instrument in de prostaat gebracht dat voorzien is van een metalen lus die elektrisch kan worden verwarmd. Met die lus wordt het prostaatweefsel stukje bij stukje weggeschild waarna de brokjes worden afgezogen.
De methode die de laatste tijd ook veel wordt toegepast is de zogenaamde transurethrale microgolf-thermotherapie, afgekort *Tumt*. Er wordt hierbij gebruik gemaakt van warmte om het overtollige prostaatweefsel zo te beschadigen dat de druk op de urinebuis wordt opgeheven. Met name in het Academisch Ziekenhuis in Nijmegen heeft men veel ervaring met Tumt opgedaan. Via de plasbuis wordt een catheter in de prostaat gebracht. Met behulp van dezelfde straling die de magnetron laat functioneren, 'smelt' men het overtollige weefsel weg. De temperatuur loopt daarbij op tot 45 graden, maar in de catheter is ook een koelsysteem ingebouwd, zodat alleen een deel van de prostaat verdwijnt en het omliggende weefsel geen schade ondervindt. In Nijmegen ziet men als grote voordelen van deze methode dat het volstrekt pijnloos is, geen anesthesie vereist en poliklinisch kan worden uitgevoerd.
De nieuwste aanpak luistert naar de naam *Tulip* (Transurethral Ultrasound guided Laser Induced Prostatectomy). Het is een buitengewoon patiëntvriendelijke techniek die berust op een gecombineerd gebruik van echografie en laserlicht. Via de plasbuis wordt een instrument ingebracht, op de kop waarvan twee apparaatjes zitten die geluidsgolven op de prostaat afsturen en ook weer opvangen. Die teruggekaatste golven maken op een beeldscherm de binnenkant van de prostaat zichtbaar. Tussen de beide echokoppen bevindt zich een instrumentje dat een laserstraal afgeeft en met die geconcentreerde en zeer energierijke lichtbundel wordt het overtollige prostaatweefsel weggebrand. De ingreep duurt maar twintig minuten en kent zo goed als geen bijwerkingen. In het Academisch Ziekenhuis in Utrecht verwacht men Tulip binnen afzienbare tijd in dagbehandeling te kunnen toepassen.

Prostaatverkleining via een buikoperatie gebeurt eigenlijk alleen nog als de arts vermoedt dat er meer aan de hand is dan een te grote prostaat, bijvoorbeeld kanker.

Veel mannen zien er zeer tegenop om zich aan een goedaardig vergrote prostaat te laten opereren. Dat komt omdat nog altijd het verhaal de ronde doet dat bij deze ingreep het risico levensgroot aanwezig is dat het erectiemechanisme zodanig wordt beschadigd dat impotentie het gevolg is. Als een man voorafgaand aan de ingreep goede voorlichting krijgt over het hoe van de operatie en over de gevolgen die hij kan verwachten, ziet men maar zeer zelden problemen op het seksuele vlak opdoemen. De kans op impotentie is bij een buikoperatie wel groter.

Zin om te vrijen? Seksualiteit en potentie

Verliefd worden en zin om te vrijen (libido) zijn niet aan leeftijd gebonden. De mogelijkheid een erectie en een orgasme te krijgen wel. Vrouwen zijn in dat opzicht enigszins beter af dan mannen: als ze zin hebben om te vrijen, hebben ze tot op hoge leeftijd minder moeite met klaarkomen dan mannen.

Bij mannen is de seksuele potentie rondom hun twintigste op het hoogtepunt, vrouwen zeggen vaak dat ze rondom hun dertigste hun seksuele volwassenheid hebben bereikt. Het is onmiskenbaar een feit dat de gemiddelde man van veertig minder gemakkelijk een erectie krijgt dan de gemiddelde man van twintig. Maar ook is het zo dat meer twintigjarigen last hebben van voortijdig klaarkomen dan veertigjarigen.

Het valt niet te zeggen tot op welke leeftijd mannen een erectie en een orgasme kunnen krijgen. De meeste mannen van zestig met een partner hebben regelmatig geslachtsverkeer, maar er zijn ook mannen van tachtig die nog seksueel potent zijn. Algehele conditie en erfelijkheid spelen een rol, maar ook gewoonte. Als mensen – mannen en vrouwen – gewend zijn om regelmatig te vrijen en/of te masturberen is de kans groter dat ze nog lang seksueel actief kunnen blijven.

Vrouwen krijgen rondom en na de overgang door gebrek aan oestrogeen last van een droge vagina, waardoor seksueel verkeer pijnlijk wordt. Als dat de enige overgangsklacht is, zal een hormooncrème een afdoende oplossing zijn. Zijn er meer problemen, dan komt misschien een hormoontherapie in aanmerking.

Sommige geneesmiddelen hebben als bijwerking impotentie en ook mannen met diabetes kunnen als gevolg van hun aandoening erectiestoornissen krijgen. Bètablokkers zijn effectieve geneesmiddelen tegen hoge bloeddruk, maar bij mannen kunnen ze ook impotentie veroorzaken. Andere medicijnen zijn dan vaak de oplossing.

Het is belangrijk snel hulp te zoeken bij seksuele problemen. Denk niet te gauw dat er niets aan te doen is, dat u zich er maar bij moet neerleggen. U onthoudt uzelf en uw partner misschien onnodig een bron van geluk en plezier.

Tot slot

Iedereen wil graag gezond ouder worden en zich niet oud voelen! De kans dat die wens vervuld wordt is groter dan vroeger. Voor een belangrijk gedeelte dank zij de vele nieuwe medische technieken en medicijnen, maar vooral ook door er een gezonde leefstijl op na te houden. En die ligt binnen ieders bereik, maar dát moet men dan zelf ook willen!

Gemma Naninck en Rob van Dijk (Over de prostaat)

Vrijwilligerswerk – vrijwillig maar niet vrijblijvend

Het imago van vrijwilligerswerk

'Liefdewerk oud papier,' zei men vroeger enigszins denigrerend als het over vrijwilligerswerk ging. Men hechtte er weinig waarde aan. Het was iets voor vrouwen die niets beters te doen hadden terwijl mannen binnen het vrijwilligerswerk helemaal geen rol van betekenis speelden. Daar is de laatste vijftien jaar drastisch verandering in gekomen. Een paar miljoen Nederlanders zetten zich dagelijks, of enkele uren per week, in voor iets dat zij de moeite waard vinden: mensen, dieren, natuur, sport, politiek, scholen, godsdienst, bejaarden, zieken, gehandicapten of kinderen.
Het vrijwilligerswerk heeft sterk aan status gewonnen. Als men tegenwoordig tijdens een sollicitatieprocedure bij de loopbaanbeschrijving aangeeft dat men zich als vrijwilliger heeft ingezet, komt dit de functiebeoordeling van de kandidaat ten goede.
Het kenmerk van vrijwilligerswerk is dat het 'in enig georganiseerd verband, onverplicht en onbetaald wordt verricht'. Deze definitie werd reeds in 1982 vastgesteld door de Interdepartementale Commissie Vrijwilligersbeleid en tot op heden is daaraan geen jota veranderd.
Hoewel het vrijwilligerswerk niet in economische berekeningen valt uit te drukken, staat het als een paal boven water dat het vrijwilligerslegioen een uiterst belangrijke factor is in het goed functioneren van onze samenleving. In de Sociaal Culturele Berichten van het Centraal Bureau voor de Statistiek (CBS 92–10) valt zelfs te lezen dat in de periode 1980–1989 ongeveer 45 procent van de Nederlandse bevolking van achttien jaar en ouder te kennen geeft als vrijwilliger actief te zijn. De koplopers zijn de leden van sport- en hobbyclubs. De *helft* van die leden doet namelijk ook vrijwilligerswerk voor de club.

Even opvallend is het dat uit een ander onderzoek van het CBS (Doorlopend Tijdbestedingsonderzoek, 1992) blijkt dat leidinggevenden en academici op de meeste terreinen het grootste deelnamepercentage kennen. Ongeschoolde handarbeiders houden zich vooral bezig met buren- en bejaardenhulp. Vrouwen hebben een belangrijk aandeel in het vrijwilligerswerk dat zich concentreert rondom zieken, kinderen, scholen en gehandicapten.

Uit bovenstaande zou men kunnen concluderen dat we een bewonderenswaardig en onbaatzuchtig volkje zijn. Maar zó fraai is het nu ook weer niet. Ook al is het werk onbetaald, geheel zonder eigenbelang doet men het niet. Men ziet het veelal als een middel om ervaring op te doen en nieuwe contacten te leggen. Ook wordt het werk als een prettige – en tegelijkertijd nuttige – besteding van de vrije tijd beschouwd.

Verdringen vrijwilligers betaalde arbeidskrachten?

De hamvraag is: is er sprake van concurrentievervalsing?
'Nee,' zeggen de mensen die zich met vrijwilligerswerk bezighouden, onder wie een van de vele vrouwelijke vrijwilligers van het Academisch Medisch Centrum te Amsterdam:

> 'Wij doen het werk dat anders toch blijft liggen of waarvoor men onvoldoende tijd heeft. Wij "gastvrouwen" begeleiden patiënten die zich voor opname melden naar hun afdeling. Het werk dat wij doen is eenvoudig, maar wordt erg gewaardeerd. De patiënten zijn altijd zenuwachtig en gespannen als ze zich moeten melden. Wij stellen hen een beetje gerust, regelen een telefoontje en wijzen hen bijvoorbeeld zo nodig op het feit dat er kinderopvang aanwezig is. Weer anderen van ons gaan dagelijks met een wagentje met kranten en tijdschriften rond, en naar dat ochtendkrantje wordt reikhalzend uitgekeken. Die blijde gezichten en dankbaarheid, ja, dat geeft ons heel wat voldoening.'

De Sociale Diensten gaan echter niet altijd voetstoots akkoord met vrijwilligerswerk, vooral niet als het gaat om iemand die een uitkering heeft. Er zijn ter voorkoming van misstanden regionale toetsingscommissies die beoordelen of een vrijwilliger geen werk verricht waarvoor doorgaans betaald wordt. Het werk mag ook niet gedaan worden in een bedrijf en zelfs niet in het bedrijf van een familielid.

Nederlands Centrum voor Vrijwilligers (NCV)

Dit centrum staat op de bres voor goede afspraken tussen organisaties en de mannen en vrouwen die zich, zonder daarvoor betaald te worden, inzetten voor allerlei goede doelen.
Het NCV wijst er bovendien op dat het goed is de afspraken die met vrijwilligers gemaakt worden over werktijden, vakanties, afmeldingen bij ziekte, verzekeringen, declarabele onkosten, enzovoort, schriftelijk vast te leggen. Het voorkomt misverstanden die bij mondelinge afspraken ongewild binnensluipen.
Soms moeten er zelfs harde afspraken gemaakt worden, zoals bij een 24-uursrooster van een telefonische hulpdienst, of wanneer een vrijwilliger een groep begeleidt en daarvoor verantwoordelijkheid heeft. Hij of zij kan dan niet zomaar wegblijven. In een verzorgingshuis of verpleeginrichting kunnen zelfs afspraken omtrent het aannemen van cadeaus noodzakelijk zijn.

> Een lieve, enigszins dementerende oude dame had in haar verzorgings- en verpleeghuis in een halfjaar al haar zilveren spulletjes weggegeven. Toen haar enige dochter het bonbonschaaltje zocht, ontdekte ze dat het verdwenen was, maar dat niet alleen. De directie dacht dat de dochter het zilver van mamma onder haar hoede had genomen, maar mamma bleek een inmiddels vertrokken, tijdelijke bejaardenverzorgster héél royaal te hebben bedeeld. De dochter had het nakijken!

Op het terrein van de fiscus zijn er voor vrijwilligers gunstige veranderingen te melden. Voor zowel de belastingen als de eventuele uitkeringsinstanties geldt in het algemeen dat vrijwilligers alle gemaakte onkosten vergoed kunnen krijgen. Bovendien geldt voor vrijwilligers geen reiskostenforfait noch een maximale kilometervergoeding zoals bij betaald personeel. Ook een vergoeding voor oppaskosten (zie ook de paragraaf over Amnesty International, blz. 163) wordt door de belastinginspectie geheel vrijgelaten.

Het is opvallend dat in een tijd waarin bijna alleen over bezuinigingen wordt gesproken, er veel particulier initiatief van de grond komt. Er zijn altijd mensen die iets 'onmogelijks' toch mogelijk weten te maken door hun grote betrokkenheid bij het plan of het doel. Dat kan betrekking hebben op een sportief evenement, op buurtwerk, op slachtofferhulp, of op iets ten behoeve van zieken, gehandicapten, kinderen, allochtonen of vluchtelingen.
Laat ik hier eens een paar voorbeelden noemen.

Van doordouwers moeten we het hebben

De initiatieven om zich ergens voor in te zetten zijn bijna altijd afkomstig van zeer krachtige doordouwers, zoals Jan Gottmer uit Haarlem.

> Jan Gottmer is een man van goede familie. Hij verdiende behoorlijk, maar had geen voldoening in zijn werk. Hij gooide het roer radicaal om en besloot zich uitsluitend in te gaan zetten voor mensen die echt hulp nodig hebben. Zijn initiatief is na vele ups en downs uitgemond in de Stichting Haarlemmers Helpen Haarlemmers, 'met ruim vijftig vrijwilligers én een bankrekening,' zegt hij niet zonder trots. In een interview in het *Haarlems Dagblad* vertelt Jan meer over zijn werk.
> 'Officiële instellingen hebben afgebakende taken die op een gegeven moment ophouden. Onze stichting vult de gaten. De gezondheidszorg zit zó wankel in elkaar dat als jij niemand

hebt die voor je zorgt, je aan de goden overgeleverd bent. Neem nou die jonge MS-patiënte voor wie ik moeilijke zaken afhandel. Moet je je even voorstellen: haar elektrische rolstoel werd gestolen en tot overmaat van ramp kwam ze in een verpleeghuis terecht tussen demente bejaarden. Daar hoorde ze absoluut niet thuis. De GG&GD zorgde later weliswaar voor een aangepaste woning, maar verder moest ze maar zien.'
Toen Gottmer haar pad kruiste, werd alles anders. De Stichting zorgde voor meubilair, huishoudelijke hulp en een fysiotherapeut en – even belangrijk – ook het contact met de familie werd hersteld.
'Vandaag belde de milieupolitie op: of ik wilde assisteren bij de ontruiming van de woning en de verhuizing van een oud vrouwtje dat in een totaal vervuilde woning leefde. Het stonk er vreselijk, alles lag te rotten en het goeie mensje had in lange tijd niemand gezien. Zo iemand is ziek, die moet geholpen worden. Ik slaagde erin contact met haar te krijgen, ze lachte zelfs en zoiets maakt mij gelukkig.'
Even later vertelt hij nog hoe ze met een groot aantal gehandicapten naar de kermis zijn gegaan. 'In de zweefmolen, in de botsautootjes, in de poffertjeskraam. Je brak je nek over de rolstoelen, maar het was me een feest! Zoiets is natuurlijk totaal onmogelijk zonder vrijwilligers die de gehandicapten steeds in en uit de rolstoelen moesten tillen.'
Dit zijn maar een paar voorbeelden van de activiteiten van doordouwer Jan Gottmer en zijn medewerkers. Contant geld aannemen mogen ze niet, maar officiële donaties aan de Stichting zijn welkom. Die worden op een bankrekening gestort en beheerd door het stichtingsbestuur, waarin een notaris, een bankdirecteur en iemand van de GG&GD zitting hebben.

Gilde: ouderwetse naam, moderne activiteiten

Voor de almaar groeiende groep vijftigers die actief willen blijven na gedwongen ontslag, VUT of vervroegde pensionering, biedt de zich snel uitbreidende, landelijke vrijwilligersorganisatie Stichting Gilde Nederland tal van mogelijkheden.
De naam mag dan misschien wat duf klinken, de activiteiten van Gilde zijn dat allerminst. Het is een vitale organisatie, die op een moderne manier wordt geleid. Gilde is in ruim honderd gemeenten vertegenwoordigd en pakt steeds weer nieuwe projecten aan. Wat er gedaan wordt hangt af van de vraag in een bepaalde stad of regio. Die vragen komen van bedrijven en instanties, maar ook van buurthuizen. Een goed voorbeeld zijn de stadswandelingen in verschillende steden die georganiseerd en begeleid worden door deskundige Gilde-medewerkers. Op het gebied van sport, administratie, computerkennis, handenarbeid, tuinieren en vreemde talen doet men zelden tevergeefs een beroep op de actieve vijftigplussers die bij Gilde zijn aangesloten.
'Wegwijs' is ook zo'n actueel project, bestemd voor mensen die niet goed weten wat te doen na hun pensionering. Men wijst hen op cursussen en clubs, maar ook op de verschillende soorten vrijwilligerswerk.
Een ander voorbeeld van hun activiteiten is het onderwijsproject van de afdeling Maastricht. Daar is een aantal vijftigplussers werkzaam op een MAVO, HAVO en Atheneum – op verzoek van de scholen zelf. Ze geven les in het maken van videofilms. De senioren die zich hiermee bezighouden leren de jongens en meisjes niet alleen omgaan met een camera, de leerlingen gaan de films die ze zelf hebben opgenomen ook monteren. Daaraan vooraf gaat het schrijven van een draaiboek. De vrijwillige docenten nemen eigen apparatuur mee, terwijl het ontbrekende beschikbaar wordt gesteld door handelaren. Tenslotte is het allemaal voor het goede doel: de school leuk en het onderwijs veelzijdig maken.
De leerlingen pikken de 'know how' razend snel op en voelen zich na acht lessen volleerde cameramensen.
De vraag is wie het meeste plezier beleven aan deze lessen: de

'docenten' of de kinderen. In ieder geval is dit een van de verrassende Gilde-initiatieven die zeker navolging krijgen.

Vrolijk op vakantie

De Stichting Kinderoncologische Zomerkampen is een totaal andere organisatie. Deze zou nooit hebben bestaan als een jonge economiestudent niet gegrepen was geweest door een idee dat hij aantrof in het Amerikaanse blad *Life*.
Cees Donkervoort zag in *Life* een fotoreportage van ernstig zieke kankerpatiëntjes die met elkaar op vakantiekamp gingen en, ver verwijderd van de chemotherapie en het ziekenhuisgedoe – soms nog met een infuus in de arm – de grootste pret met elkaar en hun verzorgers hadden.
Wat in Amerika kan, kan hier ook, dacht Cees Donkervoort. Hij pakte het idee voortvarend aan. Het kostte hem weliswaar een jaar van zijn studie, maar hij kreeg er veel levenservaring voor terug. Hij knokte zich door onvoorstelbare weerstanden heen en trof ten slotte de goede mensen op de juiste plaatsen, die ook nog het benodigde geld bijeen wisten te brengen. Zo ontstond in 1986 de Stichting Kinderoncologische Zomerkampen, helemaal geleid door vrijwilligers.
Het eerste zeilkamp was in het Friese Ellahuizen. De patiëntjes werden begeleid door verpleegkundigen en artsen én door vrijwilligers. De president van de Nederlandsche Bank, dr. W.F. Duisenberg, stelde onder andere zijn boot beschikbaar en zegt nu: 'Ik ben van nabij getuige geweest van dat eerste kamp en hoe deze kinderen, al jaren vechtend voor hun leven, genoten van dat ene zorgeloze, vrolijke weekje op en nabij het water.'
Dat eerste kamp telt thans jaarlijks meerdere herhalingen. Het watersportgebeuren werd zelfs uitgebreid met een weekje wintersport. 'Heb je één been? Niks aan de hand, skiën kun je toch. Kijk maar naar de skileraar die ook een been mist!' En altijd zijn er dan de onmisbare vrijwilligers. Voor zestig patiëntjes zijn tijdens twee kampweken vijftig vrijwilligers nodig. Dat zegt genoeg!

Amnesty: waar een grote organisatie haar kracht aan ontleent

Regelmatig treffen de lezers van *de Volkskrant*, *Parool* en *Trouw* advertenties aan waarin Amnesty International Nederland vakbekwame vrijwilligers vraagt. Dat kan zijn voor de afdeling documentatie, voor een afdeling die zich bezighoudt met scholen of met jongeren, met financiën, met vluchtelingen, met de doodstraf of met publieksvoorlichting.
Opvallend aan deze advertenties is dat er een duidelijke reeks van functie-eisen gesteld wordt en bijna altijd specifieke kennis van bepaalde zaken. Ook wijst men erop dat een sollicitant de morele verplichting heeft gedurende een jaar, binnen de overeengekomen uren en dagen, het gevraagde werk te verrichten, bijvoorbeeld op het landelijke secretariaat in Amsterdam.
Amnesty International is in Nederland met 165.000 betalende leden en 450 plaatselijk actieve vrijwilligersgroepen een van de grootste organisaties. Zij ontleent haar elan aan mannen en vrouwen die het werk verrichten zonder daarvoor betaald te worden. De meesten werken in groepen in grote en kleinere steden, 's avonds of in de weekends.
Op het hoofdkantoor in Amsterdam – het landelijke secretariaat – werken 130 vrijwilligers en slechts vijfenvijftig betaalde krachten. Deze laatsten zijn noodzakelijk om de continuïteit van de organisatie te garanderen.
Amnesty International werd in 1961 opgericht door de Engelse advocaat Peter Berenson. Het is een onafhankelijke, wereldwijde beweging geworden met meer dan één miljoen leden. Het hoofddoel is de vrijlating van gewetensgevangenen te bewerkstelligen: mensen die vanwege hun politieke, godsdienstige of andere overtuiging, etnische afkomst, geslacht, kleur of taal gevangenzitten of op andere wijze in hun bewegingsvrijheid worden beperkt. Amnesty vraagt om eerlijke processen, zet zich in voor afschaffing van marteling en doodstraf, en verzet zich tegen politieke moorden en 'verdwijningen'. De organisatie heeft raadgevende bevoegdheid bij ondermeer de Verenigde Naties.
Om de vaart, de actie in deze beweging te houden zijn veel

vrijwilligers nodig, maar de goede bedoeling alléén is niet genoeg. Iemand die bij het landelijk secretariaat solliciteert wordt kritisch ondervraagd, want men wil niet alleen bezielde mensen, maar ook trouwe medewerkers en dus zo weinig mogelijk verloop.
Er wordt bij Ammesty trouwens goed voor de vrijwilliger gezorgd. Naast de gewone Ondernemingsraad is er een Vrijwilligersraad; beide werken onderling nauw samen. Verder zijn er: een reiskosten- en fietsvergoeding, een introductiecursus, een ziekte- en ongevallenverzekering, een gratis lunch, en vergoeding van de voor het werk noodzakelijke opleidingskosten. Bovendien krijgt men een bijdrage voor eventuele kinderopvang.
Voor iedereen geldt dat hij of zij berekend moet zijn voor de taak en met moderne apparatuur als computer en tekstverwerker kan omgaan. Verder volgt op de proefperiode een evaluatiegesprek.
Ondans de strenge functie-eisen stromen na een advertentie de sollicitaties binnen. Omdat Amnesty International van oorsprong een wat men noemt 'traditionele' vrijwilligersorganisatie is, geeft de Sociale Dienst altijd toestemming om als vrijwilliger ervoor te werken met behoud van uitkering.
Indien uzelf, behalve over kennis en kunde, ook over tijd en energie beschikt, hoeft niets u te beletten een open sollicitatie in te sturen. Op uw leeftijd wordt niet gelet, wel op uw motivatie, uw communicatieve eigenschappen en uw teamgeest.

Oud-managers: er is werk aan de winkel

Stichting Kleinnood
Vrijwilligerswerk dat niets met zieken, gehandicapten, bejaarden of kinderen te maken heeft, maar dat gelukkig wel gebeurt, wordt verricht door de mannen en vrouwen die aangesloten zijn bij de Stichting Kleinnood in Den Haag.
De Stichting Kleinnood is opgericht om ondernemers uit het midden- en kleinbedrijf te adviseren op momenten dat er bij hen sprake is van een moeilijke situatie. Dat kan te maken hebben met een dalende omzet, een ophanden zijnde fusie, een verbouwing,

een opvolgingskwestie of marketingproblematiek. De Stichting maakt daarbij gebruik van goed onderlegde, ervaren vrijwilligers op financieel, economisch of organisatorisch terrein. Dat zijn doorgaans ondernemers, directeuren en vakexperts die met de VUT zijn gegaan of gepensioneerd zijn.
De Stichting Kleinnood beschikt momenteel over ongeveer 170 adviseurs (consulenten), verspreid over het gehele land. Ze werken nauw samen met de Kamers van Koophandel waar de bedrijven die advies nodig hebben, staan ingeschreven.
Om consulent te zijn – en daar gaat het hier om – moet u zelf een goede staat van dienst achter u hebben en u moet u aangetrokken voelen door het idee dat u kleine ondernemers van uw kennis en ervaring kunt laten profiteren. Het feit dat u dit *zonder* honorarium doet, maakt u meteen minder 'verdacht'. Uw enige belang is het welslagen van de ander. Vanzelfsprekend geeft het ook persoonlijk veel voldoening als het advies tot verbetering van een situatie leidt.
De onkosten van de Stichting en van de daarbij aangesloten vrijwilligers worden betaald uit sponsorbijdragen, waarvoor onder meer Shell Nederland, de Rabobank, de Koninklijke PTT, Unilever en de Nederlandse Gasunie zorgen.
Indien u er belangstelling voor hebt om voor deze Stichting te gaan werken, is het goed te weten dat daar enkele voorwaarden aan zijn verbonden. Wanneer u een paar jaar na uw pensionering denkt: laat ik mij eens bij Kleinnood melden, dan is het te laat. Men kan alleen adviseurs gebruiken die zelf nog goed op de hoogte zijn van de ontwikkelingen in het bedrijfsleven. Er verandert veel en dat veel gaat snel.
Verder verwacht de organisatie dat u regelmatig beschikbaar bent. Het werk kan ook niet gedaan worden op – pakweg – twee vaste middagen per week. Men weet niet wie zich zal melden, evenmin kent men de aard van de problemen en het daarmee gepaard gaande tijdbeslag. Indien u echter van 'ondernemen' houdt en graag in de running wilt blijven, is dit boeiend vrijwilligerswerk!

Senior Consult Groep
Het zoveelste bewijs dat vijftigplussers creatief en fit genoeg zijn voor nieuwe, waardevolle initiatieven, levert de in februari 1994 opgerichte Senior Consult Groep. Twintig mannen, onder het voorzitterschap van een vrouw, bewijzen dat ze kwaliteit, kennis en ervaring in huis hebben en dat het heel goed mogelijk is je ook na je vijftigste maatschappelijk nuttig te maken. Metterdaad proberen zij de verfoeilijke mentaliteit te veranderen die vijftigplussers buitenspel zet.
Het idee is afkomstig van Prof. dr. Agnes Iwema. Zij verzamelde een aantal bekwame mensen om zich heen die tijd overhadden en die zich graag maatschappelijk nuttig wilden maken.
Wat doelstelling betreft is er een bepaalde overeenkomst met de hierboven genoemde Stichting Kleinnood, maar er zijn ook verschillen. Kleinnood helpt op basis van vrijwilligheid kleine bedrijven een of twee dagen met adviezen en wordt bovendien gesponsord. Senior Consult Groep werkt anders. Daar pakt men, na een grondige analyse, het probleem op en men denkt en werkt er dan net zolang aan tot er een bevredigende oplossing tot stand is gekomen.
Elk van de twintig leden van de Groep heeft een klinkende staat van dienst. Hun honorarium is van secundaire betekenis en wordt meestal bepaald door de financiële draagkracht van de aanvrager. Een bejaardenserviceflat zal bijvoorbeeld minder draagkrachtig zijn dan een modezaak die met fusieproblemen te maken krijgt.

Emplooi
Emplooi, een project van Vluchtelingenwerk Nederland, is op zoek naar mannen en vrouwen die met de VUT of met pensioen zijn gegaan en die een leidinggevende functie hebben bekleed. Men denkt daarbij aan directeuren en chefs van arbeidsbureaus, aan directeuren van Scholengemeenschappen, leiders uit de zorg- en dienstenorganisaties, personeelsmanagers en anderen met bestuurlijke ervaring. Deze mensen hebben juist die specifieke kennis en ervaring die nodig is om toegelaten vluchtelingen wegwijs te maken in onze samenleving.

Ondanks het feit dat veel vluchtelingen in het land van herkomst een goede opleiding hebben genoten, blijft 50 procent van hen werkloos. Zij weten gewoon niet hoe ze het aan moeten pakken om aan de slag te komen en hebben bovendien moeilijkheden met de taal. Maar ook de werkgevers weten niet hoe om te gaan met legale, vluchteling-sollicitanten. Daarvoor heeft Emplooi vrijwilligers nodig die van wanten weten. De meeste adviseurs werken twee à drie dagen per week op de voor vrijwilligers gebruikelijke basis. Het is wat je noemt zeer eigentijds werk waarmee – op verschillende plaatsen – een uitstekende bijdrage wordt geleverd aan een goed (of nog beter) functionerende Nederlandse samenleving.

Mentorscope
De Stichting Mentorscope legt zich toe op vrijwilligerswerk voor en door zakenvrouwen.
In maart 1994 verscheen het rapport 'Vrouwen als ondernemers, een kwestie van beleid'. Uit dit rapport blijkt dat het aantal vrouwelijke ondernemers sinds 1979 explosief is gestegen van 10 naar 23 procent.
Dit is zonder meer positief te noemen, maar – zo concludeerden de samenstellers van het rapport – er is nog te weinig begrip voor de specifieke moeilijkheden waarmee vrouwen als ondernemer te maken krijgen.
De Stichting Mentorscope heeft dit al veel eerder onderkend.
Deze vijf jaar geleden opgerichte Stichting heeft ten doel pas gestarte vrouwelijke ondernemers professioneel te ondersteunen. Daarvoor heeft men de beschikking over ruim veertig vrouwelijke ondernemers die het al 'gemaakt' hebben, en die op basis van vrijwilligheid bereid zijn de starters te adviseren. Dat doen ze over een breed terrein: van financiën, marketing, reclame en personeelsbeleid tot en met verkoop en fusie. Niemand minder dan oud-minister Neelie Kroes is voorzitter van de Stichting.
Enerzijds kunnen degenen die hun collega's op vrijwillige basis willen adviseren zich bij de Stichting melden, anderzijds de ondernemers die het advies van een ervaren vakvrouw goed kunnen

gebruiken. Voorwaarde is dat men minimaal twee jaar bezig is met het bedrijf.

Vrijwilligersnetwerk

De hier genoemde organisaties waarin vrijwilligers actief zijn, kunnen met nog tientallen andere voorbeelden worden aangevuld. In vrijwel alle steden en dorpen zijn vrijwilligers in de weer. In het hele land zijn Vrijwilligers Centrales, die gefinancierd worden uit de gemeentelijke pot 'sociale vernieuwingen', zoals bijvoorbeeld in Amstelveen, waar twee energieke, herintredende vrouwen onlangs een vrijwilligersnetwerk hebben opgebouwd en in kaart gebracht.
Marianne de Bont en Nancy Smit hebben al meer dan honderd vacatures: een verzoek om assistentie in een dierenasiel, een chauffeur die de bewoners van een verpleegtehuis kan vervoeren, de ziekenomroep die dringend een programmamedewerker nodig heeft, enzovoort. 'Veel werk kan gedaan worden met behoud van uitkering, maar wij verzoeken de kandidaten hun activiteiten wel te melden bij de uitkeringsinstantie.'
De beide vrouwen hebben het er de hele week, behalve vrijdags, druk mee!

Besturen

Ook op bestuurlijk terrein is er nagenoeg altijd sprake van vrijwilligerswerk. Een voorzitter, een penningmeester en een secretaris kunnen handen vol werk hebben met het besturen. In 1993 heeft Teleac zelfs een speciale cursus voor dit doel georganiseerd onder de titel 'Effectief besturen'. Het gelijknamige boek kan besteld worden bij Teleac.
Besturen – of het nu om een tennisclub, een plaatselijke afdeling van het Rode Kruis of om een vereniging van postzegelverzamelaars gaat – heb je niet meteen in je vingers en vergt veel ervaring.

Het beste is trouwens om al in de tijd dat u die drukke baan hebt, dus tijdens die jaren met een nog wolkeloze toekomsthemel, een bestuursfunctie te accepteren, indien u daarvoor wordt gevraagd. Een ouwe rot in het vak zei mij eens: 'De beste bestuurders zijn mensen die het druk hebben; die verspillen geen tijd aan overbodige zaken. Ze komen snel tot de kern van de zaak en de oplossing van het probleem. Ze zorgen bovendien voor een goede taakverdeling.'

Zo houdt u plezier in het vrijwilligerswerk

Om van het vrijwilligerswerk een succes te maken en uzelf voor teleurstellingen en frustraties te behoeden, kunt u het beste op de volgende punten letten:
- Het idee dat geld bij werk hoort laat u bewust helemaal los.
- U zou er goed aan doen een activiteit te zoeken die ligt in de lijn van uw eigen kennis en kunde, uw interessesfeer, uw hobby of een duidelijke maatschappelijke bewogenheid.
- Wees bereid verplichtingen aan te gaan, alsof het een nieuwe baan geldt. Aan vrijwilligers die bij mooi weer niet komen opdagen heeft niemand iets.
- Het is goed als de werk- en andere afspraken schriftelijk worden vastgelegd. De organisatie verwacht dat u zich aan die afspraken houdt. U hebt als het ware een morele verplichting. Vergeet niet te vragen of de door u werkelijk gemaakte kosten vergoed worden.
- Indien u door ontslag, VUT of wat dan ook veel tijd krijgt, is het beter niet te lang te wachten met het zoeken naar vrijwilligerswerk. Als vijftigplusser hebt u vaak nog veel energie, en enige regelmaat in het dagelijks leven kan goed zijn om u over het gat van onvrijwillige werkloosheid, VUT of (vervroegde) pensionering heen te tillen. U zult immers al snel merken dat het plezier in het vertimmeren van de zolder, op de kleinkinderen passen of lekker gaan vissen, op den duur afneemt. Die zee van vrije tijd kan zelfs een loden last worden.

- Als u een sociale uitkering hebt en vrijwilligerswerk wilt doen, dient u zich aan bepaalde regels te houden. De belangrijkste voorwaarde is dat u beschikbaar blijft voor de arbeidsmarkt. Mensen die geen betaald werk meer hoeven te doen (gepensioneerden, vutters, volledig-arbeidsongeschikten), kunnen hun tijd besteden zoals ze willen. Voor wie een werkloosheidsuitkering heeft, geldt de zogenaamde pro deo-regeling. Daaronder valt het echte vrijwilligerswerk. Voorbeelden zijn: ziekenbezoek, werk voor een actiegroep of bij een telefonische hulpdienst, en schrijven voor een buurtkrantje. Als vrijwilligers met een uitkering dit soort activiteiten overdag tijdens 'kantooruren' doen, moeten ze dat aan de uitkeringsinstanties laten weten. Dat hoeft niet als het werk alleen 's avonds of in het weekend plaatsvindt. De uitkeringsinstantie (Sociale Dienst, GAK of bedrijfsvereniging) bekijkt dan of het om puur vrijwilligerswerk gaat.
- Veel mannen en vrouwen die arbeidsongeschikt zijn doen toch vrijwilligerswerk. De arbeidsdruk is minder zwaar, de tijden waarop je aanwezig moet zijn om dingen te doen zijn soepeler, en je bent tóch bezig en onder de mensen. In principe mag iedereen die een WAO-, AAW- of een invaliditeitsuitkering heeft en op 1 augustus 1993 vijftig jaar was vrijwilligerswerk doen, zonder de verplichte herkeuring in het kader van de nieuwe TBA-wet (terugdringing arbeidsongeschiktheid). Mensen die voor 80 tot 100 procent arbeidsongeschikt zijn, krijgen meestal meteen toestemming. Zij die gedeeltelijk zijn afgekeurd, kunnen soms het verzoek krijgen hun werkzaamheden te komen toelichten bij de uitkeringsinstantie. Deze arbeidsongeschikten hebben naast hun WAO/AAW-uitkering nog een werkloosheidsuitkering via een andere instantie. Zij moeten het vrijwilligerswerk dan aan beide uitkeringsinstanties laten weten.
Vergoeding van de voor het werk gemaakte kosten of een onkostenvergoeding van maximaal ƒ 16,- per week is uiteraard ook voor arbeidsongeschikten toegestaan en hoeft niet te worden opgegeven.
- Voor u de stap naar het moderne vrijwilligerswerk zet, is het

raadzaam u terdege te oriënteren. Er zijn prima organisaties, waarvan er hier slechts enkele werden genoemd, maar let op er wordt ook veel en goedbedoeld geklungeld. Soms viert het idealisme hoogtij, maar ontbreken de concrete doelstellingen en een goede leiding. Het Nederlands Centrum voor Vrijwilligerswerk (NCV) is een overkoepelende organisatie die de afspraken tussen opdrachtgevers en vrijwilligers zo goed mogelijk probeert te regelen en daarvoor ook 'modelcontracten' heeft opgesteld.
– Overleg met uw partner wat u wilt gaan doen nu u 'vrij' bent. Wil hij of zij juist dat u méér thuis bent om samen iets te ondernemen of loopt u elkaar ongewild toch voor de voeten? Dat laatste kan tot hevige irritaties leiden. Het grote voordeel van zinvolle werkzaamheden buitenshuis is dat je elkaar de ruimte geeft en 's avonds wat te vertellen hebt. Dat geldt zowel voor mannen als voor vrouwen.

Het NCV formuleert het aldus:
Vrijwilligers zorgen al jaren voor vernieuwing. Zij pakken zaken op die anderen laten liggen. Zij nemen initiatieven en stellen vaak problemen aan de orde om verandering teweeg te brengen. De kracht van vrijwilligersorganisaties is dat zij een open oog hebben voor maatschappelijke ontwikkelingen.
Voor elke vrijwilliger geldt dat het werk op hem of haar een positief effect heeft dank zij de nieuwe contacten, de teamgeest, het nieuwe werk of de maatschappelijke betrokkenheid. De vrijwilliger wordt gewaardeerd en dat is een heel prettig gevoel. Je hoort erbij!

Euthanasie: de feiten op een rijtje

Herinnering aan een ondraaglijk einde

Dit hoofdstuk is niet geschreven voor mensen die op dít moment worstelen met het probleem van een onleefbaar leven. Evenmin voor de velen die er in het verleden abrupt en onvoorbereid mee werden geconfronteerd.
Dit verhaal is voor iedereen die, zoals u en ik, gelukkig (nog) niet voor de keuze, het dilemma en de confrontatie staan.
Waarom zou u dit morbide hoofdstuk dan lezen? U bent immers zelden of nooit ziek. Een griepje, een beetje spit, een onwillig spiertje, een zwakke rug, een overspannen zenuw. Verder niks. Misschien hebt u een zware operatie achter de rug en verliep de genezing voorspoedig. Gefeliciteerd.
Dat alles is toch geen reden om aan euthanasie te denken?
Nee, natuurlijk niet.
Dát niet.
Wat dan wél?
Het leven is onzeker en niemand is zijn leven zeker. Er is één zekerheid en wel dat iedereen eens sterft. Ooit. De Dood komt zelden op Het Juiste Moment. Dat ogenblik komt vaak te vroeg. En soms te laat. Dit verhaal gaat over die laatste mogelijkheid: het te laat komen van de dood. Over het risico van een ondraaglijk einde.
Met een verstandige, vooruitziende blik hebt u zich waarschijnlijk verzekerd tegen allerlei calamiteiten als ziektekosten en wettelijke aansprakelijkheid. U hebt een reisverzekering, een verzekering tegen brand en een levensverzekering. Wellicht hebt u zich zelfs verzekerd tegen allerlei drama's die je met de beste wil van de wereld niet kunt voorzien of voorkomen.

'Zekerheid'

Dat woord 'verzekering' geeft overigens een vals gevoel van zekerheid. Uit de krant kennen we allemaal dat standaardzinnetje 'De verzekering dekt de schade.' Dat is maar zeer ten dele waar. De verzekering dekt eigenlijk alleen materiële schade. De waarde van uw gestolen camera krijgt u terug, maar de onvervangbare waarde van de foto's op dat gestolen rolletje kan niemand vergoeden. Zoals bij brand ook uw camera's en uw video-apparatuur worden vergoed, maar uw fotoalbums en videobanden voorgoed verloren zijn.
Echt belangrijke dingen kun je niet verzekeren. Zeker je leven niet. Uw levensverzekering betaalt uit als u doodgaat. Geld voor uw nabestaanden. Daarmee hebben ze ú niet terug.
In veel gevallen heelt zo'n financiële pleister de wonde toch een beetje. Na de brand koop je nieuwe meubels. Na de diefstal koop je een betere camera. En de volgende vakantie zal mooier zijn, en beter voorbereid.
Want de onbelangrijke dingen in het leven kun je nog eens overdoen. De belangrijke dingen in het leven zijn echter eenmalig. Zoals de geboorte, die meestal omringd is met veel aandacht, zorg en liefde. Maar ook het einde maak je slechts één keer mee. Toch denken we daar liever zo weinig mogelijk over na. We vieren de geboorte en verdringen de dood. Daar zijn we nog lang niet aan toe. Als het einde slecht is geregeld en voorbereid, wordt het nooit een Happy End.
Op een moment dat we hopen nog ver van de dood verwijderd te zijn, maken we ons testament en sluiten een begrafenisverzekering af. Dat zijn meestal de enige vooruitziende blikken naar de dood. Het belangrijkste bewuste moment in ons leven is tevens het meest angstaanjagende. Daarom stappen de meesten van ons volmaakt onvoorbereid over de drempel van leven en sterven. Angst voor de dood werkt verlammend en frustrerend. Nadenken over de dood is spannend en opwindend. Wie ooit vlak voor die laatste drempel heeft gestaan, weet dat.

Rouwadvertenties

> 'Ik was net vijftig geworden en leek kerngezond,' zegt Alex, 'Ik leefde volgens het motto: het feit dat iedereen tot nu toe dood is gegaan, betekent niet dat we er een gewoonte van moeten maken. Ook al had ik een aantal familieleden en vrienden begraven, de dood bleef voor mij iets abstracts. Toen – van de ene dag op de andere – stortte mijn hele kaartenhuis in.
> Zwaailichten, sirenes, spoedoperatie, intensive care.
> Onverwacht en onvoorspelbaar. Hoe kun je daar rekening mee houden? De operatie lukte. Ik revalideerde en begon het leven opnieuw te ontdekken. En daarmee de dood. Voor het eerst las ik de overlijdensadvertenties. Zeventig jaar betekende voor mij: nog twintig jaar. En als een dode van veertig in de krant stond, dacht ik: die heb ik al met tien jaar overleefd.'

Tegenwoordig lezen we in rouwadvertenties steeds vaker een eigen en eigenzinnig verhaal, geschreven door de overledene zelf. Die advertentie is zelden of nooit opgesteld door iemand die abrupt (soms letterlijk) uit de boot is gevallen. Meestal is de tekst weloverwogen en zorgvuldig geschreven door iemand die al enige tijd wist dat zijn einde naderde.
Dat zelf schrijven van je overlijdensbericht is een gezonde ontwikkeling en een voorbeeld dat navolging verdient. Ook en juist door mensen die hopen dat Het Fatale Moment nog lichtjaren van hen verwijderd is. Het dwingt je tot bezinning op je leven: wat wil je de achterblijvenden eigenlijk als jouw laatste gedachten meegeven?

Is er koffie na de dood?

De meeste taboes in onze samenleving worden weleens op de hak genomen of op de tocht gezet. Maar het taboe van de dood wordt gekoesterd. Doodgaan is een doodserieuze en veelal religieuze zaak. De Dood is Iets Bijzonders. Daar mag je alleen met gedempte stem en in zwaarwichtige woorden over praten. Met de dood valt niet te spotten, dus mag je om de dood niet lachen. Zelfs niet glimlachen.

Dat ondervond uitvaartverzekeraar AVVL, die in een advertentie normaal Nederlands gebruikte: *Is er nog koffie na de dood?* Driehonderd Nederlanders klaagden bij de Reclame Code Commissie dat de verzekeraar 'van doodgaan een lolletje maakte'. De Commissie zelf vond de slagzin 'onnodig kwetsend' en dus ontoelaatbaar: 'Door de directheid van de omstreden zin worden velen die zich in een periode bevinden waarin zij geconfronteerd worden met de dood pijnlijk getroffen.'

De AVVL vond het 'triest te moeten constateren dat het ons wordt bemoeilijkt het taboe rond de dood (...) te doorbreken'. De maatschappij bedacht een nieuwe slagzin: *Leven doe je maar één keer. Doodgaan ook.*

Angst en afkeer om creatief na te denken over leven, ziekte en dood berokkenen later heel wat leed. Zo zijn heel wat gezonde mensen 'in de kracht van hun leven' ongemotiveerd maar resoluut in hun absolute afwijzing van opname in een ziekenhuis. Tot het eenmaal zover is en ze 'niet anders kunnen'.

Maar soms doet zich een situatie voor waarin je plotseling of geleidelijk in een toestand geraakt waarin je je eigen wil niet meer kunt uiten. In de jaren twintig schreef Franz Kafka (die zelf voor een verzekeringsmaatschappij werkte) een angstwekkend overtuigend boek over dat proces: *Het Proces.*

In het leven is die machteloosheid vaak een tijdelijke beklemming en frustratie. Op het sterfbed betekenen totale machteloosheid en wilsonbekwaamheid dat anderen over jouw leven moeten beslissen. Daarom alleen al is het verstandig om na te denken over het op- stellen van een euthanasieverklaring. Bovendien: zo'n verklaring stel je niet alleen op voor jezelf. Het is ook een duidelijke richtlijn voor familie, vrienden en andere toekomstige nabestaanden, en voor je huisarts, specialisten en verpleegkundigen. Wie nú serieus nadenkt over euthanasie, bespaart zichzelf en anderen later misschien veel uitzichtloze ellende.

Het eerste euthanasievonnis werd in 1851 gewezen: knecht Jan Slotboom had tegen betaling Jacoba Pluckel op haar eigen verzoek gedood. De vrouw ('drankzuchtig en krankzinnig') wilde haar familie de schande van zelfmoord niet aandoen. Slotboom kreeg de doodstraf, die na gratie van de koning werd omgezet in levenslang.
Een eeuw later werd het eerste moderne euthanasievonnis uitgesproken: één maand voorwaardelijk voor een man die in 1952 zijn broer op diens wens uit zijn lijden had verlost.
Spraakmakend werd euthanasie bij het proces van de Friese huisarts mevrouw G.E. Postma-van Boven, die in 1971 in 'een daad van liefde en moed' euthanasie pleegde op haar doodzieke moeder. Ook zij kreeg één week voorwaardelijke gevangenisstraf. Naar aanleiding van de commotie rondom dat proces werd de Nederlandse Vereniging voor Vrijwillige Euthanasie (NVVE) opgericht.

Euthanasie is een verzoek

'U bepaalt zelf hoe u wilt leven,' stelt de NVVE in haar brochure. 'Hoe u zult sterven bepalen vaak anderen. De NVVE meent dat het recht tot zelfbeschikking inzake het eigen levenseinde wettelijk moet worden erkend.'
Een wettelijke regeling van zelfbeschikking over het eigen levenseinde? Dat suggereert dat zelfmoord in Nederland strafbaar is. En dat is niet zo.
Het gaat in feite ook niet om een patiënt die zelf besluit een einde aan zijn of haar leven te maken en daartoe beschikt over de geëigende middelen. Het gaat om verschillende vormen van hulp door derden. In eerste lijn om passieve stervensbegeleiding en in laatste instantie om hulp bij zelfdoding.
Verenigingen met één enkel vastomlijnd doel hebben in hun nijvere ijver soms de neiging dat doel voorbij te schieten. Zo dreigt de NVVE soms te vergeten dat het euthanasieprobleem niet bij de patiënt ligt, maar ook en misschien nog meer bij de helpers, de artsen, specialisten en verpleegkundigen.

Want in de hele discussie staat één aspect voorop: euthanasie is en blijft een kwestie van verzoek. Een arts mag nooit door wet of werkgever worden gedwongen te handelen tegen zijn opvatting en interpretatie van zijn beroepsethiek in.
Maar belangrijker dan de slagzinnen op haar brochure zijn de studie en het werk die de NVVE de afgelopen twintig jaar heeft verricht. Veruit de belangrijkste bijdrage van de Vereniging in de hele problematiek is de *Euthanasieverklaring*. Die standaardtekst is een wilsverklaring die zich richt tot artsen, verplegers en verzorgers en luidt als volgt:
'Het is mijn wil niet verder te leven en spoedig op milde wijze te sterven wanneer ik door welke oorzaak dan ook kom te verkeren in een geestelijke of lichamelijke toestand die geen of nauwelijks enig uitzicht biedt op terugkeer tot een voor mij redelijke en waardige levensstaat.'
Daarna worden in de verklaring duidelijk de situaties omschreven waarin de toekomstige patiënt verzoekt om passieve of actieve stervenshulp. In de standaardtekst worden vier concrete gevallen aangegeven:
1. Een toestand van ernstig of langdurig terminaal lijden;
2. een onomkeerbaar coma;
3. het blijvende en (vrijwel) totale verlies van mijn vermogen tot geestelijke activiteit of tot communicatie of tot zelfredzaamheid;
4. een onafwendbare ontluistering;
5. en voorts elke geestelijke of lichamelijke gesteldheid, die ik nader mocht aangeven of die mij mocht treffen met voor mij kennelijk onaanvaardbare gevolgen.

Hoe zorgvuldig de formulering ook is gekozen, het is duidelijk dat het hierbij gaat om een intentieverklaring. Uiteindelijk wordt de invulling daarvan in goed vertrouwen overgelaten aan de betreffende artsen, verpleegkundigen en eventueel aan een door de opsteller aan te wijzen gevolmachtigde.
Bij de euthanasieverklaring hoort een *volmacht*-formulier waarin de opsteller een gevolmachtigde aanstelt. Deze persoon moet

ervoor zorgen dat de gedeponeerde wilsverklaring wordt nageleefd, wanneer de opsteller niet of niet meer voldoende in staat zal zijn om die naleving te verzekeren. Een *Euthanasie-Pas* – compleet met pasfoto, personalia, naam en adres van een gevolmachtigde, een naaste relatie en de huisarts – verwijst naar de wilsverklaring en de volmacht.
(In 1992 lanceerde de Stichting Katholiek Nieuwsblad een tegenhanger, bestemd voor tegenstanders van actieve euthanasie: de *Credocard*. Daarop staat de boodschap: 'De drager van deze Credocard is katholiek, vraagt bij levensgevaar geestelijke bijstand van een priester en verklaart nooit in te stemmen met actieve euthanasie.')

'Nooit over nagedacht'

In opdracht van de NVVE hield het NIPO in januari 1993 een onderzoek naar de opvattingen over euthanasie. Daaruit bleek dat meer dan de helft van de ondervraagden nog nooit van de NVVE had gehoord. Van hen had 95 procent geen euthanasieverklaring. Waarom niet? vroeg het NIPO. Omdat 61 procent daar nooit over had nagedacht, 11 procent niet wist hoe dat werkte, 9 procent tegen euthanasie was, 6 procent geen vertrouwen in zo'n verklaring had, en 12 procent andere redenen opgaf of niet wilde zeggen waarom ze geen euthanasieverklaring hadden.
Aangezien euthanasie nog steeds een strafbaar feit is, zijn cijfers over het aantal ingrepen per definitie nooit meer dan deskundige schattingen. In de hoogste schatting wordt gesproken van tienduizend euthanasiegevallen per jaar. Meer gedetailleerd onderzoek kwam tot lagere aantallen.
Jaarlijks wordt in Nederland 2.300 maal actieve euthanasie gepleegd. Dat is nog geen 2 procent van alle sterfgevallen. In duizend gevallen is sprake van ongevraagde euthnasie (zie blz. 181). Vierhonderd maal helpt de arts bij zelfdoding. Bovendien overlijden in Nederland jaarlijks 22.500 mensen doordat een arts een medisch zinloze behandeling afbreekt of zelfs niet begint. Een even groot

aantal mensen overlijdt jaarlijks aan het toedienen van pijnbestrijdende middelen. In al die gevallen gaat het om stervende patiënten die ernstig lijden.
Een wetenschappelijk onderzoeker die alleen de huisartsen ondervroeg, kwam tot de conclusie dat per jaar 2.000 huisartsen meewerken aan de levensbeëindiging van hun patiënten. In bijna de helft van de gevallen wordt de gang van zaken niet schriftelijk vastgelegd. Een op de tien huisartsen pleegt daarbij geen enkel overleg met zijn of haar collega's. Slechts een kwart meldt die ingreep bij de justitie. Meer dan de helft geeft als doodsoorzaak 'natuurlijke dood' op.

De vele definities van euthanasie

Wat is euthanasie eigenlijk? Volgens de NVVE kun je de vele definities van euthanasie kort samenvatten tot: 'een opzettelijk levensverkortend handelen of nalaten van handelen door een ander dan de betrokkene en op diens verzoek.'
De Koninklijke Nederlandsche Maatschappij tot bevordering der Geneeskunst (KNMG) omschrijft euthanasie heel wat gedetailleerder:
'Euthanasie is een handelen dat beoogt het leven van een ander op diens uitdrukkelijk verzoek te beëindigen. Het gaat om handelen waarvan de dood het oogmerk en het gevolg is. Het betreft een handelen op uitdrukkelijk verzoek van de patiënt. Als er geen verzoek van de patiënt zelf is en er wordt toch overgegaan tot het beëindigen van zijn leven, is er in juridisch opzicht sprake van moord of doodslag en niet van euthanasie.'
Volgens de KNMG is er geen sprake van euthanasie bij:
– Het niet instellen of staken van een behandeling in gevallen waarin een zodanige behandeling naar heersend medisch opzicht zinloos is.
– Het verlenen van hulp ter verlichting van het sterven (zoals pijnbestrijding). Levensbeëindiging kan een nevengevolg zijn, maar is niet het primaire doel van de behandeling.

– Weigering door de patiënt van een medisch geïndiceerde behandeling. In dit geval mag de hulpverlener niet ingrijpen. Dat zou mishandeling zijn.

'Het vraagstuk van de euthanasie is van een veelomvattend, complex en uitzonderlijk karakter,' zo constateert de KNMG. Men doet geen uitspraak over de toelaatbaarheid van euthanasie, maar geeft slechts richtlijnen voor de praktijk.
Voor artsen die euthanasie 'bespreekbaar' vinden, stelde de KNMG vijf zorgvuldigheidseisen op: een patiënt moet vrijwillig (1), weloverwogen (2) en in een duurzaam verlangen naar de dood (3) verzoeken om euthanasie om zijn of haar onaanvaardbaar lijden (4) te beëindigen. Daarbij dient de betreffende arts over die beslissing collegiaal overleg (5) te plegen.

Er zijn gradaties en differentiaties in euthanasie:
– *Vrijwillige euthanasie* gebeurt op verzoek van de betrokkene.
– *Ongevraagde euthanasie*: daarbij ontbreekt de instemming van de betrokkene omdat de patiënt niet in staat is zijn of haar wil te uiten (onvrijwillige euthanasie).
– *Passieve euthanasie* is het nalaten of afbreken van levensverlengende handelingen.
– *Actieve euthanasie* is het toepassen of toedienen van levensbeëindigende middelen of handelingen.
– *Directe euthanasie* is een handeling gericht op levensbeëindiging.
– *Indirecte euthanasie* is een handeling gericht op het verzachten van het lijden, waardoor eventueel het sterven wordt versneld.

Daarbij moet de patiënt in alle gevallen in een stervensfase verkeren, ongeneeslijk ziek zijn en ondraaglijk lijden. Bovendien moet uitzicht op genezing ontbreken, de alternatieven met de patiënt besproken zijn en door hem na een weloverwogen beslissingsproces als onaanvaardbaar zijn verworpen. En de arts moet overleg hebben gepleegd met collega's.

Strafbaar, tenzij...

Medio 1993 stelde het Kabinet een nieuwe Nederlandse regeling voor: 'Euthanasie blijft strafbaar, maar artsen die zich aan zorgvuldig geformuleerde procedures houden, kunnen ervan uitgaan dat zij niet vervolgd zullen worden.'
Dus niet *toegestaan, mits,* maar *strafbaar, tenzij.* Een prachtig en typisch Nederlands compromis, zonder die typisch Nederlandse neiging om álles in een keurslijf van regels te willen smoren. Er wordt veel overgelaten aan de persoonlijke en professionele verantwoordelijkheid van artsen, terwijl mogelijk misbruik te allen tijde strafbaar blijft.
Die terechte angst voor misbruik gaat terug tot de tweede wereldoorlog. In de nazi-tijd hebben de Duitsers veel symbolen, woorden en begrippen dusdanig bezoedeld dat anderen ze na 1945 met goed fatsoen niet meer konden gebruiken. Duidelijkste voorbeeld daarvan is de swastika, oorspronkelijk een oud-boeddhistisch teken. Dat 'hakenkruis' werd het symbool voor alles wat vuns, vuil, voos en verdorven was. Zo werd ook het begrip 'euthanasie' besmet: de medische misdadigers van Hitler misbruikten het woord als eufemistische dekmantel voor de duizenden moorden op wat de nazi's 'lebensunwertes Leben' noemden.
Tegenwoordig hebben juristen in Nederland veel vertrouwen in de praktische, morele en ethische beslissingen van medici inzake euthanasie. De Drentse hoofdofficier van justitie mr. J.M.M. van Woensel verwoordde dat in 1986 aldus:
'Aan actieve euthanasie is bijna altijd een langdurig en herhaald intensief, sterk emotioneel geladen overleg tussen patiënt, arts, familie en/of vrienden en verplegend/verzorgend personeel voorafgegaan. In de meeste gevallen is er sprake van een beslissing die door de betrokkenen als buitengewoon moeilijk wordt ervaren.'

Op 23 juni 1994 heeft de Hoge Raad met een heldere uitspraak meer duidelijkheid gebracht in de verwarrende discussies over de toelaatbaarheid en hulp bij zelfdoding als er sprake is van zeer ernstig geestelijk lijden. Het ging hier om de zaak Chabot, een psychiater die een vrouw terzijde stond die na de dood van haar man en twee kinderen niet verder wilde leven. Zij wenste evenmin haar medemensen te belasten door voor een trein of van een flatgebouw te springen. De psychiater B.E. Chabot verschafte haar, na vele gesprekken en na overleg met meerdere collega's, ten slotte het middel om in alle rust en vrede te sterven. De arts werd weliswaar schuldig bevonden, maar tevens van rechtsvervolging ontslagen.

Door de Hoge Raad werd meermaals benadrukt dat een arts in dergelijke gevallen uitzonderlijk behoedzaam te werk dient te gaan.

De NVVE zal samen met de KNMG een protocol uitwerken waarin deze voorzorgsmaatregelen nader worden vastgesteld.

Maar hoe goed de praktische uitvoering ook is, elke wettelijke regeling moet zich wapenen tegen mogelijk misbruik. Het laatste woord is dan ook aan Prof. mr. J. Remmelink, procureur-generaal bij de Hoge Raad. Hij was voorzitter van de regeringscommissie die in 1990 aard en omvang van euthanasie onderzocht. Hij waarschuwde terecht voor ál te makkelijke regelingen van een zo essentiële en existentiële ingreep:

'Het mag nooit zo worden dat door een of andere vlotte formule euthanasie gemakkelijk wordt gemaakt. Het is een moeilijke zaak en dat moet zo blijven. Het kan geen kwaad dat medici blijven doen wat ze nu doen: nadenken en danig tobben, voor ze een beslissing nemen.'

Henk J. Meier

Ontslag, outplacement, voor jezelf beginnen, VUT en vrije tijd

Ontslag, de grote kater

Vroeger dacht men dat iemand die ontslag kreeg niet deugde voor zijn werk. Dat is nog niet eens zolang geleden. Tegenwoordig weet men wel beter, maar die nare bijsmaak zijn we nog steeds niet helemaal kwijt.
Een ontslag is voor elke man of vrouw een pijnlijke ervaring. De arbeidstrouw en de jarenlange verbondenheid met de zaak, het bedrijf of de organisatie blijken als het erop aankomt waardeloos te zijn. Zo'n bittere ervaring beschadigt iemands gevoel van eigenwaarde. Het duurt vaak lang voordat men weer gemotiveerd naar een andere baan kan solliciteren.
De dagelijkse berichtgeving over werkgelegenheid hangt van tegenstrijdigheden aan elkaar. De politiek heeft het voortdurend over het scheppen van meer banen. Tegelijkertijd word je murw gebeukt door berichten over nieuwe bedrijfssluitingen en arbeidsplaatsen die verdwijnen. Waar gaan we naartoe en hoe moet het verder? De conjunctuur zakt in of flakkert weer even op. Fabrieken draaien op halve kracht, nieuwe machines vervangen vakmensen, en zo komen er steeds meer mensen op straat te staan en in de WW terecht. Voor ongeschoolden en werknemers boven de zevenenveertig jaar zijn de kansen om ander werk te vinden klein.
Het meest dramatische voorbeeld was wel het faillissement van DAF in 1993, waarbij 5.000 medewerkers 'de brief' kregen. Daarin werd meegedeeld of ze wel of niet konden blijven, en 2.500 werknemers werden ontslagen. Ruim 900 goede vaklui vonden elders een baan. Een jaar later (1994) kregen 115 van deze ex-Daffers opnieuw ontslag aangezegd, nu bij hun nieuwe werkgever. Het Regionaal Bestuur van de Arbeidsvoorziening (RBA) in Eindhoven maakte er een prestigezaak van om hen weer ergens geplaatst te

krijgen. Opnieuw spanning en onzekerheid voor de betrokkenen, wat een ernstige weerslag op hun privé- en huiselijke omstandigheden had.
Er zijn mensen, onder wie vooral jongeren, die zich wapenen met een schild van onverschilligheid. Anderen beschikken over een onblusbaar optimisme. Zij blijven positief denken en laten zich door tegenslagen niet ontmoedigen.
De zakenman Ruud Bom, die vertelt over zijn ontslag en hoe hij weer uit het dal kwam (zie blz. 209), is daarvan een inspirerend voorbeeld.

De handen ineen
Bij enkele bedrijven die massaal ontslag hebben aangekondigd, lossen de werknemers de problemen voor een deel op door de handen ineen te slaan. Dat gebeurde onder andere bij de Nederlandse Rotogravure Maatschappij (NRM), een van de grootste grafische ondernemingen in Nederland. Op termijn moet de drukkerij sluiten. Nu zoeken 450 medewerkers een nieuwe baan. Ze hebben zelf een bureau opgericht voor Arbeidsplaatsen-Coördinatie (APC). Dat bureau heeft tot taak de medewerkers bij te staan in hun speurtocht naar nieuw emplooi. Er is een prachtige folder verzonden naar vele aanverwante bedrijven. Alle personeelsleden zijn ondergebracht in een computerbestand, maar ook de vacatures die gemeld worden, gaan de computer in. Er wordt daarbij een indeling gemaakt aan de hand van een aantal gegevens, zoals opleiding, ervaring, niveau, regio en leeftijd. Op deze wijze kunnen beide bestanden met elkaar worden vergeleken en ontstaat er een 'match', die bij sollicitaties tot nog toe goede resultaten afwerpt.

Outplacement: de moderne weg naar een nieuwe baan

Outplacement is een moderne manier om medewerkers die hun sporen in een organisatie al hebben verdiend, professioneel te begeleiden bij het zoeken naar een nieuwe baan. Dat hoeft niet altijd met ontslag te maken te hebben. Het kan ook zijn dat er geen uitzicht op promotie meer is voor de medewerker in kwestie of dat iemand te lang hetzelfde werk heeft gedaan en zelf het idee heeft aan iets anders toe te zijn. Als zijn of haar werkgever dan outplacement voorstelt en daartoe contact opneemt met een van de vele, goed bekendstaande bureaus, is dat een mogelijkheid die men met twee handen moet aangrijpen.

Sommige mensen, vooral mannen, schamen zich voor 'outplacement'; ook in het bedrijfsleven wordt daar soms met de nodige vooroordelen over gedacht. 'Op een chique manier iemand lozen,' heet het dan.

Maar zo liggen de zaken bij een outplacement-bureau niet. Je volgt er een training die veel van de kandidaat eist. Het is zelfs hard werken, met een takenpakket dat er niet om liegt. Maar je wordt professioneel begeleid op je eigen functieniveau. Zo'n begeleidings- en trainingsproces neemt enkele dagen per week in beslag en duurt gemiddeld drie tot zes maanden. Daarna weet je wat je waard bent en heeft je zelfvertrouwen een stevige fundering gekregen.

Prof. dr. ir. Rob Stobberingh en Richard Brunninkhuis zijn als loopbaanadviseurs verbonden aan het Nederlands Outplacement Instituut in Den Haag. Dit is een van de vele gespecialiseerde instellingen op dit gebied, aangesloten bij het Raadgevend Bureau Claessens. Het tweetal zegt dat als een bedrijf gaat fuseren, bepaalde functies vaak overbodig worden. Dan wordt een oplossing gezocht voor de goede medewerkers en die bestaat vaak uit outplacement.

Iets soortgelijks doet zich voor bij saneringen, als men met minder mensen hetzelfde werk gaat doen. Ook overheidsinstanties en gemeentelijke instellingen verzetten de bakens, hetgeen gevolgen heeft voor het personeelsbestand. Van een outplacement-training hopen en verwachten alle partijen dat die uitmondt in een nieuwe functie. Een functie die niet alleen inkomen verschaft, maar die ook arbeidsvoldoening schenkt.

De methode is er van meet af aan op gericht de slaagkans van de kandidaat te vergroten. De mens (de kandidaat) is het uitgangspunt bij het doelgericht zoeken naar een baan die bij zijn of haar kwaliteiten past. Elke kandidaat wordt begeleid door een persoonlijk adviseur. Deze is de vertrouwenspersoon, trainer en coach. Er zijn gekwalificeerde psychologen ter beschikking die de kandidaten voorbereiden op de psychologische tests die bij sollicitaties door velen toch als een enorme hinderpaal worden ervaren.

> Margot Brouwer (vijftig) is zeer content over de outplacement-training.
> 'Ik ben van mijn leven nog niet zo intensief en grondig met mijzelf bezig geweest. Je krijgt tijdens deze training een spiegel voorgehouden. Wat zijn je sterke en wat zijn je zwakke punten? Wat wil je bereiken? Wat kun je bereiken? Durf je een totale ommezwaai aan? Durf je iets anders te beginnen? Ik ontdekte dat ik mezelf flink voor de gek had gehouden. De baan die ik al jarenlang heb bij een uitgeverij van bedrijfsbladen vond ik leuk, maar soms ook saai. Toen we binnen het jaar drie heel belangrijke klanten verloren, met wie ik altijd goede contacten had onderhouden, gaf me dat wel te denken. 'Zou je voor outplacement voelen?' vroeg mijn directeur. Ik wist nauwelijks wat dat voorstelde, maar voor mij was het duidelijk dat ik bij deze uitgever op deze plek niet kon blijven. Wat had ik te verliezen? Niets, en de zaak betaalde de training.
> Ik ben nu bijna vier maanden bezig. Het is behoorlijk zwaar, maar ik merk dat mijn toekomst weer een lichtgevend randje krijgt. Ik leer advertenties op de juiste manier lezen en ben druk aan het solliciteren. Vaak vragen ze in advertenties een schaap, niet met vijf, maar met tien poten. Veel ervaring en niet ouder dan vijfentwintig. Belachelijk! Nu laat ik me door die leeftijd niet meer afschrikken. Ik weet wie ik ben en wat ik kan en dat straal ik ook uit. Ondanks het feit dat ik vijftig ben, weet ik dat ik een andere baan zal krijgen.'

Drs. E. van Boven en drs. B. Buiten schrijven in het blad *Management in overheidsorganisaties* (1991) dat 48 procent van

de outplacement-kandidaten hun nieuwe functies niet dicht bij huis zocht, maar nieuwe wegen durfde in te slaan. Veel kandidaten krijgen in de loop van het traject en dank zij hun contacten met de arbeidsmarkt een zodanig inzicht in hun capaciteiten dat zij met een goede dosis zelfvertrouwen aan iets nieuws durven beginnen. Zij noemen vervolgens enkele frappante voorbeelden:
- een systeembeheerder bij de rijksoverheid werd verkoper bij een elektronicabedrijf;
- een hoofdagent van politie werd beheerder van een bejaardentehuis;
- een medewerker van een universiteitsbibliotheek werd hoofd postzaken bij een bank.

De loopbaan-switches zijn des te opvallender, aangezien er toch duidelijk moed voor nodig is iets totaal anders te gaan proberen.

Zo'n training kan drie tot zes maanden duren en soms nog langer. Daarover worden afspraken gemaakt met de opdrachtgever. Een outplacement-organisatie kan echter niet garanderen dat de kandidaat een baan krijgt, omdat een goed bureau de training gescheiden houdt van werving en selectie. Dit om vermenging van belangen te voorkomen.

'Lukt het dan nog niet,' zegt een functionaris van de afdeling personeel en organisatie van VNU, 'dan gaat alsnog een ontslagprocedure in via de kantonrechter, waarbij dan vaak een schadeloosstelling wordt bedongen.'

Voor jezelf beginnen, hoe pak je dat aan?

Vooral vijftigplussers krijgen nogal eens het advies om voor zichzelf te beginnen. Partner of vrienden merken bijvoorbeeld aan de verhalen over het werk dat hij of zij het niet meer naar de zin heeft: 'Die nieuwe directeur, dat is een moeilijke vent.'
Wat doe je in zo'n geval? Een andere baan zoeken? Ja, ja, gemakkelijker gezegd dan gedaan op deze leeftijd. Outplacement vragen? Of blijven zitten met de gedachte: het zal mijn tijd wel duren?

Sommige mannen en vrouwen besluiten op zo'n moment in hun leven de sprong naar zelfstandigheid te wagen. Zij geven de zekerheid van een maandsalaris en hun pensioenrechten op (die kopen ze af of nemen ze mee) en treffen andere regelingen. Voorop staat echter dat zij weten wat zij te bieden hebben aan kennis en kunde. Zij durven risico's te nemen en zijn bereid zeer hard te werken.

> Wibo de Jong (zesenvijftig) is zo'n man. Hij moest voor zijn bedrijf talloze malen naar het Verre Oosten. In Tokio en Kyoto snuffelde hij dikwijls in warenhuizen en boetieks en nam voor zijn vrouw vaak prachtige lakdozen en andere gebruiksvoorwerpen mee. Eigenlijk wilde hij wel importeur worden van deze verfijnde luxe-artikelen. Het idee liet hem niet meer los. Hij besprak de voor- en nadelen tot in den treure met zijn vrouw en met zijn financieel adviseur.
> Wibo de Jong zegt nu, vier jaar later: 'Mijn vrouw gaf de doorslag. Ze vond dat ik het maar moest doen. Zij had tenslotte ook een baan en onze hypotheek was bijna afgelost. Ze zei: "Je bent nu tweeënvijftig en je hebt nog minstens tien goede jaren voor de boeg."'
> Zo gezegd, zo gedaan. De import uit Japan is een succes geworden voor Wibo, ook al is zijn omzet het laatste jaar wat teruggelopen als gevolg van de recessie. Hij heeft er overigens een opdracht bij. Een nieuwe Japanse relatie wil dat hij een verkooppunt in West-Europa gaat opzetten.
> 'Daar raak je af en toe wel bekaf van,' aldus Wibo. 'Japanse zakenmensen laten je, als het hun business betreft, niet met rust. De fax werkt dag en nacht, ze moeten alles tot in de details weten. Maar ik heb er lol in en daar gaat het toch om, nietwaar? Ik had veel eerder voor mezelf moeten beginnen!'

Thea Veldhuyzen van Zanten, oud-directeur van de Koninklijke Begeer, is ook uit het goede hout gesneden. Op haar zestigste kondigde ze aan dat het nu wel mooi genoeg was geweest en dat ze ermee ophield. Men wilde echter een waardevolle manager niet zomaar laten gaan en vroeg of ze toch voor het concern bepaalde werkzaamheden wilde blijven verrichten.

'Oké,' was Thea's antwoord, 'als ik maar de vrijheid heb om eigen baas te zijn. Ik wil echt andere dingen doen, zoals in wijn handelen en antiek verkopen.'

In die periode wilde ze bovendien meer tijd hebben om zich bezig te kunnen houden met de Stichting VrouwenNetwerk Nederland en de oprichting van de Alzheimer Stichting. Thea Veldhuyzen van Zanten bracht al haar zaken onder in een B.V., waarvan zij de directeur werd. In diezelfde tijd – de jaren tachtig – werd haar door de Kamer van Koophandel in Haarlem verzocht startende vrouwelijke ondernemers te adviseren. Onder de ruim zeventig adviseurs van de Kamers van Koophandel bevond zich geen enkele vrouw. Dat was des te merkwaardiger, omdat juist toen een groot aantal vrouwen besloot voor zichzelf te beginnen. Ze waren vastgelopen in de mannenhiërarchie van het bedrijfsleven en kwamen veel te weinig voor promotie in aanmerking.

Mevrouw Veldhuyzen van Zanten weet waar ze het over heeft, als ze zegt: 'Iedereen die overweegt de stap van "loonslaaf" naar eigen baas te maken, moet zich eerst maar eens tot een Kamer van Koophandel wenden. Daar ligt gratis het informatieve 'Starterspakket' klaar. Bovendien zijn daar financiële deskundigen, juristen en marketingexperts om de ontwerpplannen van de beoogde onderneming te beoordelen op haalbaarheid.'

Onderneming op eigen naam: de eenmanszaak
De meest eenvoudige juridische constructie is de onderneming op eigen naam: de eenmanszaak. U laat zich bij de Kamer van Koophandel (K.v.K.) inschrijven. De naam van uw bedrijf wordt geregistreerd in het Handelsregister, evenals de aard van uw activiteiten. De kandidaat-ondernemer krijgt de verplichting deze naam en zijn of haar dossiernummer op briefpapier, orderformulieren en facturen te vermelden. Verder is jaarlijks een financiële

bijdrage aan de K.v.K. verschuldigd. De hoogte van dit bedrag is afhankelijk van het ondernemingsvermogen.
U dient echter wel te bedenken dat bij deze bedrijfsvorm géén onderscheid wordt gemaakt tussen het ondernemingsvermogen en het privé-vermogen. Dit betekent dat de eigenaar van een eenmanszaak met zijn of haar gehele vermogen aansprakelijk is voor de verplichtingen. In dit verband zijn de voorwaarden waarop men gehuwd is van groot belang. Indien de ondernemer in gemeenschap van goederen gehuwd is, kan een eventuele schuld namelijk ook verhaald worden op zijn echtgenote.

De B.V.: wat komt ervoor kijken en waar moet u zijn?
Het oprichten van een Besloten Vennootschap (B.V.) is nog niet zo'n eenvoudige zaak. Het heeft allerlei fiscale en juridische consequenties. U moet daarvoor naar de notaris. Die neemt de plannen met u door en maakt de stukken klaar. Als het ministerie van Justitie een 'verklaring van geen bezwaar' heeft afgegeven, kan de B.V. per notariële akte worden opgericht.
De B.V. is een rechtspersoon, dat wil zeggen dat zij zelfstandig rechten en verplichtingen heeft. Bij haar start dient zij ten minste over een kapitaal van ƒ 40.000,- te beschikken. Dat geld bent u niet kwijt, de B.V. moet het als het ware terugverdienen, en het liefst met winst. U wordt directeur en betrekt uw salaris uit de B.V. Voor het oprichten van een B.V. zijn heel wat meer formaliteiten nodig dan voor het starten van een eenmanszaak. Het duurt vaak enige maanden voordat een en ander rond is. Een B.V. kan echter belangrijke fiscale en juridische voordelen opleveren. Het belangrijkste daarvan is dat u, als het misgaat, niet méér kunt verliezen dan het door u in de B.V. gestorte kapitaal. Behalve in het geval van fraude en misbruik blijft de rest van uw vermogen buiten schot. Voor verdere informatie omtrent andere mogelijkheden en de voor- en nadelen ervan kunt u bij iedere notaris of Kamer van Koophandel terecht.

Praktische zaken goed regelen
Het valt buiten de opzet van dit boek nog verder in te gaan op de

verschillende richtingen die iemand kan inslaan die de grote stap naar zelfstandigheid wil wagen. Bedenk daarbij dat leeftijd geen enkele rol speelt.
Administratie, boekhouding, kantoorruimte, computer, telefoon, fax en eventuele secretariële ondersteuning zijn echter slechts enkele van de praktische zaken die goed geregeld moeten worden. Wilt u de beschikking hebben over een bankkrediet, dan zult u de bank een deugdelijk bedrijfsplan moeten voorleggen. Ook hierover kunt u advies krijgen van de Kamer van Koophandel.
Het oprichten van een eigen bedrijf kent heel wat haken en ogen. Als echter de eerste opdrachten of orders binnenkomen, bent u achter uw *eigen* bureau in uw *eigen* kantoor een zeer gelukkig mens.
Ten overvloede vermeld ik hier dat het niet mogelijk is voor uzelf te beginnen, wanneer u al met de VUT bent. Dit moet ruim van tevoren geregeld zijn. De werkzaamheden binnen de eigen onderneming of de eigen B.V. dienen van een andere aard te zijn dan het werk dat u verrichtte op het moment waarop u met de VUT ging. Is dat niet het geval en gaat u door met de werkzaamheden die bij uw vroegere functie behoorden, dan worden die verdiensten in mindering gebracht op uw VUT-uitkering.
Een dagbladjournalist mag bijvoorbeeld als vutter geen journalistiek werk meer verrichten, maar hij mag wel lezingen geven over de moderne stedebouwkundige ontwikkelingen waarvan hij zeer goed op de hoogte is. Een medewerker van een groot computerbedrijf mag als vutter niet 'klussen' met computers en dergelijke, maar als hij daarnaast geestige cabaretteksten schrijft die gehonoreerd worden, is er niets aan de hand, ook al omdat hij dit reeds vóór zijn VUT deed.

VUT: de haken en ogen

Stel, u bent zevenenvijftig jaar en het ziet ernaar uit dat het VUT voor u wordt. Nu kan het nog, dus moet u die gelegenheid met twee handen aangrijpen. Of niet? Dat hangt er maar van af. Als u plezier in uw werk hebt en u bent fit en gezond, is de VUT geen leuk vooruitzicht, ook al beweert iedereen het tegendeel.

VUT en pensioen hebben één ding gemeen: u stapt uit het arbeidsproces. Daardoor mist u het dagelijks contact met collega's en verliest uw status. De ene dag bent u nog chef van een afdeling, de volgende dag 'alleen' uzelf. De afscheidsbloemen zijn verwelkt, de wijn is op, de cadeaubonnen zijn ingewisseld, en wat nu?

De meeste vutters gaan direct met vakantie of beginnen iets aan het huis of de tuin te veranderen. Nadat die klussen zijn geklaard en het leven weer alledaags is geworden, vallen ze echter meer dan eens in een gat en slaat soms de verbittering toe: ze voelen zich uitgerangeerd. Mannen hebben daar meer last van dan vrouwen.

Ik vroeg eens aan een confectiefabrikant wat hij zou gaan doen, als hij over een paar jaar zou stoppen met werken. 'Stoppen?' zei hij uiterst verbaasd. 'Daar denk ik niet aan, ook niet als ik vijfenzestig ben.'

'Maar u hebt toch wel iets anders dat u graag doet,' wierp ik tegen. Nou nee, dat had hij niet. Toen ik aanhield, zei hij: 'Misschien koop ik wel een motorboot.' Hij had nog nooit gevaren, maar dat was geen probleem.

Sommige mannen redden het goed op deze manier en weten hun vrouw te overtuigen.

Of niet. Helaas gebeurt het nogal eens dat echtparen elkaar zo mateloos irriteren en elkaar thuis zó voor de voeten lopen dat het in deze fase van hun leven toch nog tot een echtscheiding komt.

De twee auteurs die met hun zeer verschillende ervaringen dit hoofdstuk als het ware illustreren, vormen een goed voorbeeld van de beleving van de VUT en de ervaring van plotseling ontslag.

Jos Dijkhuis was hoogleraar psychologie, toen hij – tweeënzestig – afscheid nam van de universiteit. Ruud Bom kreeg plotseling ontslag toen hij drieënvijftig was. Voor Jos was de VUT vooral het eerste jaar een tegenvaller, voor Ruud betekende het ontslag een absoluut dieptepunt. Hij wilde niet alleen weer aan het werk, hij móést. Geen werk betekende geen inkomen. Maar hij beschrijft

wel in grote eerlijkheid hoe deze gebeurtenis toch zijn leven ten goede veranderde.
Uit deze verhalen blijkt overduidelijk hoe belangrijk het is om, als je de vijftig passeert, je af te vragen wat je met de rest van je leven wilt doen. Ook wat je zult gaan doen als je om welke reden dan ook geen baan meer hebt. Denk je aan een alternatief? Of denk je: dat zie ik dan wel? Het heeft veel te maken met de eigen instelling. Als je je echter óók verantwoordelijk voelt voor je partner, wordt die zorgeloze instelling toch wel riskant.

> Neem nu Pim Jansen. Toen hij eenmaal in de VUT zat, deden de eerste problemen zich voor met Janneke, zijn vrouw. Na hun vakantie ging Janneke weer naar haar werk. Ze is verkoopster in een warenhuis. 'Wat ben jij toch veel weg,' was de eerste kribbige opmerking van Pim.
> 'Nee, Pim, je zegt het verkeerd. Jij bent veel thuis,' gaf Janneke ten antwoord. Ze voegde eraan toe: 'Als je toch thuis bent, Pim, wil je dan de vaatwasser uitruimen?'
> Iedere keer als Janneke naar haar werk gaat, vraagt ze Pim iets te doen. Pim wil wel, maar hij krijgt gruwelijk de pest in. Hij begint te zeuren over het baantje van zijn vrouw. 'Dat heb jij toch niet nodig?'
> Moeizaam, met voortdurende fricties, schuren de partners langs elkaar. Als Janneke thuis is, loopt Pim háár voor de voeten. Op vrijdag moet er voor het weekend schoongemaakt worden en gestreken. 's Middags heeft ze haar gymclub. Als Pim aan tafel met zijn postzegels bezig is – een oude hobby die hij maar weer eens heeft opgepakt – moet hij om zes uur alles opruimen, want dan wordt er gegeten of Jo van de buren komt aanzetten met leuterpraat (volgens Pim).

Vrije tijd, wat doe je ermee?

Een eigen plek, een eigen hobby
Een eigen plek in huis is belangrijk. Dat kan bijvoorbeeld de

vroegere kamer van zoon of dochter zijn. Die wonen toch elders en ook al verwachten ze als ze thuiskomen, dat alles nog bij het oude is, nú hebben pappa en mamma het recht landverovertje te spelen.

Over hobby's gesproken: de mogelijkheden zijn legio. Profiteer van de kans om je eigen speciale belangstelling uit te bouwen, te cultiveren. En als je nog geen 'hobby' hebt, kun je die nu ontwikkelen. Veel mensen storten zich op golf. Dat is de snelst groeiende (maar niet goedkope!) sport in Nederland. Een ander wordt lid van een visclub, of meldt zich als assistent van de trainer bij de junioren van de plaatselijke voetbalclub. Weer anderen beginnen een studie of krijgen een speciale belangstelling, bijvoorbeeld voor genealogie (het natrekken van je eigen stamboom).

> Toine de Bie, oud-rector van een scholengemeenschap in Amersfoort, zegt:
> 'Sinds ik met pensioen ben, houdt mijn stamboom mij steeds meer bezig. Ik vind het naspeuren in de Rijksarchieven waar de doop-, trouw- en overlijdensregisters van vóór 1811 zijn ondergebracht, buitengewoon interessant. Je duikt op die manier steeds verder de geschiedenis in. Omdat mijn voorvaderen uit België komen, bezoek ik daar met enige regelmaat de betreffende archieven en ik ontdek telkens wat anders. Ik beperk mijn speurtocht hoofdzakelijk tot een "stamreeks", dat wil zeggen: de rechtstreekse afstamming in de mannelijke lijn. Af en toe kan ik een zijsprongetje niet laten en stuit dan bijvoorbeeld op een verre naamgenoot, die begin 1600 voor de Schepenbank is gedaagd wegens het stropen van een haas, terwijl in diezelfde tijd een andere naamgenoot het ambt van burgemeester bekleedde.'

Sommige speurders komen op hun zoektocht naar het voorgeslacht zelfs in Amerika terecht. In Utah, in Salt Lake City, bezitten de mormonen een beroemd en uiterst deskundig samengesteld archief van onder andere alle Westeuropese doop-, trouw- en overlijdensregisters.

Sedert het begin van 1994 is het echter niet meer nodig om helemaal naar Salt Lake City te gaan. In acht Centra voor Familiegeschiedenis, verspreid over Nederland, bevindt zich een groot aantal gegevens op microfiches. De Centra beschikken eveneens over de IGI (Internationale Genealogische Index). Deze omvat enkele duizenden microfiches met meer dan 150.000.000 (honderdvijftig miljoen) namen die in het kader van stamboomonderzoek door leden van de kerk zijn uitgezocht, maar die ook voor anderen gratis beschikbaar zijn. De enige voorwaarde is dat u telefonisch een afspraak maakt. In elk Centrum is een computerdeskundige aanwezig om u bij uw naspeuringen te helpen. De adressen van deze centra vindt u bij op blz. 222.

Andere mogelijkheden
Zo zijn er nog legio andere mogelijkheden om als vijftigplusser een nieuwe interesse te creëren of je tijd zinvol te besteden.

> Een bevriend echtpaar besloot zich serieus te gaan verdiepen in de Franse gotiek. Zij kozen tot drie keer toe routes door Noord- en West-Frankrijk, waar ze in grote en kleine plaatsen kerken bezochten, fotografeerden en op video vastlegden. De rijke Franse historie begon hun denken helemaal te domineren. Ze spraken bijna nergens anders over. Het meest frappante was dat het echtpaar een gemeenschappelijke nieuwe interesse had ontwikkeld. Nu houden ze lezingen over dit onderwerp voor clubs en verenigingen. Ze hebben het er op een leuke manier druk mee.

> Een ander stel nam een hypotheek op hun huis en ze kochten met dat geld een motorhome. Ze trokken met korte tussenpozen twee jaar kriskras door Europa en Noord-Afrika. De globetrotters kregen er op een gegeven moment toch genoeg van. Het verlangen zich opnieuw nuttig te maken kreeg steeds meer de overhand. Terug in Nederland heeft hij zich bij de Stichting Emplooi gemeld (zie blz. 229). Hij helpt nu vluchtelingen bij het vinden van hun weg naar economische

zelfstandigheid. Zij is receptioniste in een verzorgingshuis. De motorhome verhuren ze.

Voor sommigen blijft werken, op welke manier dan ook, het plezierigst.

Zo heeft een werknemer van een deurenfabriek in Brabant, toen hij gepensioneerd werd meteen zijn knutselschuurtje tot een echte werkplaats verbouwd. Nu voorziet hij als timmerman met groot vakmanschap het hele dorp en de wijde omgeving van prachtige nieuwe deuren en hardhouten wenteltrappen. 'Ik heb het drukker dan ooit,' zegt hij, 'en ik deel zelf mijn tijd in.'

Hoe het mijzelf verging

Als er over ontslag, VUT of pensioen wordt gepraat, heeft men het bijna altijd over mannen. Dat heeft veel te maken met het, verhoudingsgewijs, geringe aantal vrouwen dat in het verleden in vast dienstverband werkzaam was. De vrouwen die wel werkten waren meestal ongehuwd.
Zelf behoorde ik, als getrouwde vrouw met twee kinderen, tot de uitzonderingen. Toen ik in 1956 trouwde – ik had toen al enige jaren bij een uitgeverij gewerkt – werd ik ontslagen.
Dat was destijds zo gebruikelijk dat ik niet eens protesteerde. Een paar jaar later vroeg de directeur mij of ik toch niet weer wat wilde doen. Ik beantwoordde die vraag bevestigend en weer enkele jaren later kwam ik opnieuw in vaste dienst. De tijdschriften die we uitgaven kregen hogere oplagen. De uitgeverij maakte steeds meer winst, groeide in omvang en ik groeide mee en maakte promotie. Na veertig jaar vond ik het welletjes. Maar ik hield van werken en dat werk was tegelijkertijd mijn hobby. Zodra het mogelijk was, begon ik een 'onderneming op eigen naam' en liet mij inschrijven bij de Kamer van Koophandel.
Het begin was moeilijk. Ik was verwend door een volledig op mijn

denken en doen ingesteld secretariaat. Nu moest ik zelf mijn agenda bijhouden, afspraken maken en orde in mijn papierwinkel aanbrengen. Alles bij elkaar verwarrend en vermoeiend, maar toen er nieuwe opdrachten binnenkwamen, was de voldoening groot. Als u om welke reden dan ook uit het reguliere arbeidsproces stapt en iets voor uzelf wilt beginnen, vereist dat discipline en organisatietalent. U moet ook niet te beroerd zijn om nederige akkefietjes zelf aan te pakken. Postcodenummers opzoeken, bijvoorbeeld. Wat vond ik dat een rotklus! Maar je went aan alles en het snelst aan je eigen onafhankelijkheid. Dat was na veertig jaar dienstverband voor mij een openbaring!

Vervroegd uittreden – toch anders dan je denkt

door Jos H. Dijkhuis

Iedereen die ik er van tevoren over sprak was enthousiast: wat fantastisch voor je, je bent dan helemaal vrij om te doen en te laten wat je wilt! Voorgangers in de VUT rapporteerden hetzelfde. Net als ik hadden ook zij geaarzeld om de stap te nemen of hadden de beslissing steeds uitgesteld. Maar allen vertelden, zelfs degenen die gedwongen waren om met deze financiële regeling akkoord te gaan, dat ze een nieuw vrij leven hadden kunnen beginnen en dat ze het eigenlijk betreurden niet eerder voor die status te hebben gekozen.
Als zoveel mensen dezelfde positieve verhalen vertellen, dan ga ik twijfelen aan hun motieven. Meteen komt dan een aversieve reactie naar boven, die ik ook heb als mensen na aankoop van een nieuwe auto die ik niet te pruimen vind, mij enthousiast vertellen dat dat de beste en natuurlijk ook de meest goedkope aanschaf was die een mens kan doen. Ook dan interpreteer ik hun verbale geweld als rechtvaardiging van hun keuze en vooral als rationalisatie voor eigen onzekerheid.
Ik bleef wikken en wegen. De doorslag gaf de overweging dat ik meer beschikbaar wilde zijn voor mijn partner evenals het toeval dat ik op dezelfde dag zowel vijfentwintig jaren hoogleraar psychologie als veertig jaren medewerker aan de universiteit zou zijn. Ook naar buiten toe vond ik het een mooi gebaar: zo'n dag vieren en dan plaatsmaken voor je opvolger.
De eerste weken gingen voorbij zonder dat ik een grote verandering ervoer. Het meest opmerkelijk waren de steeds herhaalde vragen van anderen. Hoe gaat het? Bevalt het? Ik begon te beseffen dat al die vragen het beste maar snel afgewerkt konden worden door wat standaardantwoorden te geven en door vooral niets negatiefs te zeggen, want dan moet je daar een gesprek over

beginnen. En dat is nu juist wat je niet wilt. Ik wist het immers zelf nog niet. Op dezelfde manier waarop je reageert op een vraag naar je gezondheid, als je je ongerust maakt of je geen ernstige ziekte onder de leden hebt. Ook dan maak je je er liever vanaf door te zeggen: goed hoor!
Wat moest ik ervan vinden? Ik had een jaar lang al wat kunnen wennen aan het gedeeltelijk weg-zijn en verder had ik me ingedekt door te zorgen dat ik gedurende enkele dagen per week verplichtende taken had. Er was dus geen plotselinge overgang naar leegte. De grootste verandering was het genot van de nieuwe manier van 's morgens wakker worden: ontbijt op bed en samen een uur lang de ochtendkrant lezen; een zeldzaam luxe gevoel. Verder ging het leven door zoals vroeger, veel minder hectisch en veel rustiger, maar er leek wezenlijk niet zoveel te veranderen.
Na twee weken moest ik even iets ophalen op 'mijn' vakgroep. Ik sprak met enkele medewerkers en kreeg ineens een schok. Er waren brieven binnengekomen waarvan ik niets afwist! Ter plekke realiseerde ik me dat ik vooral mijn verbazing daarover niet mocht laten blijken. Het was immers voorbij! De gang van zaken op de vakgroep moest doorgaan zonder mij en zonder dat ik er zelfs over geïnformeerd was.
Nu, na enkele jaren VUT, doet dat toch nog steeds pijn: niet meer geïnformeerd te zijn. Veranderingen in een organisatie gaan heel snel. Vroeger hield je je met alles wat zich in je 'bedrijf' afspeelde intensief bezig. Daags na de eerste VUT-dag ben je als buitenstaander niet meer op de hoogte. Alles gaat door zonder dat je er weet van hebt. Ik begon reacties van collega's te begrijpen die zeggen dat ze met opzet niet meer geïnformeerd willen worden. Ze kunnen de pijn van het buitengesloten-zijn niet steeds opnieuw verdragen. Zelf vind ik het veel bevredigender als wie dan ook me vertelt wat er zich in de vakgroep of op de faculteit afspeelt. Je blijft er nog lang naar verlangen om op de hoogte gehouden te worden.
Een groot praktisch nadeel bleek het gemis van secretariële ondersteuning te zijn. Nu besefte ik pas hoeveel er altijd voor me geregeld werd. Ik had wel een tekstverwerker cadeau gekregen, maar ik voelde een enorme weerstand om dat ding te leren gebruiken.

Steeds moest ik binnen andere organisaties waarmee ik enige werkrelaties had, proberen mijn administratieve problemen te laten oplossen. Het was een kwelling die ik mezelf aandeed omdat ik niet adequaat wist om te gaan met mijn gevoelens van gekwetstheid: nu moet ik notabene zélf ook nog gaan typen. Maar toen ik dan eindelijk begon aan 'dat ding', gaf me dat een nieuwe kick. Ik wilde mezelf bewijzen dat ik na één dag oefenen een mooi getypte brief uit de printer zou kunnen krijgen. Nu vind ik het nog dagelijks een uitdaging om de capriolen van de computer te leren 'bemeesteren'. Een plaatsvervangend 'bemeesteren'?

In de zomer werd ik uitgenodigd te participeren aan het jaarlijkse vakgroepsuitje. Het was dierbaar, maar tegelijkertijd verwarrend omdat ik me in mijn nieuwe rol nog niet zo goed wist te gedragen. Die dag maakte me pijnlijk bewust dat ik in mijn nieuwe leven met een heel ander soort mensen omging dan met de mensen die binnen een universiteit het gezicht bepalen. Tegenwoordig ga ik nauwelijks meer om met jongeren. Heel mijn leven was het vanzelfsprekend geweest dat alles in het teken stond van adolescenten, van jongeren op de drempel van hun leven. Aan een universiteit omringen ze je in al je activiteiten.

Die dag besefte ik dat ik vanaf mijn vertrek bijna alleen was omgegaan met volwassenen, met ouderen. De omgangsvormen, de gespreksonderwerpen, alles met hen is rustiger. Meer voorspelbaar en volgens de sociale codes die ik vroeger alleen kende vanuit mijn schaarse vrije tijd. Ik was er verward over. Ik betrapte me er ook op dat ik voor het eerst in mijn leven me zelfs zo nu en dan ging ergeren aan het opdringerige gedrag van jongeren en aan hun onverzorgde uiterlijk. Maar overwegend was toch de constatering dat ik jeugd om me heen miste, hun dynamiek, hun vitaliteit en vooral hun gericht-zijn op de toekomst.

Die dag bleek dat mijn nieuwe leven gematigder, bedaarder was geworden, zonder de spanning van de uitdaging. Het begin van de lange weg naar een kleiner wordende toekomst.

Het moet in die tijd geweest zijn dat mijn partner en ik besloten om in Zuid-Frankrijk een nieuw huis te gaan bouwen. We hadden daar al jaren een tweede huis gehad, maar nog nooit hadden we zelf een huis ontworpen, zelf tekeningen daarvoor gemaakt, en daarmee ons eigen droomhuis kunnen realiseren. Het werd een uitdaging waar we dag en nacht mee bezig waren. Iedere maand gingen we, vaak ik alleen, daarvoor een weekje naar Frankrijk. Verder dirigeerden we vanuit Nederland de bouwwerkzaamheden. We kochten her en der oude bouwmaterialen, oude deuren, plavuizen, enzovoort. Het moest iets fantastisch worden en het resultaat is nog steeds een verrukking. Na zes weken werken in Nederland gaan we steeds twee weken naar Frankrijk.

Wat bezielde ons om zó gedreven bezig te zijn met dat huis? Wat mij betreft speelde daarin mee het creëren van geborgenheid. Voor mij is het heel belangrijk om een eigen burcht van warmte en vertrouwdheid te hebben, en voor mijn gevoel was het daarvoor eigenlijk altijd al bijna te laat. Zoals Rilke het zegt in zijn gedicht 'Herbst':

Wer jetzt kein Haus hat,
Baut sich keines mehr.

Maar belangrijker dan dit gevoel lijkt mij onze behoefte om nieuw elan te geven aan ons leven, opnieuw een perspectief. Bouwen is vormgeven aan iets nieuws, aan iets dat je in de toekomst kunt gaan gebruiken. Je fantaseert over toekomstige situaties in je nieuwe huis. Met het bouwen aan het huis creëerden wij zélf weer toekomst.

Datzelfde probeerde ik te doen met mijn nieuwe werkzaamheden. Voor mij is het stimulerend zaken te ontwikkelen. Er moet in mijn activiteiten een perspectief van verandering of vernieuwing zitten, ook al is het op zeer lange termijn en moeten er veel vervelende stappen voor worden ondernomen. Ik wil beïnvloeden, regisseur zijn en uitgedaagd zijn. Ook in mijn nieuwe levensfase kan ik moeilijk accepteren dat ik geen greep heb op ontwikkelingen. Door aan verandering of verbetering te werken, kun je de confrontatie ontlopen met het gevoel niets meer te betekenen voor anderen en voor jezelf.

In het proces van ouder-worden doemen steeds meer domeinen op waar je het niet meer voor het zeggen hebt, waar je niet meer de regisseur kunt zijn. In het bijzonder betreft dat het domein van de

gezondheid. Je gezondheid gaat je parten spelen. Je bent eerder vermoeid, je wordt stijf, je krijgt allerlei kwaaltjes, maar je wordt ook met ernstige ziekten geconfronteerd. Mijn partner had al veel eerder dan ik om gezondheidsredenen zijn volledige baan moeten opgeven en kreeg recentelijk te verwerken dat verder operatief ingrijpen niet meer mogelijk is. Hij heeft meerdere operaties aan hart en bloedvaten ondergaan. Kort na mijn VUT gingen mijn ogen verontrustend snel achteruit en in twee jaar tijd werd er meerdere keren operatief ingegrepen. In gesprekken van ons onderling en ook in gesprekken met vrienden neemt het lichamelijk welbevinden een steeds grotere plaats in.
Aan de omgang met ziekte is waarschijnlijk het meest duidelijk af te lezen hoe mensen de beperkingen en de eindigheid van hun leven accepteren of verwerken. Of hoe ze dat niet doen. Werk en sociale contacten kun je heel lang voor een gedeelte naar je hand zetten. Daar is wel moeite en vooral inzet voor nodig. Het lijf gaat echter zijn eigen weg, buiten je om. Uiteindelijk heb je de lijfelijke toestanden en voornamelijk de beperkingen daarvan te accepteren.
Al deze confrontaties met de realiteit van je gezondheid, de pogingen om er zo lang mogelijk zelf greep op te houden, brengen je denken ook steeds vaker op de levensgeschiedenis van jezelf en van degenen die je dierbaar zijn. Tijdens je werkzame leven was er een andere gerichtheid. Er waren steeds belangen. Je moest concurreren. Je moest zorgen dat je iets bereikte. De VUT-situatie geeft een totaal ander perspectief. Je werkzame leven is afgelopen en de vriendelijke evaluaties op je afscheidsreceptie zijn de voorboden van een steeds intensiever proces van het voor jezelf evalueren van je verleden. Niet alleen de vraag: wat heb ik eigenlijk van mijn leven gemaakt, maar ook vragen over het vroege verleden, je jeugd, vormen een steeds grotere preoccupatie.
In mijn omgeving ken ik meerdere personen die na hun vijftigste jaar een voor mij merkwaardige herleving krijgen van positieve jeugdherinneringen. Het blijkt uit hun geïdealiseerde verhalen over vroeger. Bij een aantal van hen zie je ook ineens een herleving van belangstelling voor hun geboorteplaats.

Wat ik ook zie bij mijn VUT-vrienden en -kennissen is dat in het bijzonder beelden die verband houden met de frustraties uit dat verleden terugkomen.
Hangt het samen met meer ontspanning? We weten dat juist tijdens vakanties mensen meer nare dromen hebben.
Hangt het samen met een verandering in het functioneren van het geheugen naarmate je ouder wordt? We zien juist bij oudere mensen het langzaam verdwijnen van de actuele herinneringen en een herbeleven van de zeer vroege jeugdherinneringen.
Hangt het samen met een groter gemak om eerlijk te zijn over je kwetsbaarheden? Je hebt immers niets meer te verliezen, je hebt minder belangen, en bovendien: de kaarten zijn geschud.
Hoe dit ook zij: opmerkelijk bij vrienden en bij mezelf is de intensivering van het herleven van frustraties. Destijds verloor ik als hoogleraar een proces naar aanleiding van het feit dat onze vakgroep een numerus clausus had ingesteld, naar mijn mening zeer terecht. Nu ik niet meer aan de universiteit verbonden ben, komt het beeld van die situatie in het gerechtsgebouw regelmatig terug, vooral in onrustige dromen.
Een oudere collega, internationaal bekend, vertelde me na zijn emeritaat angstdromen gekregen te hebben over het zakken voor zijn eindexamen.
Ik moest als decaan leidinggeven aan reorganisaties waarbij velen moesten worden ontslagen; vaak krijg ik weer dromen over de emotionele ruzies daarover met een aantal collega-hoogleraren.
Zo komen ook de frustrerende herinneringen uit je jeugd steeds frequenter in je bewustzijn omhoog, vaak vergezeld van sterke emoties.
In mijn beleven preoccupeert mijn eigen levensgeschiedenis me meer in deze levensfase dan voorheen. Je ziet nieuwe lijnen, je wordt je nieuwe dingen bewust, je geeft andere interpretaties, je brengt er andere structuren in aan. Soms hoop ik dat ik met de jaren wat milder ben geworden, maar ik betwijfel of dat waar is. Ik ervaar weinig van een rustiger worden van mijn emotionele leven. Eigenlijk het tegendeel: het lijkt alsof ik me meer durf te laten gaan en minder voorzichtig ben.

Preoccupatie met de eigen levensgeschiedenis blijkt ook uit de plotselinge voorkeur van meerdere collega-vutters voor het lezen van (auto)biografieën en van boeken over de sociale geschiedenis. De ontwikkeling en de afloop van mensenlevens blijkt voor hen een belangrijke betekenis te krijgen. In die gerichtheid weerspiegelt zich de preoccupatie met de eigen levensgeschiedenis. Een levensgeschiedenis is voor mensen altijd een zaak met een open eind, maar vutters ervaren dat des te meer, omdat het ook een plotselinge, niet voorziene confrontatie blijkt te zijn met het ongewisse van de toekomst. Men heeft nog niet geleerd er adequaat mee om te gaan.

Een belangrijke rol in de evaluatie van je levensverhaal spelen je partner en de vrienden. Samen dingen doen en meemaken schept een band, maar meer nog het samen doorleven en bespreken van de kritische en belangrijke gebeurtenissen in het gedeelde leven. Je hebt de dialoog met een ander nodig om verdieping en betekenis aan die gebeurtenissen te geven, zoals de ander jou evenzeer nodig heeft om zijn ervaringen, preoccupaties en bekommernissen in een kader te kunnen plaatsen. Leven moet niet alleen geleefd worden, maar leven moet met hulp van je partner en vrienden vooral geëvalueerd, gewaardeerd worden. Je moet er samen over kunnen praten.

De relatie met mijn partner en met onze vrienden heeft sinds de VUT een andere betekenis gekregen. Ze is weer belangrijker geworden, ze houdt me meer bezig. Daardoor valt het ook gemakkelijker om voor hen klaar te staan. Intieme relaties zijn bij het ingaan van nieuwe levensfasen, en zeker bij de VUT als voorfase van de ouderdom, het meest belangrijk: zij creëren continuïteit. Continuïteit als bedreigende ziekten ons overvallen, continuïteit als mensen of emotionele gebeurtenissen ons kwetsen, continuïteit als het (verbannen) verleden ons te veel gaat preoccuperen.

Natuurlijk is het ook waar dat de VUT een heerlijke periode is. Je hebt de vrije beschikking over je tijd. Je doet alleen datgene wat je leuk vindt. Je weet financieel waar je aan toe bent. Je bent bevrijd van competitie en concurrentie. Je kunt binnen je moge-

lijkheden genieten zoveel als je wilt. Mijn zegslieden hebben in die opzichten geheel gelijk.
Mijn eigen ervaringen hebben me echter duidelijk gemaakt dat de psychologische aspecten van de verandering voor mij veel ingrijpender zijn dan velen in eerste instantie verwoorden. Ieder heeft zijn eigen manier om de confrontatie met het begin van het einde te verwerken. Voor mij is het belangrijk om van betekenis te kunnen zijn voor andere mensen of zaken, om dreigingen zo gauw mogelijk te omheinen en er oplossingen voor te bedenken, en vooral om aan partner en vrienden werkelijke sociale steun te geven en van hen te ontvangen. Ik weet dat dan de beste conditie wordt geschapen om samen niet eenzaam te zijn op die weg naar het einde.
Anderen hebben hun eigen verhaal. Mij is het vergaan zoals ik boven beschreven heb. En het opschrijven ervan heeft ook weer z'n gevolgen. Psychologie houdt nooit op, laat staan die van een psycholoog.

Ontslag op latere leeftijd
door Ruud Bom

En daar stond ik dan, drieënvijftig jaar en ontslagen. Ik dacht dat dat iets was dat alleen anderen overkwam.
Ik kon terugkijken op een succesvolle loopbaan. Door gebruikmaking van mijn capaciteiten en door hard werken had ik kans gezien snel carrière te maken in het zakenleven. Bijna twintig jaar had ik bij een van 's werelds grootste internationals gewerkt. Ik genoot het voorrecht op vele plaatsen in de wereld aan het hoofd te hebben gestaan van ondernemingen behorende tot dit concern.
Uiteindelijk besloot ik toch deze onderneming de rug toe te keren. Ik werd namelijk benaderd om de leiding op mij te nemen van een grote handelsonderneming. De mogelijkheden van dit bedrijf en mijn ruime internationale ervaring maakten voor mij de job van voorzitter van de raad van bestuur een zeer aantrekkelijke uitdaging.
In die hoedanigheid bracht ik een samenwerking tot stand met een buitenlandse gigant, wat gepaard ging met een aandelenparticipatie in onze handelsonderneming. Dit leidde ertoe dat ik de overstap maakte naar deze grootaandeelhouder. Ik kreeg daar in Amerika de verantwoordelijkheid voor het ontwikkelen van deze samenwerking. Helaas, nog geen jaar later werd door een wisseling aan de top van deze buitenlandse onderneming een andere richting ingeslagen en werd de samenwerking beëindigd. Daarmee verviel de noodzaak voor mijn emplooi en dus werd ik ontslagen.
Iemand die zoiets niet zelf heeft meegemaakt, kan zich niet voorstellen wat dat betekent. Opeens werd ik geconfronteerd met een situatie die ik nooit als een mogelijkheid onder ogen had gezien, laat staan dat ik mij erop had voorbereid.
Ik moest de balans opmaken en bij mezelf te rade gaan wat ik met de rest van mijn leven wilde gaan doen. Door dit proces werd mij een aantal kanten van mezelf duidelijk waarbij ik nooit had stilge-

staan. Al snel werd ik mij ervan bewust dat deze zelfanalyse veel eerder had moeten plaatsvinden.

Mijn leven had vrijwel uitsluitend bestaan uit het functioneren in mijn loopbaan en mijn vurige wens om carrière te maken. Door het succes dat ik zakelijk had dwong ik respect, bewondering maar natuurlijk ook afgunst af. Mijn persoonlijke contacten, kennissen en relaties waren bijna allemaal voortgekomen uit mijn werk. Ik was, ook al door het feit dat ik volledig gericht was op mijn eigen zakelijk succes, gescheiden en stond er dus alleen voor. Opeens valt er dan veel méér weg dan alleen je werkkring en je bron van inkomsten.

Dit inzicht was slechts een eerste stap op de nieuwe weg die ik moest inslaan. Op schrijnende wijze werd ik mij bewust van het feit dat ik, zoals een ieder, behoefte had aan vriendschap. Een bijkomende factor was dat ik door het vele zwerven over de wereld niet echt in de gelegenheid was geweest om ook maar iets dat op vriendschap leek op te bouwen. Vriendschap is een rijkdom die ik had ontbeerd – door eigen schuld – en nu realiseerde ik me welk een onmisbare rijkdom dat is.

Ik besloot een zakelijk aantrekkelijk aanbod in het buitenland af te slaan en terug te keren naar Nederland met het doel daar wortel te schieten: voor het eerst op mijn vijftigste te zorgen dat ik ergens bij zou gaan horen, als mens, niet als functionaris.

Terug in Nederland praatte ik met headhunters en porde mijn relaties op. Reactie: 'Wat jammer, kerel, met jouw unieke staat van dienst en brede ervaring ben je voor veel posities een uitmuntende kandidaat, maar... je bent over de vijftig.' Kortom: mijn sollicitaties liepen allemaal op niets uit. Te oud, dus afgedankt. Toen bleek dat verder solliciteren zinloos was – intussen waren er bijna zes maanden verlopen – besloot ik mijn ervaring en kennis te gaan toepassen als zelfstandig adviseur. Dat had tamelijk snel resultaat en zo werd ik betrokken bij de privatisering van een overheidsinstelling waar ik twee jaar met veel plezier en voldoening heb gewerkt als adviseur.

Werken en weer functioneren in de maatschappij was wel in een ander daglicht komen te staan en speelde niet meer die allesom-

vattende rol van vroeger. Bovendien slaagde ik erin iets van mijn persoonlijke goede voornemens waar te maken: ik maakte nieuwe contacten en vriendschappen. Het belangrijkste daarvan was ongetwijfeld de ontmoeting met de vrouw met wie ik twee jaar na terugkomst in Nederland trouwde.
Als je eenmaal weer actief in het bedrijfsleven bent, komen dingen soms vanzelf weer op je af. Ik werd benaderd voor een interessante functie in Azië. Mijn vrouw en ik besloten dit aanbod te aanvaarden en zo hebben wij met veel plezier nog een aantal jaren in het buitenland gewoond.
Terugkijkend realiseer ik me dat ik een bevoorrecht mens ben. Ik ben gelouterd door de crisisperiode heengekomen. Het was een schok, dat ontslag. Het wierp mij op mezelf terug. Het dwong mij tot nadenken over mezelf en mijn leven. Het bracht mij ertoe nieuwe wegen in te slaan, veel bewuster te gaan leven en tijd te investeren in vriendschappen. Die persoonlijke banden hebben mij veel rijkdom en warmte opgeleverd.
Ik wens niemand deze ervaring toe, maar ik weet tegelijkertijd hoe velen dit lot ondergaan. Hoe uitzichtloos het soms ook mag lijken, ik kan iedereen in soortgelijke omstandigheden aanraden te blijven vechten voor datgene waarin je gelooft. Elk mens heeft immers onvermoede reserves in zich opgeslagen en is vaak onder de moeilijkste omstandigheden tot topprestaties in staat.

Voor het tot stand komen van dit boek ben ik veel dank verschuldigd aan Heleen de Bie en Cora Pelt. Zij hielpen mij de kopij op papier te krijgen toen ik door een ongeluk geruime tijd mijn hand niet kon gebruiken.
Ook Hens Gottmer, die het initiatief nam voor een modern, praktisch en onderhoudend boek voor de middenleeftijd, wil ik graag in deze dankzegging betrekken.
Ten slotte ben ik Melanie Lasance, de redacteur, en Rietje Staal-de Groot, die met veel accuratesse de praktische informatie op bladzijde 213 e.v. heeft gecontroleerd en aangevuld, zeer erkentelijk.

Praktische informatie

LITERATUUR

De sandwichgeneratie
Als ouders dement worden: over afscheid en adoptie, onder red. van Bère Miesen, met medew. van Marinus van den Berg [et al.], Deventer, Van Loghum Slaterus, 1989 (Cahiers ouderdom en levensloop 27)
Met het oog op gisteren: vijftien vrouwen over zichzelf als kind en ouder, onder red. van Bère Miesen, samengest. door Johan Lengton [et al.], Deventer, Van Loghum Slaterus, 1985
Beauvoir, Simone de, *Een zachte dood*, Houten, Agathon, 1992
Beishuizen, Tineke, *Deze dag, deze man, dit kind... vrouwen vertellen over gebeurtenissen die je leven veranderen*, Utrecht, Het Spectrum, 1993
Beishuizen, Tineke, *Tineke Beishuizen praat met moeders & dochters*, Utrecht, Het Spectrum, 1992
Bloomfield, Harold H., *'Kun je niet wat vaker komen?' Geven én nemen in de relatie met je ouders*, Haarlem, De Toorts, 1985
Caplan, Paula J., *Moeders & dochters*, Baarn, De Kern, 1991
Carlson, Kathie, *Tussen moeders en dochters: nieuwe facetten van de moeder-dochter-relatie*, Rotterdam, Lemniscaat, 1991
Coopmans, Marianne, *Opzij, opzij, hier komen wij*, Den Haag, Nederlandse Federatie voor Bejaardenbeleid, 1985
Coopmans, Marianne (samenst.), *Van depressief naar offensief: de positie van 50+ vrouwen in Nederland, een interimrapport van de Werkgroep 50+ vrouwen*, Den Haag, Nederlandse Federatie voor Bejaardenbeleid, 1985
Coopmans, Marianne (eindred.), *'Het zal ons allemaal een zorg zijn', een inventarisatierapport over de maatschappelijke positie van 50+ vrouwen*, samenst.: Werkgroep Vrouwen 50+, Den Haag, Nederlandse Federatie voor Bejaardenbeleid, 1986
Dobrick, Barbara, *Als onze oude ouders sterven: het definitieve einde van ons kind-zijn*, Baarn, Ambo, 1991
Dobrick, Barbara, *Lastige ouders: volwassen kinderen tussen aanpassing en rebellie*, Baarn, Ambo, 1993
Drabble, Margaret, *Het middenstuk*, Baarn, In Den Toren, 1981/1993
Hoessel, Elisabeth van, *Leven je ouders nog? – De laatste maanden samen*, Amsterdam, Sijthoff, 1989
Rubin, Lillian B., *Vrouwen van zekere leeftijd*, Baarn, Ambo, 1990

De schaapjes op het droge

Bejaard, hoe en wat, Deventer, Kluwer; [Amsterdam], Teleboek, 1986, (Recht & Raad; 25)
Eigen huis goed bekeken: alles over kopen en verkopen, Amsterdam, Postbank, 1992
Eigen huis in de boedel, Amersfoort, Vereniging Eigen Huis, 1993
Handboek eigen huis bezitters: bouwtechnisch, financieel, juridisch, onderhoud, Amersfoort, Vereniging Eigen Huis; Baarn, Fontein Informatief, 1993
Oudedag, zorg ervoor, Deventer, Kluwer; [Amsterdam]: Teleboek, 1985
Het pensioen antwoordenboek – antwoorden op de 200 meest gestelde vragen van werknemers over pensioenen, Alphen aan den Rijn, Samsom Bedrijfsinformatie, 1993 (verschijnt 1 x per jaar)
Thuis in geldzaken: over lenen, sparen, hypotheken en verzekeringen, eindred. Consumentenbond, Utrecht, Teleac, 1991
Breuker, H.P., [et al.], *Pensioen profiel*, Leeuwarden, Avéro Pensioen, 1993
Dekker, Jaap, *Lenen en sparen*, Den Haag, Nederlands Bibliotheek en Lektuur Centrum, 1986
Huizer, Aart, *Het leven is zelden een vetpot: informatie voor ouderen*, Rijswijk, Nijgh & Van Ditmar, 1991
Mol, N., *Pensioenen*, Deventer, Kluwer; ['s Gravenhage], VNO, 1991
Sant, B. van, [et al.], *Als je met pensioen gaat, DnB-raadgever*, Antwerpen/Amsterdam, De Nederlandse Boekhandel, 1979

De moderne grootouders

Akkerman, Marga, *Grootouders*, Utrecht, Bruna, 1990
Eerenbeemt, Else-Marie v.d., [et al.], *Balans in beweging, Ivan Boszormenyl-Nagy en zijn visie op de individuele gezinstherapie*, De Toorts, Haarlem, 1983/1992
Pijfers, Herman (samenst.), *Welkom aan de goede kant van het leven: over de gouden tijden, het nieuwe begin, de tweede vijftig jaren, kleinkinderen en vele andere genoegens van het ouder worden*, Baarn, De Fontein, 1993
Rijks, Erik, *Geen kind mag failliet gaan*, Annex, Amsterdam, 1990
Stellweg, Cri, *Grootmoederen: verhalen over kleinkinderen*, Amersfoort, Novella, 1992

Het contact met de notaris

De meest voorkomende vragen aan de Notaristelefoon, G. van der Ben, W.H.M. van Hagen, G.J.C. Lekkerkerker. Utrecht, Bruna, 1987, Uitg. i.s.m. het Koninklijke Notariële Broederschap
Elseviers almanak voor schenken en erven – erfrecht, schenkingsrecht, huwelijksrecht, Amsterdam, Bonaventura, 1991 –
Kluwer seniorengids, Deventer, Kluwer, 1988
SDU Almanak voor de vermogensbelasting, 's-Gravenhage, SDU, 1989 –
Vertrouwelijke gegevens voor mijn nabestaanden (invullijsten), te bestellen door

overmaken van ƒ 5,15 op giro 74988 t.n.v. Den Boer Uitgevers, Vlissingen, o.v.v. 'bestelling brochure'
Friedrichs H.A.W., *Van testament tot erfenis*, Lochem, De Tijdstroom, 1990
Jansen, Hans, *Langstlevende echtgenoot: erven en fiscus*, Deventer, Kluwer, 1992
Schuttevâer, H., *Erven, schenken en fiscus*, Deventer, Kluwer, 1994
Sleeuwenhoek, Hans, *Testamenten*, Hilversum, NCRV; Kampen, Kok, 1991, uitg. n.a.v. het NCRV-televisieprogramma 'Rondom Tien'

De nieuwe relatie
Relaties en leefvormen in Nederland, Utrecht, Stichting Relatievoorlichting, 1993
Gordon, Barbara, en Jennifer Fever, *Het groene blaadje*, Utrecht, Het Spectrum, 1989
Hoefnagels, G.P., *Samen trouwen, samen scheiden: scheidingsbemiddeling als een methode van recht, psychologie en scheidingskunde*, Zwolle, W.E. Tjeenk Willink, 1993
Jong-Gierveld, Prof. Dr. J. de, *Het missen van bepaalde relaties en eenzaamheid*, Nijkerk, Intro, 1980
Kerckhoffs, Henri, *Nooit te oud voor liefde*, Den Haag, Voorhoeve, 1982
Pelt, Ria van, *Ouder worden in je eentje*, Den Haag, Nederlandse Federatie voor Bejaardenbeleid, 1985
Petri, Horst, *Verlaten en verlaten worden: angst, woede, verdriet en opnieuw beginnen bij stukgelopen relaties*, Baarn, Ambo, 1993
Rijsdijk, Mink van, *Ik trouwen? Ben je zestig: over zestig-plussers op zoek naar een nieuwe partner*, Kampen, Kok, 1989
Rubenstein, Renate, *Niets te verliezen en toch bang*, Amsterdam, Meulenhoff, 1978/1990
Stevens, Nan, *Voorbij verlies: perspectieven voor weduwen*, Houten, Bohn Stafleu van Loghum, 1993
Weeda, Iteke, *Eigentijdse liefde*, Baarn, Anthos, 1989
Willemsen, M.C., *Wegwijzer bij scheiden*, Utrecht, Stichting Relatievoorlichting, 1993
Zeegers, Dr. W., *Andere tijden, andere mensen*, Amsterdam, Bert Bakker, 1988

Je kennis verrijken
Er valt nog te leren: advies over de educatie van ouderen, Rijswijk, Voorlopige Raad voor het Ouderenbeleid, 1991
Grijs en groen: de noodzaak van educatie voor 50+ vrouwen, Utrecht, Centrum voor Ingebouwde Vorming, 1991, uitg. i.s.m. Landelijk Platform Vrouwen 50+, Utrecht
Felix, Ch., en W. Houtkoop, *Educatieve behoeften in de regio Midden-Limburg*, Amsterdam, Stichting Centrum Onderwijsonderzoek, 1989
Groot, Ineke, 'Provincie Noord-Holland stimuleert oudereneducatie: gemeenten

krijgen oog voor wensen ouderen', in: *Profiel* vol. 2 (1993), afl. 3 (april), pag. 18-19

Huisman, Tonny, *Evaluatie studiekringen van ouderen*, Amersfoort, Stichting SVE, 1987

Kerssies, Corrie, 'Studiekringen van en voor ouderen: een nieuwe methodiek voor oudere deelnemers binnen de volwasseneneducatie', in: *Basiseducatie* (1990), afl. 3 (mei), pag. 20-25

Kerssies, Corrie, 'Door de studiekring kreeg ik weer ritme in mijn leven; op maandagmorgen kom ik makkelijker mijn bed uit – educatief werk met ouderen: studiekringen als voorbeeld van een eigentijdse aanpak', 1989, in: *Bibliotheek en Samenleving* vol. 17 (1989), afl. 11 (november), pag. 389-394

Kramer, G., en M. van der Kamp, *Leren op latere leeftijd*, Forum 5, Amsterdam/Lisse, Swets & Zeitlinger, 1990

Loog, Ank, *Niet van gisteren... Educatie 55+: een samenvatting van de meest recente inzichten en onderzoeksgegevens*, Zwolle: Bureau Volwasseneneducatie Overijssel, 1990

Oppenheimer, L., P.G.M. Molenaar en I.J. Kerssies, *Succesvol ouder worden: onderzoek naar effecten van studiekringen van en voor ouderen*, Bond van Nederlandse Volksuniversiteiten, Den Haag, 1988

Ruygrok, Maria, 'Alsnog in de bank: thema', in: *Welzijnsweekblad* vol. 17 (1992), afl. 47 (november), pag. 9-11, 14-15, 17-19, 21, 23, 25

Snijders, J.Th., 'Hoger Onderwijs voor Ouderen', in: *Universiteit en Hogeschool* 37, 1-12, 1990

Snijders, J.Th., 'Hoger Onderwijs voor Ouderen in Europees perspectief', in: *Universiteit en Hogeschool* 38, 232-245, 1992

Steege, Gherie ter, [et al.], *Uitkijken naar het dessert: levensloopmethoden in educatief werk met ouderen*, Utrecht, Nederlands Instituut voor Zorg en Welzijn/NIZW, ca. dec. 1993

Wielinga, Corinne, *Weer wat geleerd!: Ouderen en educatie*, [red. Gherie ter Steege; interviews Ati Dijckmeester, Bert Boelaars; regie en prod. Corinne Wielinga], Utrecht, Teleac, 1993, 4 dln (4 x 30 min.), kleur, geluid, Nederlands gesproken

Wolf, H.C. de, *Open leren en open leercentra*, Leiden, Spruyt, Van Mantgem & De Does, 1990, uitg. i.s.m. Produktiebedrijf Open Leren (PROBOL)

Niet zeuren, niet uitstellen, maar doen!

Coopmans, Marianne, [et al.], *Opzij, opzij, hier komen wij*, Den Haag, Nederlandse Federatie voor Bejaardenbeleid, 1985

Fiske, Marjorie, *De middelbare leeftijd: de bloei van het leven?*, Amsterdam, Kosmos; Hasselt, Heideland-Orbis, 1980

Rijsdijk, Mink van, *Vruchtbaar ouder worden: over vrouwen na hun vijftigste*, Kampen, Kok, 1984

Stoppard, Miriam, *Gezondheidsgids voor 50-plussers: praktische raadgever om fit, gezond en gelukkig te blijven*, Ede, Zomer & Keuning, 1985

Timmerije, Anneloes, *De goeie nieuwe tijd: voor beginnende vijftigers*, Bloemendaal, Aramith, 1992

Gezond zijn, gezond blijven
De meest voorkomende vragen aan de voedingstelefoon, Voorlichtingsbureau voor de Voeding, Utrecht, Bruna, 1988
Het Taalzakboek, uitg. van Stichting Afasie Nederland, Amsterdam/Lisse, Swets & Zeitlinger
Veilig op leeftijd: veiligheid voor ouderen in en om de woning, Amsterdam, Stichting Consument en Veiligheid, 's-Gravenhage, VUGA, 1987
Man en ouder worden, commentaarstem: Vincent van Engelen; research en prod.: Jolien van der Mee; interviews en samenst.: Kees Boas, Hilversum, RVU educatieve omroep, 1988 (videocassette 30 min.)
Wat heet intimiteit: over sexualiteit en ouder worden, onder red. van Bère Miesen, Deventer, Van Loghum Slaterus, 1986
Braam, Wiebe, [et al.], *100 vragen over de overgang*, Utrecht, Het Spectrum, 1986
Braam, Wiebe, [et al.], *Het groot Libelle gezondheidsboek voor de vrouw: alles wat u altijd al wilde vragen over gezondheid, ziekte en sexualiteit*, Kampen, La Rivière & Voorhoeve, 1989
Braam, Wiebe, [et al.], *Overgang en osteoporose*, Weert, MP, 1991
Buurke, Bonnie, *1000 calorieënboek: lekker eten en toch vermageren*, Utrecht, Kosmos – Z&K, 1994
Dequeker, Jan (ed.), *Osteoporose en de menopauze*, Leuven; Amersfoort, Acco, 1989
Dijk, Rob van, *De Kleine Koning*, Bloemendaal, Aramith, 1993
Donker, Anneke, *Afslankwijzer: fabels en feiten over het bereiken en behouden van het ideale gewicht*, Baarn, Tirion, 1993
Duijvestijn, Ton, *Bewegen als je ouder wordt*, Nijkerk, Intro, 1990
Forsyth, Elizabeth, *Omgaan met de ziekte van Alzheimer: een leidraad voor familie, vrienden en andere betrokkenen*, Utrecht, Kosmos, 1992
Gort, Annemies, *Seks op leeftijd*, Den Haag, PSVG, 1991 (PSVG-brochure; 10)
Gose, Kathleen, *Geheugen & ouder worden: een praktische gids om het geheugen op peil te houden, voor senioren en hun familie en vrienden*, Baarn, Bigot & Van Rossum, 1990
Graham, Margaret, *Blijf in beweging, blijf jong: lichte oefeningen voor ouderen*, Naarden, Strengholt, 1989
Hamm, Michael, *Verbeter uw geheugen*, Amsterdam, De Driehoek, 1992
Hillmann, Heinz, *Gezond ouder worden: gids voor een vitaal leven*, Baarn, Bosch & Keuning, 1991
Horckmans, Terry, [et al.], *Vergeten? Zeg niet te snel het is de leeftijd wel*, Brussel, VUBPress, 1992
Horst, A.P.J.M. van den, *Afasie, van binnenuit bekeken*, Meppel/Amsterdam, Boom, 1988

Horst, A.P.J.M. van den, [et al.], *Slecht horen, beschouwingen en ervaringen van slechthorenden*, Boom, Meppel/Amsterdam, 1990

Hunter, Myra, *Menopauze: positief omgaan met een nieuwe levensfase*, Helmond, 1992

Jaszmann, L.J.B., [et al.], *De overgang: voorlichting over de middelbare leeftijd en daarna*, Houten, Van Holkema & Warendorf, 1985

Kapteyn, T.S., *Slechthorendheid*, met medew. van de Federatie van Nederlandse Audiologische Centra, Wormer, Inmerc, 1994

Klaassen, B., *Slaapstoornissen: van slapeloosheid naar een gezonde slaap*, Weert, M & P, 1993

Klaassen, E.J., [et al.], *Prostaatklachten*, Utrecht, Bohn, Scheltema & Holkema, 1988

Klip, Ed (samenst.), *Slapen kun je leren*, Utrecht, Stichting Teleac, 1990

Kl*ø*nhammer, Michiel, [et al.], *Beter en gezonder slapen*, Amsterdam, Omega Boek, 1991

Krans, Maja, *Gezond en lekker voor senioren*, Ede, Zomer & Keuning, 1991

Marneth, Anastasia, *Pijn bij het vrijen*, Den Haag, PSVG, 1992

Martin, Michael, *Gehoorverlies: oorzaken, behandeling en adviezen*, Nijkerk, Intro, 1988, uitg. in samenw. met de Nederlandse Vereniging Voor Slechthorenden (NVVS)

Nouws, A., [et al.], *Wat zei ik ook alweer: over vergeetachtigheid en andere verouderingsverschijnselen*

Poncin, Monique le, *Praktische geheugentraining*, Bloemendaal, J.H. Gottmer, 1992

Renzenbrink, Udo, *Voeding voor de ouder wordende mens*, Zeist, Christofoor, 1989

Rhoer, Sonja van de, *184 manieren om af te slanken*, Houten, Van Dishoeck, 1993

Rodenburg, M., [et al.], *Geen goed gehoor, wat nu..., informatie over slechthorendheid en doofheid*, Lochem/Gent, De Tijdstroom, 1990

Rossman, Isadore, *Fit zijn, fit blijven: de complete gids voor gezond ouder worden*, Weert, M & P, 1993

Scheingold, Lee D., [et al.], *Liefde op leeftijd*, Katwijk, Servire, 1983

Souren, Lidüin, [et al.], *Verbroken verbindingen: de ziekte van Alzheimer*, Amsterdam, Swets & Zeitlinger, 1993

Thörig, Louis, *Oogverzorging*, Utrecht, Het Spectrum, 1990

Vink, Marja, [et al.], *De geheugencursus van Teleac*, Utrecht, Stichting Teleac, 1991

Visser, Nico, [et al.], *Naar omstandigheden goed: ouderen en gezondheid*, Leiden, Spruyt, Van Mantgem & De Does, 1992, uitg. i.s.m. MOVE, Materiaalontwikkeling Volwasseneneducatie

Wiegmans, H.H.G., [et al.], *Gezondheid, zorg en ouderen: gids over ouderdomsziekten en -zorgvoorzieningen*, Hilversum, Gooi & Sticht, 1989

Winters, Willem, *'Ondanks al mijn kwalen...': hoe ouderen over gezondheid denken*, Den Haag, Nederlandse Federatie voor Bejaardenbeleid; Nijmegen, Nederlands Instituut voor Gerontologie, 1985

Wolffers, Ivan, *Medicijnen, een handleiding voor de consument*, Amsterdam, Contact, 1992

Vrijwilligerswerk

Financiën, Utrecht, Nederlands Centrum Vrijwilligerswerk, 1992

In het teken van Amnesty: een overzicht van het 'alledaagse' werk van Amnesty International, Amsterdam, Amnesty International, 1989

Memo vrijwilligerswerk, Utrecht, Landelijk Steunpunt Vrijwilligerswerk, 1989

Vrijwilligers in combinatie: brochure over allochtonen en vrijwilligerswerk, Utrecht, Nederlands Centrum Vrijwilligerswerk, 1993

Vrijwilligersbeleid, Utrecht, Nederlands Centrum Vrijwilligerswerk, 1992

Vrijwilligersrecht, Utrecht, Nederlands Centrum Vrijwilligerswerk, 1991

Vrijwilligerswerk, doe het verzekerd!, Utrecht, Nederlands Centrum Vrijwilligerswerk, 1993

Cornelis, Marlène, *Afspraken van en met vrijwilligers*, Utrecht, Nederlands Centrum Vrijwilligerswerk, 1992

Daal, Henk Jan van, [et al.], *Onbetaald werk buiten de eigen huishouding: samenvatting van een onderzoek naar vrijwilligerswerk en informele hulp in Nederland*, 's-Gravenhage, NIMAWO, Nederlands Instituut voor Maatschappelijk Werk Onderzoek, 1990

Kerkhof, Michael, [et al.], *Over werk dat niemand uitsluit*, Den Haag, Nederlandse Federatie voor Bejaardenbeleid, 1985

Michielse, H.C.M., [et al.], *Tussen eigenbelang en altruïsme: over solidariteit en vrijwilligers*, Utrecht, De Tijdstroom, 1993, uitg. in samenwerking met het Nederlands Centrum Vrijwilligerswerk

Poort, Frans, *Conflicthantering*, Leiden, Stichting Burgerschapskunde, Nederlands Centrum voor Politieke Vorming, 1992 (Bestuurswerk in vrijwilligersgorganisaties; 12)

Veen, Evert van der, *Er zijn: zorgen voor stervenden en hun naasten met hulp van vrijwilligers*, Utrecht, Nederlands Instituut voor Zorg en Welzijn, NIZW, 1994

Euthanasie: de feiten op een rijtje

Solidariteit met stervenden, euthanasie, vragen bij een 'geregelde' kwestie, Baarn, Gooi & Sticht, 1993, uitg. i.s.m. Thomas More Academie, bundel naar aanleiding van een studiedag georganiseerd in opdracht van de Unie van Katholieke Bonden van Ouderen (KBO) in 1992

Blijham, H., *Stervensbegeleiding en euthanasie*, Groningen Styx, 1991

Drion, H., *Het zelfgewilde einde van oude mensen; met reacties van Ch.J. Enschedé, H. Kuitert en anderen*, Amsterdam, Balans, 1992

Jansen, D.G., *Een milde dood, praktische handleiding bij vrijwillige euthanasie en weigering van levensverlengende behandeling*, Amsterdam, Balans, 1992

Kok, H.L., *Erfenis onzer voorouders, begraven, rouwgebruiken en rouwsymboliek*, Lochem, De Tijdstroom, 1990

Kuitert, H.M., *Mag er een eind komen aan het bittere einde? Levensbeëindiging in de context van stervensbegeleiding*, Baarn, Ten Have, 1993

Pullen, Karin, *De laatste tekst, handreiking bij het opstellen van rouwadvertenties en -kaarten*, Apeldoorn, Auctor, 1993

Tang, M.J., *Om de eerbied voor het sterven, twintig jaar Nederlandse Vereniging voor Vrijwillige Euthanasie*, Amsterdam, Nederlandse Vereniging voor Vrijwillige Euthanasie, 1993

Ontslag, outplacement, voor jezelf beginnen, VUT en vrije tijd
Een eigen bedrijf beginnen, een oriëntatie bij de start van een onderneming, Amsterdam, NMB Bank; Woerden, VvK, 1992

Ontslag, de ontslagprocedure bij het arbeidsbureau en andere bepalingen die bij ontslag een rol kunnen spelen, Rijswijk, Arbeidsvoorziening, 1991

Beckers, Theo, [et al.], *Vrijetijd tussen vorming en vermaak, een inleiding tot de studie van de vrijetijd*, Leiden, Stenfert Kroese, 1992

Beckhoven, Geert van, [et al.], *Beter naar een nieuwe baan, anders denken en doen bij het veranderen van werkkring, midcareer-ontwikkelingen en outplacement*, Houten, Bohn Stafleu Van Loghum, 1992

Dam, Arend van, *Seniorenhandboek*, Amsterdam, Contact, 1987

Delden, Pieterjan van, *De toekomst van de vrije tijd*, Deventer, Van Loghum Slaterus, 1986 (WBS-cahiers, Publikatie van de Wiardi Beckman Stichting)

Geerling, H., *Nog een prettig weekend, ervaringen met een outplacement-procedure*, Baarn, Anthos, 1991

Henderikse, W.M., *'Ik snap niet dat ik er vroeger naast heb kunnen werken', gesprekken met ouderen over het leven na het stoppen met werken*, resultaten van het onderzoek uitgevoerd door het Instituut voor Psychologisch Marktonderzoek (IPM), Rotterdam, Stichting Dr. Mary Zeldenrust-Noordanus Fonds, 1988

Mulders, Jan, [et al.], *Ondernemingsplan, op weg naar een eigen bedrijf*, Rijswijk, Elmar, 1991

Oberlin, Urs Peter, *Pensioen in zicht, uw persoonlijke gids*, Amsterdam, Omega Boek, 1987

Rodenhuis, Wim, *VUT en fiscus*, Deventer, Kluwer, 1991

Steenhorst, Renée, *Rebel tegen wil en dank*, Utrecht, Het Spectrum, 1992

Trap, J.J. (red.), *Ontslag en afvloeiingsregeling*, Alphen aan den Rijn, Samsom BedrijfsInformatie, 1993

Diversen
Gids na een overlijden, Handleiding voor zakelijke beslissingen en voor verwerking van het verlies, Utrecht, LSR, 1990 –

Wonen met het oog op morgen, een uitgave van de Protestants Christelijke

Ouderenbond, bedoeld voor alle eigen-woningbezitters van 50 jaar en ouder, te bestellen bij de PCOB in Rijssen

Beauvoir, Simone de, *De ouderdom*, Utrecht, Bijleveld, 1985

Bolles, R.N., *What Colour Is My Parachute?*, Tenspeed Press, California, VS, 1993

Cardoen, Edith, *Ervaring & Betrokkenheid, over zinvol ouder worden*, Tielt, Lannoo, 1990

Claessens L., en G.F.M. van Esch, *Jongbejaarden anders? Een profielschets van de ouderen van 65 tot 75 jaar*, Nijmegen, NIG, 1988

Drost, Ieteke (samenst.), *De helpende hand, handige hulpmiddelen voor ouderen*, 's-Gravenhage, SDU, 1989

Freezer, Harriet, *Leven met de jaren, een praktische gids voor al uw doen en laten in de derde levensfase*, Haarlem, Gottmer, 1992

Friedan, Betty, *The Fountain of Age*, Jonathan Cape, G.B., 1993

Friedan, Betty, *Feminine Mystique*, Penguin, Harmondsworth, GB, 1991

Hattinga Verschure, J.C.M., *Zelfredzame ouderen*, Lochem/Gent, De Tijdstroom, 1987

Lievegoed, Bernard, *De levensloop van een mens*, Amsterdam, Lemniscaat, 1988

Merlijn, Irma, *Voorbij de grens, denken over donorschap*, Haarlem, Gottmer, 1992

Nelissen, Henny (samenst.), *Ouderenwijzer, informatie voor ouderen*, Utrecht, Stichting Teleac, 1988

Prakken, Joanka, *De grijze coup, de oudere consument, impressie van een markt in beweging*, Utrecht, Nederlands Instituut voor Zorg en Welzijn/NIZW, 1992

Robinson, G.B., [et al.], *Oud in den vreemde, over allochtone ouderen*, Houten, Bohn Stafleu Van Loghum, 1992

Scheidgen, H. (red.), *De allerbeste jaren*, Amsterdam, Swets & Zeitlinger, 1991

Schortinghuis-Sprangers, Addy, *Orde op zaken*, Utrecht, Jan van Arkel, 1994

Schortinghuis-Sprangers, Addy, en Dianne Schellekens, *Daar heb ik geen tijd voor*, Utrecht, Jan van Arkel, 1993

Snijders, J. Th., *Laat seizoen, gedichten voor ouderen*, Houten, Agathon, 1989

Straathof, Maria, *Uitdagingen op de weg naar de derde levensfase, een stap verder*, Rijswijk, Ministerie van Welzijn, Volksgezondheid en Cultuur, 1990

Timmerije, Annelies, *De goeie nieuwe tijd, voor beginnende vijftigers*, Bloemendaal, Aramith, 1992

Visser, Nico, [et al.], *Welzijn, beter zijn, best zijn: ouderen en welzijn*, Leiden, Spruyt, Van Mantgem & De Does, 1992, uitg. i.s.m. MOVE, Materiaalontwikkeling Volwasseneneducatie

De kleine almanak voor ouderen, Utrecht, Nederlands Instituut voor Zorg en Welzijn (NIZW).

Evergreen, tijdschrift voor actieve mensen die niet van gisteren zijn, Haarlem, Nederlandse Federatie voor Senioren. Verschijnt vier maal per jaar.

Plus, magazine voor actieve vijftig-plussers. Bussum, Senior Publications Nederland b.v. Verschijnt maandelijks.

Boektitels kunnen uitverkocht zijn bij de boekhandel; veelal zijn ze dan wel in de bibliotheek aanwezig.

NUTTIGE ADRESSEN

Let op: vanaf oktober 1995 zullen alle telefoonnummers bestaan uit tien cijfers. De nieuwe telefoonnummers staan vermeld achter de schuine streep (/).

Alarmhulp
In veel plaatsen geeft de politie inlichtingen over de meest effectieve systemen.
Alarm en Communicatie Centrale, Diepenhorstlaan 9–11, 2288 EW Rijswijk, tel. (070)3982454 (voor algemene informatie over alarmhulp).
Isolectra, Postbus 37100, 3005 LC Rotterdam, tel. (010)4619911 (voor informatie over het Estafette-hulproepsysteem).
Siemens Nederland NV, Postbus 16068, 2500 BB Den Haag, tel. (070)3332015 (inlichtingen over Kommalfoon).

Euthanasie
Nederlandse Vereniging voor Vrijwillige Euthanasie, Emmastraat 30, Postbus 75331, 1070 AH Amsterdam, tel. (020)6793561, op werkdagen van 9.30 tot 16.30 uur.

Financiën
Stichting Toezicht Effectenverkeer, Postbus 11723, 1001 GS Amsterdam, tel. (020)6206549.
Vereniging voor de Effectenhanden, Beursplein 5, 1012 JW Amsterdam, tel. (020)5234567.

Gezondheid
Algemeen
De Koninklijke Nederlandse Mij. tot Bevordering der Geneeskunst, tel. (030)823911 / (030)2823911 (voor informatie over hoe u in het bezit kunt komen van uw medische gegevens en over de draagpenning die een strookje met al uw medische gegevens bevat).
Stichting Medic Alert Nederland, Varkensmarkt 19, 2512 GR Den Haag, tel. (070)3606677 (hier kunt u de draagpenning met uw medische gegevens bestellen; diverse drogisterijen en juweliers verkopen een SOS-penning voor hetzelfde doel).
Koninklijke Vereniging tot Bevordering der Homeopathie in Nederland, Postbus 90003, 1006 BA Amsterdam, tel. (020)6178308.
Acupunctuur
Nederlandse Vereniging voor Acupunctuur, Van Persijnstraat 15–17, Postbus 1524, 3800 BM Amersfoort, tel. (033)630434 / (033)4630434, op werkdagen van 9.00 tot 12.00 uur.
Afasie
Stichting Afasie Nederland en Afasie Vereniging Nederland, tel. (02158)21818 / (035)5821818, op werkdagen van 9.00 tot 13.00 uur.

Alzheimer
Alzheimer Stichting, Postbus 100, 3980 CC Bunnik, tel. (03405)96285 / (030)6596285.
Telefonische hulpdienst voor problemen met de demente partner, tel. (05129)1202 / (0512)471202, 24 uur per dag bereikbaar.
Astma
Nederlands Astma Fonds, Speelkamp 28, 3831 PE Leusden, tel. (033)941814 / (033)4941814.
Blaasproblemen
Mölnlycke Nederland BV, Divisie medische produkten, Antwoordnummer 567, 1180 AH Amstelveen (geen postzegel nodig), tel. 06-227500 (gratis).
Hartklachten
Nederlandse Hartstichting, Kanaalweg 3, 2584 CC Den Haag, tel. (070)3511511. Informatielijn: 06-0650, op werkdagen van 9.00 tot 17.00 uur.
Reuma
Nederlandse Bond van Reumapatiëntenverenigingen, Postbus 45, 7490 AA Delden, tel. (05407)61762 / (074)3761762.
Nationaal Reumafonds, Statenlaan 128, 2582 GW Den Haag, tel. (070)3503231 (geeft o.a. een brochure uit, 'Handige Hulpmiddelen').
Slecht horen
Nederlandse Vereniging voor Slechthorenden (NVVS), Kastordreef 3–5, 3561 EJ Utrecht, tel. (030)617616 / (030)2617616.
Bij alle universiteitsziekenhuizen en bij vele perifere ziekenhuizen kunt u terecht voor een audiologisch onderzoek met een verwijsbrief van uw KNO-arts (zie het telefoonboek).
Slecht zien
Slechtzienden- en blindeninformatie, tel. (030)945444 / (030)2945444, op werkdagen van 9.00 tot 16.00 uur.
Regionale Instelling Zuidwest-Nederland voor Revalidatie van Slechtzienden en Blinden, Wijnhaven 99, 3022 WN Rotterdam, tel. (010)4111603.
Regionale Instelling Noord-Holland Visio, Paasheuvelweg 17, 1105 BE Amsterdam-Z.O., tel. (020)6970401 (hulpverlening aan blinden en slechtzienden).
Het Nederlands Bibliotheek- en Lektuurcentrum, Platinaweg 10, Postbus 43300, 2504 AH Den Haag, tel. (070)3090200 (voor alle inlichtingen over lectuur voor blinden en slechtzienden).
Nederlandse Luister- en Braillebibliotheek, Zichtenburglaan 260, 2544 EB Den Haag, tel. (070)3211211 (verzenden gratis gesproken boeken per post).
Centrum voor gesproken lectuur, Postbus 24, 5360 AA Grave, tel. (08860)82345 / (0486)482345 (verstrekken o.a. jaarabonnementen op diverse tijdschriften).
Grote Letter Bibliotheek, Rijksstraatweg 125, 1396 JJ Baambrugge, tel. (02949)3220 / (0294)293220 (op aanvraag is een gratis folder beschikbaar met ongeveer 1000 titels, waaronder een serie met literaire werken).
Het Nederlands Bijbelgenootschap, Postbus 620, 2003 RP Haarlem, tel. (023)224100 / (023)5224100 (heeft ook boeken en geschriften in een grote letter).

Slechtzienden/Blinden Gebruikersplatform, Van Sypesteynkade 25, 3521 AH Utrecht, tel. (030)910216 / (030)2910216, op werkdagen van 9.00 tot 17.00 uur.
Jonker Nijkerk, Duifhuis 5, 3862 JD Nijkerk, tel. (03494)53705 / (033)2453705 (hulpmiddelen voor slechtzienden en blinden, o.a. een sprekend wekkertje en een sprekende thermometer voor binnen en buiten).
Carl Zeiss Nederland BV, Van Houten Industriepark 21, Postbus 323, 1380 AH Weesp, tel. (02940)66660 / (0294)466660 (voor speciale brillen en andere hulpmiddelen).
Voetafwijkingen
Secretaris Nederlandse Vereniging voor Podotherapeuten, Postbus 2499, 3500 GL Utrecht, tel. (030)723628 / (030)2723628, op werkdagen van 9.00 tot 12.00 uur.

Grootouders
Stichting Grootouders & Kleinkinderen (voorzitter: Ing. M.G. Reinhardt), Postbus 24007, 6363 ZG Wijnandsrade, tel. (045)243852 /(045)5243852.
Voor het lenen van verantwoord speelgoed kunt u informeren of er een Speel-O-Theek in uw woonplaats is. Voor een luttel bedrag kunt u lid worden en voor uw kleinkinderen speelgoed lenen. Wanneer ze bij u op bezoek komen is het steeds weer een verrassing welk speelgoed er nu weer staat.

Hobby's
Tuinieren
Hoveniers Informatie Centrum, Utrechtseweg 44, Postbus 900, 3700 AX Zeist, tel. (03404)62361 / (030)6962361 (voor informatie over tuinen, e.d.).
Groei & Bloei Centrum van de Koninklijke Maatschappij Tuinbouw en Plantkunde, Kwekerijweg 2, Postbus 87910, 2508 DH Den Haag, tel. (070)351455 (leden ontvangen het maandblad *Groei & Bloei* en kunnen deelnemen aan de activiteiten van de afdelingen in hun woonomgeving).
Ypma Internationaal, Lijnderdijk 103, Postbus 114, 1160 AC Zwanenburg, tel. (02907)5948 / (020)4975948 (inlichtingen over bloembakken, ook lichtgewicht voor balkons).
Dieren
Raad van Beheer op Kynologisch Gebied, Emmalaan 16–18, 1075 AV Amsterdam, tel. (020)6644471 (voor inlichtingen op kynologisch gebied).
De Natuurvriend, Donkeregaard 7, 3511 KV Utrecht, tel. (030)314864 / (030)2314864 (voor inlichtingen over terraria).
Nederlandse Bond voor Aquarium- en Terrariumhouders, Havenstraat 83, 1211 KH Hilversum (verstrekt informatie over plaatselijke afdelingen).
Nederlandse Vereniging tot Bescherming van Dieren, Bankastraat 100, 2585 ES Den Haag, tel. (070)3423423.
Patchwork en quilten
Quiltersgilde, mevrouw G. de Melker, Frederik Hendriklaan 63, 3708 VB Zeist,

tel. (03404)32701 / (030)6932701 (leden ontvangen viermaal per jaar *Quiltnieuws*).
Computers
Hobby Computer Club, Postbus 149, 3990 DC Houten, tel. (03403)78788 / (030)6378788 (geeft eenmaal per maand het blad *Computer Totaal* uit).
Munten verzamelen
Hoofdredactie *Muntkoerier*, Canadalaan 8a, 7316 BX Apeldoorn, tel. (055)216629 / (055)5216629 (over munten verzamelen, proefnummer gratis op verzoek).
Stenen verzamelen
GEKO-Hobbycentrum, Javastraat 164, 1095 CL Amsterdam-Oost, tel. (020)6920168 (informatie over stenen slijpen, decoratiepakketten, enz.).
Fotograferen
Foto Bond (Bond van Nederlandse Amateurfotografen Verenigingen), tel. (070)3238430 of (02290)38253 / (0229)238253.
Modelbouw
Koninklijke Nederlandse Vereniging voor Luchtvaart, afdeling modelvliegtuigsport, Jozef Israëlplein 8, 2596 AS Den Haag, tel. (070)3245457.
Nederlandse Vereniging van Modelbouwers, tel. (02159)40567 / (035)6940567, na 18.00 uur.
Genealogie
Centraal Bureau voor Genealogie, Postbus 11755, 2502 AT Den Haag, tel. (070)3814651 (op aanvraag brochure 'Op zoek naar onze voorouders' verkrijgbaar).
Genealogical Society of the Church of Jesus Christ of Latterday Saints, 35 N.W. Temple, Salt Lake City, Utah 84150, VS.
Centra van Familiegeschiedenis, De Kerk van Jezus Christus van de Heiligen der Laatste Dag, Boerhaavestraat 62, Apeldoorn, tel. (055)211179 / (055)5211179, voor afspraken tel. (055)554793 / (055)3554793.
- Amsterdam, Zaaiersweg 17, tel. (020)6944990, geopend dinsdag t/m vrijdag van 12.30 tot 17.00 uur.
- Eindhoven, De Koppela, 5632 LE, tel. (040)423546 / (040)2423546, afspraken Hr. Van Lieshout, (04998)72227 / (0499)372227.
- Den Haag, Leersumsstraat 11, tel. (070)3296917, afspraken Hr. Brinkman, (020)3211156.
- Den Helder, Texelstroomlaan 4, tel. (02230)23074 / (0223)623074, afspraken Hr. Dee, (02230)34702 / (0223)634702.
- Groningen, Paterswoldseweg 531, tel. (050)256271 / (050)5256271, afspraken Hr. J. Weening, tel. (050)566575 / (050)5566575.
- Heerlen, De Hesselleplein 26a, tel. (045)717863 / (045)5717863, afspraken Fam. Smith, tel. (045)741584 / (045)5741584.
- Leeuwarden, Sophialaan 3, tel. (058)135361 / (058)2135361, afspraken Fam. Bredewoud, tel. (050)667723 / (050)3667723.
- Rotterdam-Noord, tel. (010)4149883, afspraken Hr. P.D. den Brouwer.
- Utrecht, Prinses Irenelaan 51a, 3554 HB, tel. (030)444219 / (030)2444219.

Koken
Kooklessen voor mannen en vrouwen worden in diverse scholen voor beroepsonderwijs gegeven. Ook kunt u terecht bij een 'Kookook', een activiteit van het culinaire centrum van Het Nederlands Zuivelbureau (inlichtingen op werkdagen van 10.00 tot 14.00 uur):
- Kookook Arnhem, Bergstraat 1, 6811 LC Arnhem, tel. (085)452237 / (026)4452237.
- Kookook Amsterdam, James Wattstraat 75, 1097 DL Amsterdam, tel. (020)6945416.
- Kookook Eindhoven, Stationsplein 35–38, 5611 BC Eindhoven, tel. (040)443273 / (040)2443273.
- Kookook Groningen, Lutkenieuwstraat 23, 9712 AW Groningen, tel. (050)125705 / (050)2125705.
- Kookook Leidschendam, Berberis 10, 2262 AT Leidschendam, tel. (070)3272270.

Notaris
Notaristelefoon, (070)3469393, op werkdagen van 9.00 tot 14.00 uur.

Ouderenbonden
Coördinatieorgaan Samenwerkende Ouderen Organisatie (CSO), Postbus 700, 3500 AS Utrecht.
ANBO (Algemene Nederlandse Bond voor Ouderen), Weerdsingel W.Z. 18a, 3513 BB Utrecht, tel. (030)315278 / (030)2315278.
Protestants Christelijke Ouderenbond Nederland (PCOB), Graaf Ottostraat 74, Postbus 260, 7460 AG Rijssen, tel. (05480)16916 / (0548)516916.
Unie van Katholieke Bonden van Ouderen, Oranje Nassaulaan 1, 5211 AR Den Bosch, tel. (073)123475 / (073)6123475.

Pas 65
Deze pas 65 is voor iedere vijfenzestigplusser en haar of zijn partner vanaf zestig jaar verkrijgbaar bij de gemeente. De pas geeft korting op openbaar vervoer, per tram, bus of metro. Op gebied van cultuur en vrijetijdsbesteding kunt u als pashouder behoorlijke korting krijgen.

Politieke partijen
Secretariaat Ouderen Unie 55 Plus, Postbus 111, 7450 AC Holten, tel. (05483)62422 / (0548)362422.
Secretariaat Algemeen Ouderen Verbond, L.S. Dost, Hertogstraat 90, 5611 PC Eindhoven, tel. (040)124431 / (040)2124431.

Relaties
Algemene Vereniging van Relatiebemiddelingsbureaus (AVR), Postbus 9088, 5000 HB Tilburg, tel. (013)446398 / (013)5446398.

Nuttige adressen 227

Stichting LosVast, Empelsedijk 14, 5235 AE Den Bosch, tel. (073)421323 / (073)6421323, op werkdagen van 9.00 tot 10.30 uur (vakanties voor alleenstaanden).

Studie en cursussen
Vereniging voor Volkshogescholen en Vormingscentra (Vorming Training Adviesgroep), Postbus 36, 3970 AA Driebergen, tel. (03438)16141 / (0343)516141 (informatie over cursussen, waaronder 'Pensioen in zicht').
Inspectie Onderwijs voor Volwassenen (IOV), Park Voorn 4, 3454 JR De Meern, tel. (03406)65704 / (030)6665704 (eind 1994 veranderen de postcodes en telefoonnummers van De Meern)
Open universiteit, Valkenburgerweg 167, Postbus 2960, 6401 DL Heerlen, tel. (045)76222 / (045)576222.
Het Kunsthistorisch Centrum, Egelantiersgracht 261, 1015 RH Amsterdam, tel. (020)6265490, werkdagen van 10.00 tot 16.00 uur (cursussen, gegeven door kunsthistorici, al dan niet met excursies en museabezoek, op veertien plaatsen in Nederland; cursusduur varieert van drie tot twaalf keer).
Stichting Teleac, Jaarbeursplein 15, Postbus 2414, 3500 GK Utrecht, tel. (030)946946 / (030)2946946 (programmaboekje op aanvraag gratis verkrijgbaar).
Studiekringen, Stichting Matrix, Regulierdwarsstraat 90–92, 1017 BN Amsterdam, tel. (020)6391539.
Pluspunt, Ungerplein 2, flat 25, 3033 BR Rotterdam, tel. (010)4671711.
Leidse Onderwijs Instelling (LOI), Leidsedreef 2, 2352 BA Leiderdorp, tel. (071)451911 / (071)5451911.
Bond van Nederlandse Volksuniversiteiten, tel. (070)3655808 (zie voor adressen en telefoonnummers de Gouden Gids of de telefoongids).
Landelijke Vereniging voor Hoger Onderwijs Voor Ouderen (HOVO), Postbus 1287, 6501 BG Nijmegen, tel. (080)231316 / (024)3231316.

Vakantie en reizen
Op dit terrein zijn de mogelijkheden vrijwel onbeperkt; hieronder volgt een kleine bloemlezing uit het aanbod.
Algemeen
Stichting Garantiefonds Reisgelden, Postbus 4040, 3006 AA Rotterdam, tel. (010)4146377.
ANVR, Postbus 447, 2130 AK Hoofddorp, tel. (02503)73822 / (023)5673822.
Geschillencommissie Reizen van de Consumentenbond, tel. (070)3105310.
Trans BV, Reisbureau der NS, Stationsplein 6, 3818 LE Amersfoort, tel. (033)603131 / (033)4603131.
OAD (Overijsselse Autobusdienst), Burg. v.d. Borchstraat 2, 7451 CH Holten, tel. (05483)77777 / (0548)377777 (ook voor reizen naar verre bestemmingen).
Stichting Senior Vakantieplan, Nieuwe Englaan 24, 1404 ED Bussum, tel. (02159)33017 / (035)6933017.

De KLM verstrekt informatie over retours voor zestig- en vijfenzestigplussers naar verschillende bestemmingen, tel. (020)4747747.
Stichting 55+-Reizen, Brinkstraat 17, 3741 AM Baarn, tel. (02154)22041 / (035)5422041 (ook voor overwintervakanties).
Stichting LosVast, Empelsedijk 14, 5235 AE Den Bosch, tel. (073)421323 / (073)6421323, op werkdagen van 9.00 tot 10.30 uur (informatie voor soloreizigers).
Speedwell Touringcars en Reisbureau BV, Valeriusstraat 65–75, 2517 HN Den Haag, tel. (070)3654848.
Camper Motor Home, Autohuur en rondreizen, 5 Continents Travel, Comeniuslaan 16, 1412 GP Naarden, tel. (02159)49014 / (035)6949014.
'Hoeve Vakanties' voor senioren in Vakantiehotel Ernst Sillem Hoeve (alleen in juli en augustus), Soestdijkseweg 10b, Lage Vuursche, 3734 MH Den Dolder, tel. (02156)8541 / (035)6668541.
Nederlandse Vereniging 'Weerzien Overzee', afdeling reisinlichtingen, Postbus 272, 2600 AG Delft, tel. (015)621814 / (015)2621814.
Stichting Nationaal Hulpfonds 'Wij komen', Comeniuslaan 16, 1412 GP Naarden, tel. (02159)41834 / (035)6941834.
Vereniging 'Wereldcontact', Hoofdstraat 166, 3972 LG Driebergen/Rijsenburg, tel. (03438)23411 / (0343)523411.
De Landelijke Oppas Centrale (LOC), Kraneweg 86A, Postbus 70155, 9704 AD Groningen, tel. (050)133535 / (050)3133535 (voor adressen van mensen die op huizen en/of huisdieren passen).

Bootreizen
North Sea Ferries, Beneluxhaven, Havennummer 5805, Luxemburgweg 2, Rotterdam/Europoort, Postbus 1123, 3180 AC Rozenburg, tel. (01819)55555 / (0181)255555 (aan zestigplussers wordt korting gegeven).
Feenstra Rijn Lijn, Rijnkade 42, 6811 HB Arnhem, tel. (085)452805 / (026)4452805.
NCRV, Planetenweg 10, 2132 HP Hoofddorp, tel. (02503)26388 / (023)5626388 (voor informatie over cruises).
Holland Cruise Centre, Industrieweg 12–14, 2102 LH Heemstede, tel. (023)290304 / (023)5290304.

Creatieve vakanties
Creatief Vakantieparken (28 parken in Nederland en België). Voor aanvragen van een folder: tel. (050)221622 / (050)5221622, voor reserveringen: Postbus 352, 9700 AJ Groningen, tel. (050)262627 / (050)5262627.

Culturele reizen
De Jong Intra Vakanties, Havenkade 1, Postbus 900, 2980 EM Ridderkerk, tel. (01804)57777 / (0180)457777.
Sterprodukties/Kras Ster Vakanties, Ritsevoort 52, 1811 DP Alkmaar, tel. (072)158060 / (072)5158060.
Stichting voor Academische Reizen/Cultoura, Goudsesingel 235, 3031 EL Rotterdam, tel. (010)4111787.

Fietsvakanties
Fietsen met de Nederlandse Spoorwegen: inlichtingen op alle stations.
Stichting Fiets, Europaplein 2, Postbus 74800, 1070 DM Amsterdam, tel. (020)5491212.
Fietsvakantiewinkel, Spoorlaan 19, 3445 AE Woerden (direct tegenover het NS-station), tel. (03480)21844 / (030)6821844 maandag van 13.00 tot 17.30 uur, dinsdag, woensdag en donderdag van 9.30 tot 17.30 uur, vrijdag van 9.30 tot 21.00 uur, en zaterdag van 9.30 tot 17.00 uur (voor fietsen in Nederland, Europa en daarbuiten).
Fietsen in Drenthe, inlichtingen VVV, de Lariks 1, 9406 CH Assen, tel. (05920)51777 / (0592)351777.
Stichting Drenthse Rijwiel Vierdaagse, Postbus 10010, 9400 CA Assen, tel. (05920)53838 / (0592)353838, op werkdagen van 8.30 tot 17.00 uur.
ANWB, Postbus 93200, 2509 BA Den Haag, tel. (070)3146430 (geeft inlichtingen over fietsroutes in Nederland).
Thermaalbaden
Thermaalbad Fontana Groningen, Postbus 44, 9693 ZG Nieuweschans, tel. (05972)7777 / (0597)527777.
Thermaalbad Arcen, Klein Vink 11, 5944 EX Arcen, tel. (04703)2424 / (077)4732424.
Thermae 2000, Thermencentrum Couberg 27, 6301 BT Valkenburg (L), tel. (04406)19419 / (043)6019419 (logeren eventueel in Hotel Thermetel; u kunt van binnenuit de baden bereiken).
Tuinreizen
De Jong Intra Vakanties, Havenkade 1, Postbus 900, 2980 EM Ridderkerk, tel. (01804)57777 / (0180)457777.
Vakanties voor mensen met een handicap
Nationaal Reumafonds, afdeling Recreatie, Statenlaan 128, 2582 GW Den Haag, tel. (070)3503231 (voor het aanvragen van de 'Reuma Vakantiegids' en voor informatie over een verblijf in het vakantiecentrum Groot Stokkert in Wapenveld, volledig aangepast voor gasten met reumatische aandoeningen, hele jaar geopend).
Diabetes Vereniging Nederland, Postbus 933, 3800 AX Amersfoort, tel. (033)630566 / (033)4630566 (vakantieweken voor diabetici).
Nederlandse Rode Kruis, afdeling Welzijnszaken, Postbus 28120, 2502 KC Den Haag, tel. (070)3846693 (voor het aanvragen van de vakantiebrochure).
Recreatieoord 'Klein Vink', Klein Vink 4, 5944 EX Arcen, tel. (04703)2525 / (077)4732525 (alle bungalows rolstoeltoegankelijk, thermaalbad op het terrein).
ANWB, Postbus 93200, 2509 BA Den Haag, tel. (070)3146430 (ook voor informatie over recreatieve voorzieningen met aanpassingen en vakantiemogelijkheden voor mensen met een handicap, zowel in binnen- als buitenland).
Stichting Informatie Voorzieningen Gehandicapten, tel. (030)316416 / (030)2316416.

Verkeersbureaus
Belgisch Verkeersbureau, Herengracht 435/437, 1017 BR Amsterdam, tel. (020)6245953. Voor gratis hotelreserveringen in heel België: Anspachlaan 111 B4, Brussel, tel. (00)3225137484.
Duits Verkeersbureau, Hoogoorddreef 76, 1101 BG Amsterdam-Z.O., tel. (020)6978066.
Brits Toeristenbureau, Aurora Gebouw 5de etage, Stadhouderskade 2, 1054 ES Amsterdam, tel. (020)6855051.
Iers Nationaal Bureau voor Toerisme, Leidsestraat 32, 1017 PB Amsterdam, tel. (020)6223101.
Italiaans Verkeersbureau ENIT, Stadhouderskade 6, 1054 ES Amsterdam, tel. (020)6168244.
Frans Verkeersbureau, Prinsengracht 670, 1017 KX Amsterdam, tel. (020)6203141.
Portugees Nationaal Verkeersbureau, Paul Gabrielstraat 70, 2596 VG Den Haag, tel. (070)3264371.
Spaans Verkeersbureau, Laan van Meerdervoort 8, 2517 AJ Den Haag, tel. (070)3465900.
Zwitsers Verkeersbureau, Koningsplein 11, 1017 BB Amsterdam, tel. (020)6222033.
Nederlands Bureau voor Toerisme, Vlietweg 15, 2266 KA Leidschendam, tel. (070)3705705.
Nederlandse Reisvereniging, Laan van Nieuw Oostindië 254 A, 2593 CD Den Haag, tel. (070)3838900.
Nederlands Christelijke Reisvereniging, Planetenweg 10, 2132 HP Hoofddorp, tel. (02503)26388 / (023)5626388.
Verweg-bestemmingen
Special Traffic, Postbus 3370, 1001 AD Amsterdam, tel. (020)6909191 (gespecialiseerd in reizen naar verre landen).
Primmed BV, Postbus 1115, 1300 BC Almere, tel. (036)5334711 (voor medische inlichtingen over de tropen).
Landelijke Vereniging voor GGD-en, Adriaan van Ostadelaan 140, Postbus 85300, 3508 AH Utrecht, tel. (030)523004 / (030)2523004 (voor medische inlichtingen over de tropen).

Verkeer
Veilig Verkeer Nederland, Utrechtseweg 79, Postbus 287, 1200 AG Hilversum, tel. (035)211441 / (035)6211441 (verhuizen omstreeks juni 1995 naar Huizen, adres nog niet bekend, raadpleeg de telefoongids).
Behoeft uw rijstijl enige aanpassing? U kunt dan deelnemen aan de BROEM-Rijvaardigheidstest 50+, georganiseerd door Breed Overleg Ouderen en Mobiliteit (BROEM) in samenwerking met de ANWB, BOVAG en Veilig Verkeer Nederland. U kunt zich ontspannen laten testen en advies krijgen van speciaal opgeleide rij-instructeurs. Inlichtingen bij het Regionaal Orgaan voor

Nuttige adressen 231

de Verkeersveiligheid (ROV) in uw provincie en bij de ANWB, Afdeling Centrale Informatie, tel. (070)3141420. *Het is geen examen!*

Voeding
Voorlichtingsbureau voor de Voeding (VOV), Jan Willem Frisolaan 13, 2517 JS Den Haag, tel. (070)3510888 (geeft brochures uit, o.a. 'Fit zijn en blijven').
Verder beantwoordt het Voorlichtingsbureau voor de Voeding telefonisch vragen over voeding, tel. (070)3510810, op werkdagen van 12.00 tot 16.00 uur.
Stichting Het Nederlands Zuivelbureau, Volmetlaan 7, 2288 GC Rijswijk, tel. (070)3953395. Inlichtingen over het gebruik van zuivelprodukten, tel. (070)3511511.

Vrijwilligerswerk
Nederlands Centrum Vrijwilligerswerk (NCV), Plompetorengracht 15a, 3500 GW Utrecht, tel. (030)319844 / (030)2319844.
Senior Consult, Raadgevers van meerwaarde, Postbus 156, 6720 AD Bennekom, tel. (08389)17920 / (0318)417920, fax (08389)13537 / (0318)413537.
Emplooi, Prins Hendrikkade 48, 1012 AC Amsterdam, tel. (020)6277501.
Stichting Mentorscope, Nieuwegracht 37, 2011 NC Haarlem, tel. (023)159179 / (023)5159179, fax (023)329164 / (023)5329164.
Stichting Haarlemmers helpen Haarlemmers, Julianalaan 316, 2015 BR Haarlem, tel. (023)324968 / (023)5324968.
Stichting Gilde Nederland (SGN), Hartenstraat 18, 1016 CB Amsterdam, tel. (020)6387650.
Stichting Kinderoncologische Vakantiekampen, Kimwierde 235, 1353 EB Almere, tel. (036)5311282.
Amnesty International Nederland, Landelijk Secretariaat, Keizersgracht 620, 1017 ER Amsterdam, tel. (020)6264436.
Stichting Kleinnood, Prinses Beatrixlaan 7a, 2595 AK Den Haag, tel. (070)3814445.
Vrijwilligers Centrale Amsterdam, vacaturebank, Hartenstraat 16, 1016 CB Amsterdam.
Vrijwilligers Centrale Amstelveen, Olmenlaan 10, tel. (020)6456849.

Wonen en huishoudelijke informatie
Stichting Consument en Veiligheid, Postbus 75169, 10070 AD Amsterdam, tel. (020)5114511 (geven talloze brochures uit, waaronder 'Brand en veiligheid in huis').
Consumentenbond, Leeghwaterplein 26, 2521 CV Den Haag, tel. (070)3847400.
Landelijke Vereniging Groepswonen van Ouderen, Korte Elisabethstraat 13, 3511 JG Utrecht, tel. (030)318222 / (030)2318222, op werkdagen van 10.00 tot 16.00 uur.
Nationaal Instituut voor Budget Voorlichting (NIBUD), Laan 20, 2512 GN Den Haag, tel. (070)3469527.

Instituut voor Huishoudtechnisch Advies (IVHA), Bucaillestraat 4-8, 2273 CA Voorburg, tel. (070)3694030 (de Nederlandse Vereniging van Huisvrouwen heeft voor iedere afdeling een 'Pijler Consumentenbelangen van het IVHA'). Knoppencursussen (wegwijs met knoppen van elektronische apparatuur), inlichtingen: Ouderen en Techniek, Unie Katholieke Bond Ouderen, Den Bosch, tel. (073)123475 / (073)6123475.
Centrum voor Techniek voor Ouderen, Technische Universiteit Eindhoven, tel. (040)472008 / (040)2472008 (informatie over 'Huis van Techniek').
Thijssen de Reus BV, Postbus 4, 2920 AA Krimpen aan den IJssel, tel. (01807)12266 / (0180)512266 (voor trapliften, ook voor moeilijke trappen).
Melitta Nederland BV, Postbus 340, 4200 AH Gorinchem, tel. (01830)42626 / (0183)642626 (o.a. inlichtingen over luchtbevochtigers en luchtverversers).

De kopij voor dit boek is afgesloten medio 1994. Genoemde bedragen, prijzen, adressen en dergelijke kunnen inmiddels gewijzigd zijn. Uitgever en auteur hebben zich alle moeite gegeven om zo volledig en nauwkeurig mogelijke informatie bijeen te brengen. Mocht u niettemin ongerechtigheden of omissies ontdekken, stelt u zich dan alstublieft in verbinding met de uitgever: Uitgeverij J.H. Gottmer/H.J.W.Becht B.V., Postbus 160, 2060 AD Bloemendaal.